看八大名将

毛泽东

毕桂发／著

Mao Zedong 看
Kan Bada Mingjiang

台海出版社

图书在版编目（CIP）数据

毛泽东看八大名将／毕桂发著．－北京：台海出
版社，2011.2（2021.5重印）
ISBN 978-7-80141-756-5

Ⅰ.①毛…　Ⅱ.①毕…　Ⅲ.①毛泽东著作研究－军事
家　②军事家－人物研究－中国－古代　Ⅳ.①A841.692
②K825.2

中国版本图书馆CIP数据核字（2010）第 259602 号

毛泽东看八大名将

著　者：毕桂发			
责任编辑：刘　硕		装帧设计：张　涛	
版式设计：张　涛		责任印制：蔡　旭	

出版发行：台海出版社

地　　址：北京市景山东街20号，　邮政编码：100009

电　　话：010－64041652（发行，邮购）

传　　真：010－84045799（总编室）

网　　址：www.taimeng.org.cn/thcbs/defauit.htm

E-mail：th-cbs@163.com

经　　销：全国各地新华书店

印　　刷：唐山市铭诚印刷有限公司

本书如有破损、缺页、装订错误，请与本社联系调换

开　　本：710×1000 mm　1/16

字　　数：160千字　　　　　　　　　印　　张：19

版　　次：2011 年 6 月第 1 版　　　　印　　次：2021 年 5 月第 3 次印刷

书　　号：ISBN 978-7-80141-756-5

定　　价：49.80 元

贺新郎

读 史

人猿相揖别。

只几个石头磨过，小儿时节。

铜铁炉中翻火焰，

为问何时猜得？

不过几千寒热。

人世难逢开口笑。

上疆场彼此弯弓月。

流遍了，郊原血。

一篇读罢头飞雪，

但记得斑斑点点，几行陈迹。

五帝三皇神圣事，

骗了无涯过客。

有多少风流人物？

盗跖庄硚流誉后，

更陈王奋起挥黄钺。

歌未竟，东方白。

毛泽东《贺新郎·读史》手迹

毛泽东《步出夏门行·龟虽寿》手迹

毛泽东《沁园春·雪》手迹

毛泽东《西江月·井冈山》手迹

毛泽东手迹（高启《梅花》九首之一）

岳飞满江红词一首

怒发冲冠，凭栏处、潇潇雨歇。抬望眼、仰天长啸，壮怀激烈。三十功名尘与土，八千里路云和月。莫等闲、白了少年头，空悲切。

靖康耻，犹未雪。

何时灭？驾长车、踏破贺兰山缺。壮志饥餐胡虏肉，笑谈渴饮匈奴血。待从头、收拾旧山河，朝天阙。

毛泽东手书岳飞《满江红》

毛泽东《清平乐·会昌》手迹

浪淘沙　北戴河

大雨落幽燕，白浪滔天，秦皇岛外打鱼船。一片汪洋都不见，知向谁边？

往事越千年，魏武挥鞭，东临碣石有遗篇。萧瑟秋风今又是，换了人间。

毛泽东《浪淘沙·北戴河》手迹

总　序

为了缅怀伟大的社会主义国家的开国元勋毛泽东和他的战友及广大革命者，我们编写了《毛泽东看八大帝王》、《毛泽东看八大谋臣》、《毛泽东看八大名将》三本书，共收入毛泽东对古代24位人物的评论。

每本书中的八个人物都是在某个领域成就非凡，声名赫赫。

毛泽东是伟大的无产阶级革命家。他有极丰富的革命经历和过人的智慧，又博览群书，尤其喜读历史书籍。浩如烟海的"二十四史"，他读过多遍，卷帙浩繁的《资治通鉴》，他读过17遍，野史、方志，他也广泛涉猎。其阅读范围之广，恐为一般史学家所不及。他读书时有个习惯，叫做不动笔墨不读书。他往往边读、边圈点、边批注，写下很多精辟的批语，其中不少都是评论历史人物的。在他的文章、诗词、谈话中，也随时谈及不少历史人物。所以，在他一生的言论里，对中国历史长河中的许多人物，都有独特的评述和精辟的见解。我们选取的毛泽东对24位人物的点评，不过是其中很少的一部分。

作为一位革命家，毛泽东读史，是要"以史为鉴"，为了解决革命和建设事业中的现实问题，所以，相当多的情况是举例子、打比方，有的是只言片语，却含义深刻，发人深省，是我们理解毛泽东读史的一把钥匙。

我们选取的人物，无疑都是英雄人物，他们在所处的历史时代，都扮演了重要角色，作出了重大贡献。

在撰写本书的过程中，我们力求做到以下几点：

第一，科学性。我们的写法是，每篇分若干部分，题目及各部分标题，都以毛泽东的评论来标示，每一部分把被评者传记相关部分用毛泽东的评述来统率。这样眉目清晰，观点鲜明，毛泽东对某人的看法，一目了然。

第二，知识性。本书除了文字部分以外，还编配了一定数量的被评者肖像、画像、墨迹和有关文物古迹，以及相关的毛泽东的照片、墨迹等，力求做到图文并茂。

第三，可读性。本书是一本普及读物，文字浅显，通俗易懂，特别注意了趣味性，以激发读者的阅读兴趣。

在撰写本书过程中，我们得到了台海出版社以及吕奇伟、石永青先生等的大力支持，参考了相关的研究著作，在此一并致谢。

毕桂发

2010.9.7 于河南大学

导　　语

　　毛泽东是伟大的革命家，也是伟大的军事家，是中国人民解放军的缔造者和指挥者。在漫长的中国革命战争中，毛泽东身边聚集了一大批出类拔萃的将军，这就是十大元帅、十位大将以及数百位能征惯战的将军。

　　毛泽东在指导中国革命战争的实践中，认真借鉴了中外历史上许多著名军事家的经验。毛泽东对古今军事将领多有评述。

　　本篇我们选择了孙膑、周瑜、吕蒙、司马懿、关羽、张飞、韦睿、岳飞等八位古代名将分别予以介绍。

　　当然，毛泽东看到的、评论过的古今名将很多，远不止这些，但由于本书篇幅所限，不能多选，这是非常遗憾的。

　　在阶级社会里，战争是阶级斗争的最高形式。古今中外，一些卓越的军事家，凭借战争这个舞台，演出了许多威武雄壮的生动活剧，推动了历史的发展、人类的进步，积累了可供后人借鉴的宝贵经验。

　　毛泽东对古今名将的评论，是毛泽东军事思想和军事理论的重要组成部分。研究毛泽东对这些古今名将的分析评价，加以借鉴，对建设革命化、现代化、信息化的人民军队，无疑具有重要的现实意义。

"千古高手"孙膑

"后起之秀"周瑜

看

八·大·名·将

"行伍出身"的吕蒙

"司马懿是个了不起的人物"

"威震华夏"的武圣人关羽

"万人之敌"的猛将张飞

"劳谦君子"韦睿

"岳飞是个大好人"

毛泽东

看

八·大·名·将

孙膑

孙膑 司马懿

周瑜 吕蒙 韦睿

岳飞 张飞

关羽

『千古高手』孙膑

孙膑（约前378—前316），本名不传，是中国战国时期著名的军事家，孙武的后世子孙。齐国阿城（今山东阳谷东北）、鄄（今鄄城北）一带人，汉族。身长七尺（周的一尺合今23.1厘米），早年曾与庞涓一起学习兵法。后来，庞涓出任魏将，因嫉妒孙膑的才能，将他诓骗到魏国，施以膑刑（割去膝盖骨），所以称他孙膑。后来，他担任了齐威王的军师，先后在桂陵（今河南长垣西南）和马陵（今河北大名东南）两次大败魏军，最后擒杀庞涓。

孙膑是一个十分有才智的人，在明人冯梦龙编的《智囊·制胜·孙膑》中记述："魏伐赵，赵急，请救于齐。齐威王欲将孙膑，膑以刑余辞。乃将田忌而孙子为师，居辎车中，坐为计谋。田忌欲引兵救赵，孙子曰：'夫解纷者不控卷，救斗者不搏戟。批亢捣虚，形格势禁，则自为解耳。今梁、赵相攻，轻兵锐卒必尽于外，老弱罢于内。君不若引兵疾走大梁，冲其方虚。彼必释赵而自救，是我一举解赵之围，而收敝于魏也。'忌从之，魏果去邯郸，与齐战于桂陵，大破梁军。"

毛泽东在此段文字的天头画了三个圈，点评道："攻魏救赵，因败魏军，千古高手。"（读

孙膑像

"攻魏救赵，因败魏军，千古高手。"（《毛泽东读文史古籍批语集》，中央文献出版社1993年版，第66页）

《智囊》卷二十二《兵智部·制胜·孙膑》批语，《毛泽东读文史古籍批语集》，中央文献出版社1993年版，第66页）毛泽东认为孙膑能够掌握战略主动权，驾驭战争，调动敌人，在运动中削弱敌人，战胜敌人，是实践中国兵法的千古高手。

一、孙武既死，后百余岁有孙膑

孙膑是一个名人，在他的周遭自然也有不少与他有着密切关系的名人，像著名军事家孙武、王禅老祖鬼谷子。

孙武像

（一）将门之后

司马迁《史记·孙子吴起列传》中记载："孙武既死，后百余岁有孙膑。膑生阿、鄄之间。膑亦孙武之后世子孙也。"这样看来，孙膑确实是将门之后。他与孙武一样，都熟悉兵法，而且当初孙膑所学习的兵法，便是《孙子兵法》。

孙武（前535—前480），字长卿，人们习惯称他为孙子，春秋时期军事家。所著《孙子兵法》，总结了春秋时期战争的经验，探索战略战术的规律，为中国古代杰出的兵书，影响深远。

春秋末年，齐景公以战功封其祖父食邑乐安（今山东惠民）。邓名世《姓氏辩证书》曰："齐敬仲五世孙书，为齐大夫，伐莒有功，景公赐姓孙氏，食邑于乐安。生冯，为齐卿。冯生武，字长卿。以田鲍四族谋作乱，奔武为将军，是也。"也就是说，孙武本不姓孙，而姓齐，是齐

敬仲的五世孙，其祖父齐书伐莒有功，而被齐景公赐姓为孙，故姓孙。孙武因齐国内乱而南迁吴国，并把他自己所著的《兵法》十三篇呈献给吴王阖庐。

阖庐何许人也？阖庐（？—前496），一作阖闾，名光，春秋末年吴国君、春秋五霸之一，吴王诸樊之子（一说夷末之子），公元前514—公元前496年在位。他用专诸刺杀吴王僚，曾灭亡徐国，攻破楚国，一度占领楚国都郢（今湖北江陵），因秦兵来救以及其弟夫概反叛而受挫。后在檇李（今浙江嘉兴西南）被越王勾践打败，重伤而死。

据《史记·孙子吴起列传》记载：吴王阖庐对孙武说：您著的《兵法十三篇》我全看过了，可以试一下练兵吗？孙武回答说：可以。阖庐问：可以用妇女来操练吗？孙武依旧回答说：可以。

于是，阖庐从他的宫中选出一百八十名美女，

《史记》书影

孙武把她们分为两队，让吴王的两个宠姬分别担任队长，并命令她们执戟。孙武问："你们知道自己的心、左右手和背吗？"宫女回答："知道。"孙武告诉大家，前，就看心；左，看左手；右，看右手；后，就看背。

操练规则宣布之后，又设了刀斧手。孙武于是击鼓令她们向右，宫女闻之大笑。孙武郑重地

孙武著书雕像

申明，约束不明，申明的法令大家不熟悉，这是将官的过错。再次击鼓命令向左，宫女们又是大笑。孙武严肃地说，约束不明，申明的法令大家不熟悉，是将官的过错；既然已经讲明了法度，却不遵守，这就是士卒的罪过。于是要杀两队队长。吴王在台上观望，见孙武要斩他的爱妃，大惊失色，催促侍者传话给孙武，说：寡人已经知道将军会用兵了。我没有这两个爱妃，吃饭也不香甜，请不要斩她们吧。孙武说：臣下既然已经被任命为将军，将在军中，国君的命令有的也可以不接受。于是下令斩了两个队长。

孙武用其次二人分别当队长，又开始击鼓操练。宫女们左右、前后、跪下、起立，都符合规则、命令，再也没有人敢出声。于是，孙武派使者报告吴王说，兵已经练整齐了，请大王下台来检查吧，完全能够听从大王的命令，就是赴汤蹈火也可以。吴王说，将军回房休息去吧，寡人我已经知道你会练兵了。孙武叹道：大王只是好谈论兵法，不能用兵打仗。

随后，孙武对阖庐说：令行禁止，赏罚分明，这是兵家的常法，为将治军的通则。对士卒一定要威严，只有这样，他们才会听从号令，打仗才能克敌制胜。阖庐前番因失去爱姬，心中不快，听了孙武的解释后，怒气消散，知道孙武很有军事才能，便经常与他讨论一些军事问题。

有一次阖庐问孙武：分给战士土地，战士就都照顾自己的家庭，军队就失去了战斗力。那就只有坚守不出。如果敌人攻打我的小城镇，禁止百姓出城打柴，堵塞我军交通要道，等待我城中空虚，应该怎么办？

孙武回答：敌人深入我国国都，大多背对城镇，士兵以军队为家，专心记着不要轻易出击。我们的军队在自己的国土，安心而怀着求生的希望。摆好阵势，则不坚固，出击则不能取胜，应当集合部队，积蓄粮食和布匹，保城备险，派遣轻便部队断绝敌人运粮的道路。敌军挑战而得不到回应，转运粮草又不能到达，到田野里抢掠又得不到什么，三军就要受困挨饿，因而引诱敌人，可以获得成功。如果和敌人野战，就必须根据地势依险设伏；无险可依，就靠天气，阴天昏暗，大雾迷漫，出其不意，袭其懈怠，可以成功。

阖庐问孙武：我军到了敌人占领区较浅的地方，才进入敌军防区，士兵都想回家，难进易退，又没有背靠险阻地势，三军十分害怕，大将要前进，士兵要后退，上下不同心。敌人坚守城垒，他们的战车战马很整齐，有的在前面挡我军去路，有的在后面袭击我军，又该怎么办呢？

孙武回答：我军到了敌人占领区较浅的地方，士兵战斗力还不集中，以快速深入敌境为重要，不要因小的战斗而拖延，不要靠近敌人的名城，不要走敌人走的大路，设置疑惑，表示即将退去，于是选拔精锐骑兵、钳马衔枚先进入敌占区，抢夺敌人的牛马等六畜。大军看见获得战果，前进便不害怕了。再命我军的精锐部队，秘密地埋伏起来。敌人如果来攻，坚决打击，不要犹豫；如果敌人不来攻，就放弃这个机会撤兵而去。

阖庐问孙武：敌我争夺战略要地，敌人先抢占了，据险保持有利地位，挑选精锐士兵，或出击或坚守，防备我军出其不意的攻击，应该怎么办呢？

孙武回答：争地的方法，退让的一方可以得到，争夺的一方一定失掉。敌人得到有利地势，千万不要攻击。引领部队撤退，竖立旗帜，敲响战鼓，投其所好，拖着树枝扬起尘土，迷惑敌人耳目。分出我军一部分精锐部队，秘密地埋伏起来。敌人必然出来救援，敌人要抢夺的我军就给他；

敌人放弃的我军就要。这是争先的办法。如果我军先到而敌军用这种办法，那就选拔我军的精锐士兵，固守阵地，轻兵追击敌人，分别埋伏在险要地段。敌人如果回来战斗，伏兵从旁边杀出。这是夺取全胜的办法。

阖庐问孙武：如果我军出境，驻扎在敌人占领区，大批敌军忽然冲来，把我军团团包围。我军想突围出去，则四塞不通。我想激励士兵，使他们拼命突围，应该怎么办呢？

孙武回答：这时应深沟高垒，让敌人看到我军有防备；应该暂时安静不要行动，以隐藏我军的意图。再号令三军，说明情况是不得已。然后杀牛焚车，让士兵饱食一顿。接着便把剩余粮食全部烧掉，填平井灶；人人割发弃冠，断绝生还的念头。再使加固铠甲，磨利锋刃，齐心合力，攻敌侧翼。此时战鼓齐鸣，杀声震天，敌人闻声丧胆，不知如何抵抗。我军用精锐士兵，快速攻击后方，必能突围。这就是失误而求生的方法。

阖庐问孙武：如果我军围困敌人，那么又该怎么办呢？

孙武回答：敌人在山谷险峻之处，难以逾越，这叫做"穷寇"。攻击它的方法是：隐蔽我军的士兵和营房，让开一条能走的路。敌人求生逃走，必无斗志，因而在半路加以袭击，敌人虽多必被打败。

阖庐问孙武：我军陷入被包围的境地，前有强敌，后有险阻，敌人又断绝我军粮道，迫使我军逃走，敌军又鼓噪不进，来观察我军的战斗力，那又该怎么办呢？

孙武回答：包围最好的办法，一定要堵上缺口，表示我军哪里也不去，就以军营为家，万众一心，三军合力，几天不吃饭，见不到烟火，故意造成混乱软弱的假象。敌人见我军这种情形，必然放松戒备。鼓励士兵，让他们愤怒起来，埋伏优良部队，从左右险阻之处，击鼓冲出。敌人如果阻挡，快速攻击，迅速突围，前面冲开一条道路，后面加以拓展，左右互为掎角。

阖庐问孙武：敌人被我军包围，埋伏而又很有谋略，表面看对我军有利，围绕我军的旗帜，好像很混乱，不知道向哪里去，怎么办？

孙武回答：让一千人挥舞旗帜，分别堵塞要道，用轻捷的士兵挑战，

看
八·大·名·将

列好阵势而不要发起攻击，交战而不退却，这是挫败敌人突围的办法。

这些问对，充分显示了孙武灵活机动的战略战术，表现出一个军事家的非凡智慧和卓越才能。

阖庐知道了孙武的才干，后来就任命他为将军，向西击破强大的楚国，并进入楚国的郢都；北面威慑齐国和晋国，扬名诸侯。在这些事情上，孙武可是出了大力啊！

孙武的卓越战功，现存的史书记载并不详细。大致是这样的：

周敬王八年（前512），孙武参加指挥了吴伐徐国和钟吾国的战争。徐国为西周初年徐戎所建，以今安徽泗县为中心，周穆王时率九夷抗周，攻自黄河南岸。周宣王时一度被周天子打败，这次被吴国一举击灭。徐国和钟吾国都是楚国的卫国，消灭了这两个小国，就等于剪掉了楚国的羽翼，为吴国下一步伐楚扫清了道路。

周敬王八年（前512），孙武被阖庐任命为将，指挥吴国军队，于周敬王十四年（前505）攻入楚国都城郢（今湖北江陵）；周敬王二十六年（前494），打败越王勾践；周敬王三十六年（前484），孙武在齐国的艾陵（今山东莱芜东北）重创齐军；周敬王三十八年（前482），吴王约定晋定公等诸侯国在黄池（今河南封丘南）会盟，取代晋国的霸主地位。孙武在吴国活动的30年间，为吴国的强盛和称霸中原作出了杰出的贡献。

春秋战阵图

《孙子兵法》

孙武的不朽名著《孙子兵法》共十三篇：《始计》《作战》《谋攻》《军形》《兵势》《虚实》《军争》《九变》《行军》《地形》《九地》《火攻》《用间》。1972年在山东临沂银雀山汉墓中出土的《孙子兵法》残简中，除十三篇外，还有《吴问》、《四变》、《黄帝伐赤帝》、《地势二》、《见吴王》等五篇佚文。

《孙子兵法》历来被推为"兵学鼻祖"，无论在中国，还是在外国，都被公认为世界第一部军事名著，享有盛誉。《孙子兵法》问世之后，即在社会上流传开来。《韩非子·五蠹》说："境内皆言兵，藏孙、吴之书者家有之。"从曹操开始，历史上为《孙子兵法》作注的不下百余家。

在国际上，《孙子兵法》也广泛流传。它被译成英文、法文、德文、俄文、日文、朝鲜文、越南文、希伯来文等数十种文字，有不少外国军事评论家给《孙子兵法》以高度的评价。曾任美国国防大学战略研究所所长的约翰·柯林斯在其所著《大战略》一书中这样写道："孙子是古代第一个形成战略思想的伟大人物。……孙子十三篇可与历代名著包括两千二百年后的克劳塞维茨的著作媲美。今天没有一个人对战略的相互关系、应考虑的问题和所受的限制比他有更深刻的认识。他的大部分观点在我们当前环境中仍然具有和当时同样的意义。"

为什么一部产生于两千多年前的《孙子兵

看
八·大·名·将

法》至今仍葆有美妙的青春呢？因为它揭示了许多基本的军事原则。它从军事斗争优胜劣败这一基本原理出发，提出了制订作战计划、集中兵力、确定主攻方向、善于实施机动、注意密切配合、创造主动态势、立于不败之地、穷寇勿迫等。这些作战的重要原则，至今仍不能违背。

孙武石像

　　毛泽东非常推崇孙子，称他为"中国古代大军事家"，又说："在几千年前，中国有这样的兵书，真是件了不起的事。"（《一代儒将郭化若纪念文集》，军事科学出版社1999年版，第631页）他对孙武的军事思想评价很高，并且在自己的军事理论著作中，多次引用孙子的言论来阐述重要军事原理、原则。毛泽东在1936年12月写成的标志其军事思想体系形成的不朽军事名著《中国革命战争的战略问题》一书第一章第四节"重要的问题在于学习"中，引用了孙子的名言"知彼知己，百战不殆"，以说明战争规律包括学习和使用两个阶段，告诉"我们不要看轻这句话"。在后来写的另一部军事名著《论持久战》中，再次强调："孙子的规律，'知彼知己，百战不殆'，仍是科学的真理。"在《中国革命战争的战略问题》中毛泽东还援引了孙子的"避其锐气，击其惰归"的话，并解释为"就是指的使敌疲劳沮丧，以求减杀其优势"。在同书第五章第三节《战略退却》中，毛泽东还引用了孙子的"示形"，即"示形于东而击于西，即所谓声东击西"，说明战争可以用欺骗，用计谋，兵不厌诈。又指出："'声东击西'，是造成敌人错觉之一法。"在同书谈及反"围剿"的准备时指出："有备无患，根本上立于不败之地。"

他在1945年12月写的《一九四六年解放区工作的方针》中指出："我党均须作持久打算，才能立于不败之地。"在1946年7月写的《以自卫战争粉碎蒋介石的进攻》一文中，又说："总之，我们是一切依靠自力更生，立于不败之地。"

在诗词创作中，毛泽东也曾引用、化用或反用孙子的言论。毛泽东1928年秋所作《西江月·井冈山》中，就有"山下旌旗在望，山头鼓角相闻"两句，一般认为，这源出于《孙子兵法·军争》，《军政》曰："言不相闻，故为金鼓；视不相见，故为旌旗。"至于《七律·人民解放军占领南京》一诗中"宜将剩勇追穷寇，不可沽名学霸王"的名句，则是反用孙子《军争》中"穷寇勿迫"的话，召号"将革命进行到底"。

建国后，毛泽东在阅读《汉书》时，对赵国深入西羌不追穷寇的策略深表赞赏，在"穷寇不可追也"等语句旁画了着重线。

其实，早在青年时期，《孙子兵法》就引起了毛泽东的注意。1913年10月至12月，他在湖南第一师范学校读书时写的《讲堂录》中，就记述了有关孙子的事情和《孙子兵法》中的内容，如《孙子集注序》："武子以兵为不得已，以久战多杀非理，以赫赫之功为耻，岂徒谈兵之租，抑庶几立言君子矣。"

"百战百胜，非善之善者也；不战而屈人之兵，善之善者也。故善用兵者，无智名，无勇功。孙武《谋功篇》"（编者注：《谋功篇》应为《谋攻篇》）。

苏洵论曰曰，按言以责行，孙武不能辞三失：久暴师而越衅乘，纵鞭墓而荆怒放，失秦交而包胥救。言兵则吴劣于孙，用兵则孙劣于吴，矧祖其余论故智者乎？

"孙武越羁旅臣耳，越不能尽行其说，故功成不受官。"（《毛泽东早期文稿》，湖南出版社1990年版，第595页）

1935年1月，在遵义会议上，凯丰等人责备毛泽东：你懂得什么马列主义？你顶多是看了些《孙子兵法》。还说毛泽东的军事策略是从《孙子兵法》学来的，现在用不上了。对这件事，毛泽东后来多次谈及：打仗的事怎能照本本去打？我问他《孙子兵法》共有几篇？第一篇的题目叫什么？他答不上来。其实自己也没有看过。从那以后，倒是逼着我再去翻了翻《孙子兵法》。

到了陕北以后，1936年10月26日，毛泽东致叶剑英、刘鼎信，要他们设法"买一部孙子兵法来。"（《毛泽东书信选集》，人民出版社1983年版，第81页）这时，环境相对安定，毛泽东为了总结革命战争经验，撰写军事理论著作，才系统地研读了《孙子兵法》。

解放后，毛泽东多次讲到《孙子兵法》对他的影响很大（袁德金：《毛泽东和〈孙子兵法〉》，《说不尽的毛泽东》下卷，辽宁人民出版社1995年版，第234页）。1960年5月，毛泽东同英国陆军元帅蒙哥马利谈到军事著作时，他问蒙哥马利："你没有看过2000年前我国的《孙子兵法》吧？里面很有些好东西。"蒙哥马利问："是不是提到了很多的军事原则？"毛泽东说："一些很好的原则。"（《毛泽东外交文选》，中央文献出版社、世界知识出版社1994年版，第425页）

"孙武越羁旅臣耳，越不能尽行其说，故功成不受官。"（《讲堂录》，《毛泽东早期文稿》，湖南出版社1990年版，第595页）

此外，毛泽东还十分关心《孙子兵法》的研究工作。我军有一位研究《孙子兵法》的专家郭化若，几十年来研究《孙子兵法》，一直受到毛泽东的关怀。1939年，当他知道郭化若研究孙子时，很高兴地对他说：要为了发扬中国民族的历史遗产去读孙子，要精滤《孙子兵法》中卓越的战略思想，批判地接受其对战争指导的法则，以新的内容去充实。研究孙子就要批判曲解孙子的思想，贻误中国抗战时机的思想。还说：必须深刻地研究孙子所处社会政治经济性质、哲学思想以及包括孙子以前的兵学思想，然后再对《孙子兵法》本身作研究。按照毛泽东的指点，郭化若用了三个月的业余时间，写出了长达四万字的《孙子兵法初探》提纲。毛泽东看了提纲后，让他在延安抗日战争研究会上作讲演。之后，又叫他作了整理，刊登于《八路军军政杂志》。建国后，郭化若将此书取名《孙子今译》以单行本出版。

郭化若（1904—1995），原名郭可彬，曾用名郭俊英、郭化玉、郭化羽。福建福州人。1925年进入黄埔军校四期学习，同年加入中国共产党。1955年被授予中将军衔。曾任南京军区第一副司令员。"文革"期间，受到错误批判。1973年7月20日，他给毛泽东写信，讲到自己"在介绍《孙子兵法》时写了错误严重的《代序》"，"任意夸张《孙子兵法》"，把《孙子兵法》现代化，"又不积极修改赶早出版"。信中还向毛泽东请求分配工作。毛泽东接到郭化若的信后，在信的空白处写下批语，转给周恩来总理和主持中央军委日常工作的叶剑英副主席。批语是这样写的：

总理、剑英同志：

请考虑可否给郭化若分配工作。并将《孙子兵法》改版，写一篇批判吸收性的序言。此信并请告郭。

毛泽东

73.8.4

同年，郭化若出任军事科学院副院长。

我们可以看出，毛泽东军事思想与中国传统的军事文化的密切联系。

（二）师出有名

据说，孙膑在成年之后跟鬼谷子学习《孙子兵法》。在正史中，关于孙膑、庞涓师出何处，并没有记载，但是在《东周列国志》记载："却说周之阳城，有一处地面，名曰鬼谷。以其山深树密，幽不可测，似非人之所居。故云鬼谷。内中有一隐者，自号曰鬼谷子，相传姓王，名诩，晋平公时人，在云梦山中与宋人墨翟，一同采药修道。那墨翟不畜妻子，发愿云游天下，专一济人利物，拔其苦厄，救其危难。惟王诩潜居鬼谷，人但称为鬼谷先生。其人通天彻地，有几家学问，人不能及。那几家学问：一曰数学，日星象纬，在其掌中，占往察来，言无不验。二曰兵学，六韬三略，变化无穷，布阵行兵，鬼神不测。三曰游学，广记多闻，明理审势，出词吐辩，万口莫当。四曰出世学，修身养性，服食导引，却病延年，冲举可俟。那先生既知仙家冲举之术，为何屈身世间？只为要度几个聪明弟子，同归仙境，所以借这个鬼谷栖身。初时偶然入市，为人占卜，所言吉凶休咎，应验如神。渐渐有人慕学其术。先生只看来学者资性，近著那一家学问，便以其术授之。一来成就些人才，为七国之用；二来就访求仙骨，共理出世之事。他住鬼谷，

鬼谷子石像

也不计年数。弟子就学者不知多少，先生来者不拒，去者不追。就中单说同时几个有名的弟子：齐人孙宾，魏人庞涓、张仪，洛阳人苏秦。宾与涓结为兄弟，同学兵法；秦与仪结为兄弟，同学游说；各为一家之学。"

张仪（？—前310），魏国贵族后代，战国时期纵横家代表人物。秦惠文君十年（前328），任秦国丞相。执政时迫使魏献上郡，帮助秦惠文君称王，游说各国服从秦国，瓦解齐楚联盟，夺取楚汉中地，使秦更为强大。秦武王即位后，他入魏为魏相，不久死亡。

苏秦，字季子，战国东周洛阳（今河南洛阳东）人，纵横家代表人物。年辈后于张仪。为燕昭王亲信，奉命入齐，从事反间活动，使齐国"西劳于宋，南罢（疲）于楚"。齐湣王末年被任为相国。秦昭王约齐湣王并称东西帝，他劝说齐王取消帝号，合纵攻秦，迫使秦废帝号，归还一部分魏韩地。后因反间活动暴露，被车裂死。

虽然《东周列国志》并不十分可信，但是此说法肯定是有来源的，而且鬼谷子确有其人。

最早记载鬼谷子的是司马迁的《史记》。《史记·苏秦列传》中说："苏秦者，东周洛阳人也。东事师子齐，而习之于鬼谷先生。"道教认为鬼谷先生为"古之真仙"，曾在人间活了数百岁，而后不知去向。《鬼谷子》一书完整地保留在道家的经典《道藏》中。

鬼谷子被称为纵横家之鼻祖的原因有两个：其一有苏秦与张仪两个叱咤战国时代的杰出弟子（《战国策》）；另有孙膑与庞涓亦为其弟子之说（《孙庞演义》）。

鬼谷子名王禅，又名王诩，春秋时代卫国（今河南鹤壁市淇县）人。鬼谷，在淇县城西南十余里云梦山中，因培养出孙膑和庞涓这样杰出的军事家，被今人誉为"中国第一军校"。鬼于持身养性和纵横术、精通兵法、武术、奇门八卦，著有《鬼谷子》兵书十四篇传世，世称王禅老祖。常入云梦山采药修道，因隐居清溪之鬼谷，所以自称鬼谷先生。

鬼谷子在衣、食、住、行、医、料家理财、治国方案、内政外交、兵书战策、兵器发明、天文地理、神奇推算、养生教子等方面可以说达到登

峰造极的地步！鬼谷子先师据传说是个极具个性的人，也可以说是个难驾驭之人。他的书籍流传甚少，多为抄译。他还是中国历史上第一个利用空气动力的人，曾经发明热气球。

鬼谷子招收徒弟从不挑剔。他的学问并不是每个人都能学会的，但是只要学会一门便可以纵横天下！

鬼谷子有如此超人的本领，道家说他是一位神祇，法力高强，因当时世局混乱，所以上天派他下凡，传授兵法道法，奇辩之学，以创造奇才。鬼谷子先师，为诸子百家中纵横家的始祖，亦为道家的诸位先师之一。后世流传有不少鬼谷子兵法、道法、奇门遁甲等学，博大精深，非深研，不能窥其奇奥。

鬼谷子因为道术精通，流于后世亦包括易占之学。后世以易占、星相来为生者，发觉如果供奉鬼谷子先师，给人算命看相，准确程度可以大大提高，故此后代以星相为业者，皆以鬼谷子先师为本业的守护神，诚心供奉。

（三）《孙膑兵法》

孙膑在辞官归隐之后，专心研究军事理论，终于写成了流传千古的军事名著——《孙膑兵法》。《孙膑兵法》又名《齐孙子》，这是为了与《孙子兵法》区别开来。《汉书·艺文志》称"《齐孙子》八十九篇，图四卷"，但是自从《隋书·经籍志》开始，便不见于历代著录，大概在东汉末年便已经失传。1972年，直到山

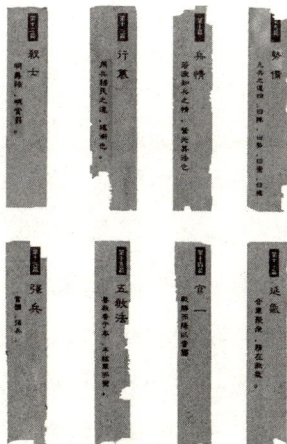

《孙膑兵法》木牍

东省临沂银雀山汉墓竹简出土，这部古兵法才又重见天日。然而由于年代太远了，竹简残缺不全，损坏十分严重。最后，经竹简整理小组整理考证，文物出版社于1975年出版了简本《孙膑兵法》，共收竹简364枚，分上、下编，各15篇。对于这批简文，学术界一般认为，上编当属原著无疑，系在孙膑著述和言论的基础上经弟子辑录、整理而成；下编内容虽与上编内容相类，但也存在着编撰体例上的不同，是否为孙膑及其弟子所著尚无充分的证据。1985年，文物出版社出版的《银雀山汉墓竹简（壹）》中，收入《孙膑兵法》凡16篇，系原上编诸篇加上下编中的《五教法》而成，其篇目依次为：《擒庞涓》《见威王》《威王问》《陈忌问垒》《篡卒》《月战》《八阵》《地葆》《势备》《兵情》《行篡》《杀士》《延气》《官一》《五教法》《强兵》。

二、"以弱当强，以少数兵力佯攻敌诸路大军"

以弱当强，向来都是兵家极力推崇的兵法，而在中国历史上记载最早运用此法的便是孙膑了。

（一）出道之路

孙膑4岁丧母，9岁丧父，所以从小跟从叔父孙乔。孙乔是齐康公的大臣，在齐康公被田太公驱逐后，孙乔等旧臣自然也就被驱除，在逃难之中，孙膑与叔父一家失散。后来，孙膑成年时，与庞涓一起学习兵法，但是庞涓贪图名利，学业未完，就因受魏惠王的聘请，而提前下山，去魏国做了大将和军师，在临走之前，答应成名后一定举荐孙膑。

后来，庞涓在魏国率领军队，进攻较弱的卫、宋等国，屡屡获胜，还击退了前来进犯的齐国军队。一时间，庞涓名声大噪，魏惠王对他十分信任。庞涓十分得意，但是想到孙膑比自己高强，就十分嫉恨、深感不安。他想，论天下的用兵之法，除了孙膑之外没人能赶上自己了。所以，一直没有将孙膑推荐给魏惠王。后来，魏惠王听说孙膑十分有才能，便跟庞涓说想让孙膑来效力于魏国。庞涓没有办法，只好照办，于是他便写信给孙膑。

孙膑在接到庞涓的信后，十分感念庞涓的举荐之恩，立刻整装奔赴魏国。庞涓在见到孙膑后，假意欢迎，并盛情款待。但是这一切都不是他的本意，他害怕孙膑在自己之上，所以一直想要陷害他。

孙膑刚开始到了魏国，只是做一个无名无权的客卿。这时候，庞涓便趁机进行加害孙膑的阴谋活动。他先派人伪装受孙膑表兄的委托，劝孙膑回齐国。拿到孙膑的亲笔回信之后，然后进行涂改，在魏惠王面前诋毁孙膑，说他与齐国私通。魏惠王信以为真，一气之下要处死孙膑。

庞涓为了骗取孙膑的兵法著作，又假惺惺地以同学的面孔向魏惠王求情，结果把死刑变成了膑刑。孙膑不仅被挖去了双膝盖骨，又被用针刺面，然后以墨涂之，成了受人鄙视的"刑徒"。而庞涓却对孙膑的生活照顾得很周到，孙膑总是觉得对不起人家。为了报答庞涓的恩情，主动提出要替庞涓做点什么，庞涓说："你家祖传的十三篇兵法，能不能写下来，我们共同琢磨，也好流传后世。"孙膑想了想，就答应把《孙子兵法》十三篇背诵下来写在竹简上。

于是孙膑开始每天忍痛拼命抄写，但是由于身体受损，需慢慢休整，进度比较慢。在一旁侍奉他的童仆实在看不下去，便把实情告诉了孙膑。直到这个时候，孙膑才看清楚了庞涓的真面目，他真是追悔莫及啊！

孙膑石像

如今他被庞涓控制着，膝盖已去，两腿无力行走，好不凄惨。但是孙膑是个意志很强的人，他并没有因此而消沉，而是开始思索解救自己的办法。他一方面与庞涓巧妙周旋，一方面努力寻找时机，尽早摆脱庞涓的监视，心想有朝一日驰骋纵横，报仇雪耻。

孙膑开始装疯，将刚写成的几篇兵书一片一片地扔进火里烧毁，还抓地下的脏东西往嘴里塞。来人看到了孙膑的情况，十分害怕，连忙跑去报告庞涓说，孙先生疯了！

庞涓亲自察看，只见孙膑痰涎满面，一会伏地大笑，一会又仰面大哭。庞涓生性狡黠，害怕他是假装的，便命令身边的人将他拖入猪圈中，孙膑仍然哭笑无常、蓬头垢面，累了便趴在猪圈中呼呼大睡。庞涓仍然半信半疑，又让人献上酒食，诓骗他说，吃吧，相国不知道。孙膑当然知道这又是庞涓用的计，于是一把打翻食物，狰狞起面孔，厉声大骂：你又想要毒死我吗？庞涓让又人捡起猪粪、泥块给他。孙膑接过来就往嘴里塞。庞涓心想，孙膑受刑之后气恼不过，可能是真的疯了。

从此，看管他就比从前松懈多了。而孙膑则像疯子一样白天在街上躺着，晚上又爬回猪圈。有时街上的人可怜他给他点吃的，他就哈哈傻笑，随即又嘟嘟哝哝，也听不清楚他说些什么。时间长了，魏都大梁内外都知道有个孙疯子，没有人再怀疑他了。庞涓每天都听人汇报，觉得孙膑再也无法和自己竞争了，就打消了杀他的念头。

孙膑靠装疯卖傻瞒过了庞涓才活下来，但是他一刻也没有放弃逃跑的念头，一直在寻找机会。有一天，齐国大夫淳于髡出使魏国，孙膑知道了这个消息之后，就设法以犯人的身份偷偷地会见了齐国的使臣，向他诉说了自己在魏国的悲惨遭遇，并告知了行军布阵的策略及政治主张。齐国的使臣淳于髡十分感动，知道孙膑是一个十分有才能的人，就秘密地将其藏在马车中，偷偷地带回了齐国。

从这里我们便可以看出孙膑的超凡智慧，他靠"装疯卖傻"躲过了庞涓的迫害。当庞涓将其迫害致残后，孙膑为了保全自己的性命，伪装发疯，整日与猪同食、同住，胡言乱语以麻痹庞涓。当庞涓警惕性下降，放松了对他的看管时，孙膑利用机会，联络前来的齐国使者，最终得以保全性命。正是他这种"隐忍"的性格，这种"小不忍则乱大谋"的思想，为他日后的"名扬于诸侯"奠定了基础。

（二）驷马之法

孙膑到齐国之后，很快见到齐国的大将田忌。田忌，一作田期、田期思。因封于徐州（今山东籐县南），又称徐州子期，率军先后在桂陵、马陵打败魏军。田忌十分赏识孙膑的才能，便将他留在府中，以接待上宾的礼节来款待他。

田忌常常跟齐国的王族公子们赛马。由于齐威王每个等级的马都比田忌的马强得多，所以比赛了几次，田忌都失败了。孙膑在场观察了多次，对田忌说：您尽管把赌注下得大些，我有办法保您取胜。田忌非常相信孙膑，于是一下子就下了千金的赌注。到了比赛时，孙膑告诉田忌说，现在用您的下等马与他们的上等马比赛，用您的上等马与他们的中等马比赛，然后用您的中等马与他们的下等马比赛。田忌恍然大悟，依计而行。等到三场赛完，田忌输了一次，赢了两次，结果赢了齐威王和王族公子的许多钱财。一向取胜的齐威王这次输了，大感惊

孙膑旅游城

讶，忙问田忌是何原因？田忌把孙膑找来，借机推荐给齐威王。

这个故事在我国已经家喻户晓，妇孺皆知。孙膑的赛马之法，明小说家冯梦龙在其《智囊·兵智部·制胜卷·孙膑》中说："孙子同齐使之齐，客田忌所。忌素与齐诸公子逐射。孙子见其马足不甚相远，马有上中下，乃谓忌曰：'君第重射，臣能令君胜。'忌然之，与王及诸公子逐射千金。及临质，孙子曰：'今以君之下驷与彼上驷，取君上驷与彼中驷，取君中驷与彼下驷。'既驰三辈毕，而田忌一不胜而再胜，卒得五十金。"

孙膑这种比赛方法，被称之为"驷马之法"。接着冯梦龙引用唐太宗的话说："自少经略四方，颇知用兵之要，每观敌阵，则知其强弱，常以吾弱当其强，强当其弱。彼乘吾弱，奔逐不过数百步；吾乘其弱，必出其阵后反而击之，无不溃散。"盖用孙子之术。

书中又写道，宋高宗问抗金名将吴璘作战的取胜之术，吴璘回答说："弱者出战，强者继之。"宋高宗也说："此孙膑驷马之法。"

毛泽东对于汇集了历史上近两千则智谋故事的《智囊》一书爱不释手，圈点批阅。在读了冯梦龙在《智囊》中对孙膑"驷马之法"的描写后，批注道："所谓以强当弱，就是以少数兵力佯攻敌诸路大军。所谓以强当弱，就是集中绝对优势兵力，以五六倍于敌一路之兵力，四面包围，聚而歼之。自古能军无出李世民之右者，其次则朱元璋耳。"对"以弱当强"的问题，毛泽东结合他自己的军事实践，作了科学的阐释，并指出这种作战方法在中国的古代帝王中以李世民、朱元璋两位马上皇帝运用得最好，说明了这种方法的普遍意义和永久的生命力。直到今天，它的精神还与现实生活密切相关，给人不少启发。比如两军交战、体育竞赛、商战等，都要求制订巧妙对策来战胜对方，谋求发展。

（三）见齐威王

齐威王（？—前320），田氏，名田齐，一作婴齐。公元前356—前320年在位，是一位颇有作为的帝王。

齐威王在刚刚见到孙膑时，认为他是一个双腿受刑的残疾人，所以并未上心。当孙膑陈述自己对战争问题的看法时，齐威王便有意问道："依你的见解，不用武力能不能使天下归服呢？"孙膑果断地回答说："这不可能，只有打胜了，天下才会归服。"然后，他列举黄帝打蚩尤，尧帝伐共工，舜帝征三苗，以及武王伐纣等事实，说明哪一个朝代都是靠武力解决问题，用战争实现国家的统一。这一番深刻独到的分析，使齐威王大受震动。再询问兵法，孙膑更是滔滔不绝，对答如流。齐威王感到孙膑确实很厉害，从此以"先生"相称，作为老师看待。

一天，齐威王在与孙膑谈论用兵的问题时，问孙膑：若是两方军队旗鼓相当，双方的将领对阵，阵势都十分坚固，谁也不敢先发动攻击，这个时候应该怎么做呢？孙膑回答说：这时候，我们应该先派出少量的兵力，由勇敢的低级将领带领去试探敌军，不过要做好试探失败的准备，不要只想取胜，试探的军队要用隐蔽的行动，攻击敌阵侧翼。这便是取得大胜的方法。

威王问：使用兵将的多少有一定的规律吗？

孙膑说：有。

威王问：在我强敌弱，我方兵力多而敌方兵力少时，该如何作战呢？

孙膑向齐威王行礼之后回答道：这真是英明君王提的问题。在我方兵多势强的情况下，还要询问如何用兵，这种谨慎的态度，的确是安邦的根本。在这种情况下，我们可以采用诱敌的计策，叫做"赞师"，也就是故意让我方军队队形看起来十分散乱，迎合敌方心理，引诱敌方和我方交战。

威王又问：若是敌方兵多，敌强我弱，又该如何是好呢？

孙膑说：此时应该采取退避战术，叫做"退威"，就是避过敌军的锋锐。但要做好后卫的掩护工作，让自己的军队可以安全后退。后退军队持长兵器的军兵在前，持短兵器的军兵在后，并配备弓箭，作为应急之用……我方军队要按兵不动，等待敌军疲惫时再伺机出击。

威王问：如果我军和敌军同时出动，但是又不知道敌军兵力多少时，该怎么办呢？

孙膑说：此时……

威王问：如何追击穷寇？

孙膑说：……

威王问：对势均力敌的敌军该怎么办？

孙膑回答道：此时应该迷惑敌军，使他们的兵力分散，而我军则抓住战机，在敌军还没有发现的时候，给以突然袭击。但是，在敌军兵力没有分散时，要按兵不动，耐心等待战机。千万不要中敌军疑兵之计，盲目出击。

威王问：如果我军和敌军兵力为一比十时，有攻击敌军的办法吗？

孙膑回答道：有！此时可以采用"攻其无备，出其不意"的战术，对敌军发动突然袭击。

威王问：在地利和兵力都相当的形势下，却打了败仗，这是为什么呢？

孙膑回答：这是因为自己的军队没有锋锐。

威王问：如何才可以使得军兵听命？

孙膑答道：这是平时的威信。

威王说：你说得太好了！你讲的用兵的奥妙真让人受用无穷啊！

田忌问孙膑：用兵最担心的是什么？使敌军陷入困境有什么办法？不能够攻占壁垒壕沟是什么原因？失去天时是什么原因？失去地利是什么原因？失去人和是什么原因？请问，这六项有没有什么规律可循？

孙膑回答道：有。用兵最担心的便是没有地利。而让敌军落入困境的办法是据险。所以说，几里沼泽地带就可以妨碍军队行动。这样说来，用兵最担心的是不得地利，困敌的办法是据险。不能攻克壁垒壕沟的原因则在于没有障碍物……

田忌问：进军部署已经确定，在行动中如何让士兵完全听从命令呢？

孙膑回答说：严明军纪，同时又明令悬赏。

田忌问：赏罚是用兵中最要紧的事项吗？

孙膑说：不是。赏赐是提高士气，使得军兵会舍生忘死作战的办法；处罚是严明军纪，让军兵对上畏服的手段。赏赐有助于取得胜利，但不是用兵最要紧的事项。

田忌又问：那么，权力、威势、智谋、诡诈是用兵最紧要的事项吗？

孙膑回答，也不是。权力是保证军队整体指挥的必需，威势是保证军兵用命的条件，智谋可以使敌军无从防备，诡诈能让敌军落入困境。这些都有助于取得胜利，但又都不是用兵最要紧的事项。

田忌气得变了脸色地说：这六项都是善于用兵的人常用的，而您却说这些都不是最要紧的事项，那到底什么才是最要紧的呢？

孙膑说：充分了解敌情，根据当时形势和战局将会出现的变化，利用好地形……这就是领兵打仗的规律。善于进攻而不消极防守，这才是用兵最要紧的……

田忌再问孙膑：敌军摆开阵势却不进攻，我们有办法对付吗？

孙膑说：有办法。利用险要地形增加堡垒，约束士兵，不许轻举妄动，不要被敌军的挑衅所激怒。

田忌问：敌军兵多而且勇猛，有战胜敌军的办法吗？

孙膑说：有。要增加堡垒，广设旗帜，用以迷惑敌军，并且严申军令，约束士兵，避敌锐气，使敌军骄傲，并设法牵引敌军，使敌军疲劳，然后出其不意，攻其无备，消灭敌军力量，同时还要做好打持久战的准备。

田忌问孙膑：采用锥形队形有什么作用？用雁形队形有什么作用？选拔强壮士兵作什么用？使用发射强弩硬弓的士兵起什么作用？用飘风一般快速机动的队形起什么作用？普通士兵又起什么作用？

孙膑说：采用锥形队形，是为了冲破敌军坚固的阵地，摧毁敌军的精锐部队。运用雁形队形是对敌时便于本方相互策应。选拔强壮士兵是为了决战时擒拿敌军将领。使用发射强弓硬弩的士兵是为了在双方相持不下时能够持久作战。……普通士兵则是配合作战，保障战斗胜利。

孙膑又说：明智的君王和精通兵法的将领，都不会用普通士兵去完成关键任务。

问答完毕，孙膑走出来。他的弟子问他：威王和田忌问策的情况怎么样？

孙膑说：威王问了九个问题，田忌问了七个问题，可以算懂得用兵之

道，但还没有完全掌握战争规律。我听说，一贯讲信用的君王，其国家必然昌盛。没有做好准备而用兵的人必定失败，穷兵黩武的人必定灭亡。齐国已传了三代，应该有忧患意识啊！

孙膑回答齐威王的九个问题，说明的是在各种情况下应敌取胜的办法，对于用兵作战当然都有很大的指导作用，但其中最值得人们重视的应该是"攻其无备，出其不意"。

在齐威王之后，田忌又问了七个问题。田忌是带兵将领，所问问题自然不像威王那样，从宏观上谈论用兵战略，而是从领兵作战这一较为具体的问题上谈论战略，七个问题最核心的是"兵之急"，也就是带兵作战最首要最急迫的是什么。文中十分巧妙地用"排他法"，或者叫"穷举法"，由田忌把带兵当中很重要的赏、罚、权、势、谋、诈诸项——提出，而孙膑都说不是"用兵之急"，以至田忌急问："此六者，皆善者所用，而子大夫曰非急者也。然则其急者何也？"孙膑这才从容不迫地说出："必攻不守，兵之急者也。"以这种方式摆出观点，确实有奇效，一方面突出了论点，同时更显出了这个论点不同寻常，超出常人的认识，从而有力地证明了孙膑的认识和观点，超过像田忌这样善于带兵作战的将领。

孙膑在这里提出的"必攻不守"，就是主张积极主动进攻，反对消极防守。在军事上，这种积极主动进攻的主张是十分有效的制胜战略思想。人们常说，进攻是最好的防守，制敌机先，方能争得主动权，先发制人，常常可以收到意想不到的效果。而消极防守是很难守得住的。法国为了防止德国进攻，修建了举世闻名的马其诺防线，这条防线可以说是固若金汤。但是，德军来了个迂回作战，巧妙地绕过防线，结果法军一败涂地。这个事例很能说明问题。

其实，任何战争，最后都要靠进攻解决问题。抗日战争时期，毛泽东提出了持久战的作战方针，把整个抗日战争分为三个阶段：战略防御、战略相持、战略反攻。且不说第三阶段要以进攻夺取最后胜利，就是在战略防御阶段，毛泽东主张的也是积极防御而不是消极防御，以游击战争手段在各个局部积极主动地打击敌人，消耗敌人。正是在这一正确战略思想的指引下，广大抗日军民主动出击，以游击战消灭了日军大量有生力量，直至最后胜利。

三、"这就是'围魏救赵'的办法"

自从受到了齐威王的重视之后，孙膑开始了与庞涓的真正较量，其中最著名的便是"围魏救赵"与"马陵之战"。

（一）围魏救赵

庞涓在魏国独揽军权，总想靠打仗提高身份与威望。周显王十五年（前354），魏将军庞涓发兵八万，以突袭的办法将赵国的都城邯郸（今河北邯郸）包围。

赵国抵挡不住，便派使者向齐国求救。

齐威王答应后便想要拜孙膑为大将，率兵援赵。孙膑辞谢说：我是受过刑的残疾人，当大将会令敌人耻笑。还是请田大夫为将，我从旁出出主意吧！齐威王想想也好，于是就拜田忌为主将，以孙膑为军师，发兵八万，率军救援赵国。

出兵前，田忌与孙膑一起研究作战方针。田忌认为应该率军北上直趋邯郸，与魏军决一死战，以解赵围。孙膑不赞成这种打法，他审时度势，提出应趁魏国国内兵力空虚

《孙子兵法》围魏救赵竹简版

此计讲出。如用疏导之法分流。对弱小的敌人，就抓住时机消灭它。对敌人，应避实就虚，攻其不备，使敌人受到挫折，受到牵制，围困可以自解。

之机，发兵直取魏都大梁（今河南开封），迫使魏军弃赵回救。他说：要解开乱丝，可不能去生拉硬扯；要劝解人们的斗殴，可不能自己也参加进去。扼其要害而击其空虚，受形势的阻碍和限制，那么他自己就解除了。现在，魏国在攻打赵国，他们的精锐部队必定都在前线，老弱残兵留在国内，国内防守一定空虚。我看您还是统率大军直捣魏国首城大梁，截断魏兵的交通线，攻击他们防务空虚的地区；魏军知道了，就一定会放弃攻赵，赶回去救自己。这样，我们既救了赵国，又使魏国军队疲于奔命，才是一举两得。

田忌觉有很有道理，便采用了孙膑的计策，挥军直趋魏国都大梁。为了迷惑庞涓，使其无法把握齐军的真正意图，孙膑又对田忌说：请将军先向南进攻魏国的平陵。平陵这地方，城邑虽小，但管辖的范围却很大，人口众多，兵强马壮，是东阳这个地区的战略重镇，很难攻取。我准备用假象来迷惑敌人。我们去进攻平陵，途中必经魏国的市丘，我军的粮食补给道路肯定会被魏军轻易切断。我们进攻平陵就是为了向敌人显示我们不懂军机的假象。

于是，田忌率齐军拔营，以急行军的速度直趋平陵。大军快到平陵时，田忌把孙膑请来问道：现在该怎么办？

孙膑说：你看军中诸大夫中谁是不通晓军机的一勇之夫？

田忌不知其意，随口答道：齐城、高唐两位大夫可以。

孙膑说：请命令你所选的齐城、高唐两位大夫，各率所属部队在平陵城邑的外围进行包围封锁，隐蔽地从四面绕过环涂，列好进攻平陵的阵势，并把阵势的薄弱易攻的部位暴露给环涂的魏军。

田忌更是不解。孙膑望着田忌困惑的神情，进一步解释道：环涂是魏军的驻扎地，我军的前锋要猛烈进攻平陵，后续部队亦不断增援；驻在环涂的魏军，一定会攻击我军阵势后背的薄弱之处，这样，两位大夫便可以被魏军击败了。

田忌听完孙膑解释，如坠五里烟云，疑惑地问道：我们此次出兵援救，应力克平陵守敌，以壮军威，为什么反而故意败给魏军，示弱于敌呢？

　　孙膑笑而未答，只是颇有些神秘地说了句：将军依计而行就是了。田忌心中虽然不甚明了孙膑的意图，但深知孙膑的智谋，也不追问，下去布置去了。于是，田忌将齐城、高唐的部队分为两路，直奔平陵，齐军将士攀登云梯攻打守城魏军。挟茁和环涂两地的魏军，果然从背后来夹击齐军，齐城和高唐两位大夫在城邑的大道上大败而归。

　　其后，将军田忌又把孙膑请来，问他说：我军进攻平陵没有取胜而损失了齐城、高唐两位大夫的部队，在城邑的大道上吃了大败仗，下一步该怎么办？

　　孙膑说：请将军再派遣出游用的轻车向西直奔魏都大梁城郊，以此激怒敌人。只派少数部队跟随在车后，以显示我军力量单薄。田忌依计而行。

　　魏军好不容易将邯郸攻陷，却传来齐军压境、魏都城大梁告急的消息。庞涓顾不得休整部队，除留少数兵力防守邯郸外，忙率大军支援大梁。但他万万没有料到，攻击大梁的齐军仅仅是齐军的一部分，其主力早已在桂陵（今河南长垣西）埋伏妥当，以逸待劳，只等魏军钻进口袋。当庞涓匆匆渡过黄河，刚刚走到桂陵，就见齐军已经排列好了阵势，魏军顿时陷入齐军的包围。魏军长期劳顿奔波，士卒疲惫不堪，哪还顶得住以逸待劳的齐军？结果被打得落花流水，大败而逃，连主将庞涓也被活捉。到头来，魏国只好同齐国议和，乖乖地归还了邯郸。这就是历史上有名的"围魏救赵"。其实，也是孙膑对庞涓的重重一击。但孙膑并没有杀庞涓，只是训导他一番，又将他放了。

　　毛泽东对于孙膑"围魏救赵"给予了高度评价。实际上，毛泽东在指导中国革命的战争中，大大发展了这种战法。

　　1929年11月4日，毛泽东在江西宁冈柏露会议上，面对三万多敌军对井冈山收紧包围的紧急情况提出了对策。他建议："留一部分人守山，另一部分人出击。出击可以把包围井冈山的敌人吸引过去。此计唤作围魏救赵。"他介绍说：齐国不派兵去邯郸，却反过来围攻魏国都城大梁，结果，魏兵不得不回国救援，赵国都城也就因此解围。毛泽东的对策，得到了大家的赞同。

"如果敌在根据地内久踞不去，我可以倒置地使用上述方法，即以一部留在根据地内围困该敌，而用主力进攻敌所从来之一带地方，在那里大肆活动，引致久踞之敌撤退出去打我主力；这就是'围魏救赵'的办法。"（《抗日游击战争的战略问题》，《毛泽东选集》第二卷，人民出版社1991年版，第429页）

1938年5月，毛泽东在《抗日游击战争的战略问题》一文中，对内线作战中，采取战役和战斗的外线作战作了阐述，并说："在反围攻的作战计划中，我之主力一般是位于内线的。但在兵力优裕的条件下，使用次要力量(例如县和区的游击队，以至从主力中分出一部分)于外线，在那里破坏敌之交通，钳制敌之增援部队，是必要的。如果敌在根据地内久踞不去，我可以倒置地使用上述方法，即以一部留在根据地内围困该敌，而用主力进攻敌所从来之一带地方，在那里大肆活动，引致久踞之敌撤退出去打我主力；这就是'围魏救赵'的办法。"（《抗日游击战争的战略问题》，《毛泽东选集》第二卷，第429页）解放战争中，刘邓大军挺进中原，千里跃进大别山，陈谢大军挺进豫西，实现人民解放军由内线防御向外线进攻的战略转变，就是对"围魏救赵"战法的杰出运用与发挥。

当战争的硝烟早已消失，毛泽东在晚年再读及这一战役时，仍然由衷地称赞孙膑这位古代杰出的军事家是驾驭战争的"千古高手"。

（二）马陵之战

直到"围魏救赵"一战，庞涓才知道孙膑果然是装疯，而且目前已经身在齐国。为了这件事，庞涓日夜不安，最后终于想出一条离间计：他派人潜入齐国，用重金贿赂齐国相国邹忌，要他除掉孙膑。邹忌正因为齐威王重用孙膑，恐有一天自己将被取代，于是便暗中设下圈套，并指使心腹大夫公孙阅作假证，告发孙膑帮助田忌，暗中谋划要夺取齐国王位。

由于庞涓早已派人在齐国到处散布谣言，说田忌、孙膑阴谋造反夺权，齐威王已有些疑忌，一听邹忌所说，十分生气，不分青红皂白就削了田忌兵权，同时罢免了孙膑的军师之职。

这样一来，庞涓自认为能够横行天下！周显王二十七年（前342），庞涓统兵侵略赵国，然后联合赵国攻打韩国，并围困了韩国都城新郑（今河南新郑），于是，韩国急忙派人到齐国求救。

听到韩国求救之事，齐威王召集了所有大臣商议谈论是否营救的问题。

邹忌主张，不救。让这相邻的两国自相残杀，这对齐国是有利的。

而田忌等人则极力要求去救：如果不救，一旦韩国被魏国吞并，那么魏国力大增，一定会进攻齐国。那时我们就十分危险了！

而这个时候孙膑没有说话，只是含笑。齐威王问他该如何是好。

孙膑说：救与不救，这两种意见都不好。我们应该"救而不救，不救而救"。

大家都不明白他说的什么意思。

孙膑解释说：如果不救，那么魏国灭了韩国，一定会危及我国；如果救了，那么魏国的军队，一定会先与我们的军队开战，等于是我们代替韩国打仗，那么韩国安然无恙。我国无论是战胜或者战败，都要大伤元气，所以这两种意见都不很好。我认为从我国的基本利益出发，大王应首先答应救韩国，这是先安他们的心。这样，韩国一定会努力坚持与魏国决一死战。而我们等到两国都十分疲惫，马上要分胜负时，再真正出兵攻打魏国，这样，攻击已筋疲力尽的魏军，不用大力；也解救已经快要失败的韩国于危急之中，他们也一定会更加感激。虽然力出得少，但是功劳很多，这样不是更好吗？

齐威王一听，佩服得鼓起掌来说道：军师说得太好了！就按你的意思办。

齐国到两军皆疲时才出兵，派田忌、田婴、田盼为将军，孙膑为军师，前去援救韩国，仍用老办法，直趋魏都城大梁。魏国主将庞涓听到这

孙膑铜像

个消息，立刻把军队从韩国撤回来，不料齐军已经越过齐国边界，西行进入魏国境了。这已是第二年的事了。

当时，孙膑对田忌说，魏国的军队一向强悍勇敢，轻视齐国，以为齐国军队怯懦，不敢战斗。善于用兵的人，就要利用敌人这种错觉，引诱他们中计。兵法上说得好：乘胜追赶敌人，如果超过百里以上，就会因为给养路线太长，使上将有受挫折的危险，如果超过五十里以外，因为前后不能接应，也只有一半军队能够赶上。现在我军进入魏国境内，可用减灶之计。第一天造十万个锅灶，第二天减少为五万个，第三天又减少为三万个，让敌人以为我们的军队天天在减少。田忌又采用了孙膑的计策。

庞涓跟踪齐军三天，发现齐军的锅灶天天在减少，兴奋之情溢于言表，对部将说：我一向知道齐军怯懦，不敢战斗，现在他们进入我国国境才三天，逃跑的士兵已经超过半数了。于是，他不用步兵，只统率一支精锐轻骑，一天走两天的路程，全力追赶齐军。

孙膑估计庞涓的行程，应当在这天傍晚赶到马陵（今河北大名东南）了。马陵，两旁是山，

道路狭窄，形势险要，可以埋伏军队。孙膑就叫人在一棵大树的树干上削去树皮，露出白木，在上面写了一行字："庞涓死于此树之下。"又命齐军中的射箭能手，分头埋伏在两旁的山林里，与他们约定说，到夜间，看见火光一闪，就一齐放箭。

这天夜里，庞涓果然来到了那棵大树下面，隐隐约约地看见树干上露出白木，还有一行字，就命人点起火把它照亮。人还没读完这行字，齐军就万箭齐发，魏军不及防备，乱成一团，顿时溃散。庞涓知道自己不如孙膑，失败已成定局，就拔剑自杀了。临死时叹道：今番倒成就了孙膑这小子的声名！庞涓一死，齐军乘胜把魏军彻底打垮，并俘虏了魏太子申。孙膑因此名满天下，他著的兵法也在世上流传开来。

庞涓妒贤害能，阴险毒辣，而又骄傲自大，终于身败名裂，落了个可耻的下场，发人深省。

孙膑 司马懿

周瑜 吕蒙 韦睿

关羽 岳飞 张飞

『后起之秀』周瑜

周瑜（175—210），字公瑾，庐江郡舒县（今安徽庐江西南）人，三国时东吴杰出政治家、军事家。

凡是看过三国故事的人，都会对东吴大将周瑜留下深刻印象。他是少年得志的英雄，文武双全，高大英俊，风流倜傥，精通音律，气量宽宏，可以说有很高的个人魅力。

在《三国演义》中，周瑜虽然见识非凡，足智多谋，却嫉妒诸葛亮的才能，甚至被诸葛亮气死，这是对周瑜的扭曲贬低，与事实不符。

即使如此，仍不能影响人们对周瑜的喜爱。年仅24岁的周瑜投奔孙策后，随孙策驰骋疆场，屡立战功。周瑜最后英年早逝，但因其显赫的成就和才华而名重一时，彪炳史册。

毛泽东对于周瑜也有很高的评价。他在《青年工作要照顾青年的特点》一文中说："三国时代，曹操带领大军下江南，攻打东吴。那时，周瑜是个'青年团员'，当东吴的统帅，程普等老将不服，后来说服了，还是由他当，结果打了胜仗。"（《毛泽东选集》第五卷，人民出版社1977年版，第85页）

毛泽东认为这个年轻的统帅一点也不比经验丰富的老年人差。他对于周瑜的成绩大力称赞，

周瑜像

"三国时代，曹操带领大军下江南，攻打东吴。那时，周瑜是个'青年团员'，当东吴的统帅，程普等老将不服，后来说服了，还是由他当，结果打了胜仗。"（《毛泽东选集》第五卷，人民出版社1977年版，第85页）

毛泽东故居图

特别举周瑜的例子来说明选拔和任用干部时不能搞论资排辈，而是要大胆任用年轻人，要按照能力来选择人才。

在毛泽东的心目中，周瑜的形象永远是意气风发的。他认为，大敌当前之时，后起之秀周瑜挂了大都督的帅印，虽然老将程普不服，但周瑜还是打了胜仗，证明了"青年人打倒老年人，学问少的人打倒学问多的人"。

毛泽东对于赤壁之战中的英雄人物有着挥之不去的情结，他很喜欢北宋文学巨匠苏轼的名篇《念奴娇·赤壁怀古》，其中"遥想公瑾当年，小乔初嫁了，雄姿英发。羽扇纶巾，谈笑间，樯橹灰飞烟灭"二句，就对周瑜的业绩和风采进行了盛赞。

毛泽东自己也有同样骄人的业绩和赫赫战功，自然会对少年英雄周瑜多有称赞，有英雄惺惺相惜之意。

一、周瑜是个"青年团员"

自古英雄出少年。周瑜就是这样一个少年英雄。他丰神俊朗、见识非凡、有勇有谋、风流倜傥，24岁便能征善战，被封为中郎将，时人称其为"周郎"。后他又成为东吴的大军统帅和智囊人物，虽然英年早逝，但可以说他的出现，直接影响了天下大势，理所当然地留名史册。

（一）周郎故事

汉灵帝熹平四年（175），周瑜出生在一个士族世家。曾祖周荣，先后在汉章帝、和帝两朝担任过尚书令。尚书令一职始于秦朝，汉朝沿置，本为少府的属官，掌管章奏文书，类似于现在的政府秘书长。东汉政务皆归尚书，尚书令成为直接对君主负责总揽一切政令的首脑。魏晋以后，事实上即为宰相。

堂祖父周景、堂叔周忠，皆为东汉太尉。《三国志》裴松之注引谢承《后汉书》说："景字仲飨，少以廉能见称，以明学察（举荐）孝廉，辟公府。后为豫州刺史，辟汝南陈蕃为别驾，颖川李唐、荀绲、杜密、沛国朱寓为从事，皆天下英俊之士也。稍迁尚书令，遂登太尉。"

又引张璠《汉纪》说："景父荣，章（帝）、和（帝）世为尚书令。初景历位牧守，好善爱士，每岁举孝廉，延请人，上后堂，与家人宴会，如此者数四。及赠送既备，又选用其子弟，常称曰：'移臣作子，于政何有？'先是，司徒韩縯为河内太守，在公无私，所举一辞而已，后亦不及其门户，曰：'我举若可矣，不令恩偏称一家也。'当时论者，或两讥焉。"

周荣最初只是被举荐的孝廉。所谓孝廉，孝，指孝悌者；廉，指清廉之士。分别为统治阶级选拔人才的科目，始于汉代，在东汉尤为求仕进者必由之途。这里说周荣就是这样被推荐的。但他很能干，官越做越大，历任太守、尚书令，一直做到太尉，位列三公，地位非常显赫。

周瑜的父亲周异，曾为东汉末年的洛阳令。从世家大族降为一般官宦之家，家道已经中落，但仍然富裕。

因为生逢乱世，周瑜从小就立下了远大的志向，他读书很刻苦，尤喜兵法，总想凭自己的才能来廓清天下。

当年，吴郡豪族孙坚举义兵，参加讨伐董卓联军，临行前，把家属迁移到舒县。孙坚的儿子孙策和周瑜同岁，都十四岁，两人交情很深，周瑜将路南边的大宅院让给孙策居住，还经常资助其钱财。

孙坚死后，孙策继承父志，统率士卒。汉献帝兴平二年（195），周瑜二十岁。当时，他的叔父周尚做丹阳（今安徽宣城）太守，周瑜去探望。孙策东渡时，到了历阳（今安徽和县）写信给周瑜，周瑜率兵马前去迎接。

孙策高兴地说：我有了您的帮助，一切都会顺利的。于是，周瑜就跟随孙策攻克了横江（今安徽芜湖至南京一段长江）、当利口（今安徽和县东）。

渡江后进攻秣陵（今江苏南京），打败了笮融、薛礼，转而又攻占了湖孰、江乘，进入曲阿（今江苏丹阳）。这时，孙策的兵马已有几万。孙策对周瑜说：我用这些人马攻取吴郡（今江苏苏州）、会稽（今浙江绍兴），平定山越叛乱，已经足够了。你还是回去镇守丹阳吧。

周瑜回到丹阳不久，袁术派其堂弟袁胤取代周尚做太守，周瑜和周尚就回到了寿春（今安徽寿县）。袁术想把周瑜用为自己的部将，周瑜见袁术没有什么作为，就请求去做居巢长，好借路再回江东。袁术答应了。于是，周瑜于汉建安三年（198）经居巢到了吴郡。

孙策听闻周瑜归来，不但亲自出迎，而且授周瑜建威中郎将，调拨给他士兵两千人，战骑五十匹。孙策还赐给周瑜鼓吹乐队，替周瑜修建住所，赏赐之厚，无人能与之相比。孙策还在发布的命令中说：周公瑾雄姿英发，才能绝伦，和我有总角之好，骨肉之情。在丹阳时，他率领兵众，调拨船粮相助于我，使我能成就大事，论功酬德，今天的赏赐还远不能回报他在关键时刻给我的支持呢！周瑜时年二十四岁。

因为周瑜在庐江声望很好，孙策就派他防守牛渚（今安徽当涂西北长江边）。不久，孙策准备攻打荆州（今湖北荆州），让周瑜做中护军并兼任江夏（今湖北安陆）太守，跟着孙策攻占了皖县（今安徽潜山）。当时，遇到了乔公的两个美貌超群的女儿，孙策自己娶了大乔，周瑜娶了小乔。孙策对周瑜说："乔公之女，虽经战乱流离之苦，但得我们二人做女婿，也足可庆幸了。"接着，孙策又挥师进攻浔阳（今江西九江），征讨

看
八·大·名·将

江夏郡，平定了豫章（今江西南昌）、庐陵（今江西吉水东北）。周瑜奉命留镇巴丘（今湖南岳阳）。

孙策娶大乔之后两年，曹操与袁绍大战官渡（今河南中牟东北），孙策正准备阴袭许昌（今河南许昌）以迎汉献帝，从曹操手中接过"挟天子以令诸侯"的权柄时，被许贡的家客所刺杀，死时年仅二十六岁。大乔和孙策这一对年轻夫妻，从此阴阳两隔。大乔只有带着襁褓中的儿子孙绍，艰苦度日。

小乔的境遇比姐姐好一点，她与周瑜琴瑟相谐，恩爱相处了十二年。曾随军东征西战，并参加过历史上著名的赤壁之战。战后二年，"瑜还江陵，为行装，而道于巴丘，病卒，时年三十六岁"。在这十二年中，周瑜作为东吴的统兵大将，江夏击黄祖，赤壁破曹操，功勋赫赫，名扬天下。可惜周瑜也因病去世。这两位美女之命薄，也只能引人一叹。

历史上关于二乔，有一个美丽的故事。据说，乔公二女国色天香，又聪慧过人，远近闻名。在乔公故宅的后院有一口古井，水清且深。相传二乔姐妹常在此梳妆打扮。每次她们妆罢，便将残脂剩粉丢弃井中，长年累月，井水泛起了胭脂色，水味也有胭脂香了。于是，这井便有了胭脂井

胭脂井

官渡

的雅称。有诗曰："乔公二女秀色钟，秋水并蒂开芙蓉。"

在《三国演义》第四十四回《孔明用智激周瑜　孙权决计破曹操》中，虽然对小乔之美没有具体地描述，但围绕着小乔的故事则给后人留下了深刻的印象。作者甚至把赤壁之战的起因归结在小乔身上，并且借诸葛亮之口进行了绘声绘色地阐述，极富传奇色彩。

书中的故事是这样的：曹操平定辽东后，心情大畅，欲建铜雀台以娱晚年。其子曹植为了取悦父亲，便设计了一个模型。曹操见了很高兴，就让曹植、曹丕在邺郡（今河北临漳西南邺镇）建台。等到曹操得荆州后，欲领兵百万南下，约孙权"共擒"刘备。一时间，东吴主战、主降两派争个不休。当时，刘备实力较差，为了能够站稳脚跟，必须跟孙权联合抗曹。于是诸葛亮主动请缨去说服孙权。

这时候，在鄱阳湖训练水师的周瑜也星夜赶回柴桑（今江西九江西南），劝说孙权切不可投降曹操。虽然周瑜决心抗曹，但对联合刘备却存戒心。他接见了诸葛亮，却不肯明言抗曹的决心，只是一味试探诸葛亮。

诸葛亮佯装不知大、小乔为孙策、周瑜之妻，使用激将之法假意劝瑜降曹，言道："愚有一计：并不劳牵羊担酒，纳土献印；亦不须亲自渡江，只须遣一介之使，扁舟送两个人到江上。操一得此两人，百万之众，皆卸甲卷旗而退矣。"

看八·大·名·将

看周瑜很感兴趣，诸葛亮接着说道："亮居隆中时，即闻操于漳河新造一台，名曰铜雀，极其壮丽，广选天下美女，以实其中。操本好色之徒，久闻江东乔公有二女，长曰大乔，次曰小乔，有沉鱼落雁之容，闭月羞花之貌。操曾发誓曰：'吾一愿扫平四海，以成帝业；一愿得江东二乔，置之铜雀台，以乐晚年，虽死无恨矣。'今虽引百万之众，虎视江南，其实为此二女也。"

周瑜对于诸葛亮之言并不尽信，问："操欲得二乔，有何证验？"诸葛亮又言，操曾命子曹植作《铜雀台赋》，"赋中之意，单道他家合为天子，誓取二乔。"

为了证明诸葛亮所言是实，瑜又问："此赋公能记否？"诸葛亮越发大展才智，当着周瑜、鲁肃之面背诵该赋时，巧妙地添油加醋，着意激怒周瑜。其中有句为："立双台于左右兮，有玉龙与金凤。揽二乔于东南兮，乐朝夕之与共。"

周瑜听罢，"勃然大怒，离座指北而骂曰：'老贼欺吾太甚！'"自此，便坚定孙刘联合抗曹的决心。

当然，这个故事不过是小说家的杜撰。把一场战争，归结到两个女子身上，不能不说是小说家开的一个大玩笑。

关于乔玄及其二女大乔、小乔，实际情况是这样的。乔玄，一作桥玄，字公祖，东汉睢阳（今河南商丘南）人。

乔玄生卒年未可考，但他在桓、灵二帝时做

铜雀台复原图

官，灵帝光和初年升任太尉，不久病故。光和是灵帝年号（178—184），那就是说乔玄大约于180年中前后病故。而孙策、周瑜攻皖（今安徽潜山）是建安三年即198年，其时乔玄已病故近二十年。其遗女流落到皖县，亦未可知。

他有两个女儿，见于《周瑜传》："（孙）策欲取荆州，以瑜为中护军，领江夏太守，从攻皖，拔之。时得桥公两女，皆国色也。策自纳大桥，瑜纳小桥。"裴松之注引《江表传》曰："策从容戏瑜曰：'桥公二女虽流离，得吾二人作婿，亦足为欢。'"所以正史并没有说此时桥玄还活着。《三国演义》第五十四回《吴国太佛寺看新郎　刘皇叔洞房续佳偶》中，讲到刘备到东吴招亲，娶孙尚香，临行时，诸葛亮"又教玄德先往见乔国老——那乔国老乃二乔之父，居于南徐"。然后乔国老面见吴国太（孙权之母），从中撮合，促成了刘备与孙尚香的婚事。这当然又是小说家的虚构。

至于曹植《铜雀台赋》的"二乔"，《三国演义》第三十四回有"更作两条飞桥，横空而上"的话，赋中的"二乔"，当即为这两座桥，与乔公二女毫无关系。小说写诸葛亮的机智，巧妙地曲解此二字（"乔"姓古时本作"桥"，后来才省作"乔"），用做曹操想夺取孙策和周瑜的妻子"二乔"的证据，借以激怒周瑜。后文第四十八回写曹操自白欲夺取"二乔"，则又进而坐实此事，不过是小说前后照应之法。但话又说回来，曹操如能打败东吴，未必不要"二乔"。所以，唐诗人杜牧《赤壁》云：

折戟沉沙铁未销，自将磨洗认前朝。
东风不与周郎便，铜雀春深锁二乔。

（二）股肱之臣

周瑜对于东吴孙氏的事业来说，可以说是股肱之臣。他的一生都在为孙氏集团谋划和战斗，可以说，为孙氏集团的创建和壮大立下了汗马功劳。

建安五年（200），孙策遇刺身亡，临终时把军国大事托付给弟弟孙权。当时，孙权只有会稽、吴郡、丹阳、豫章、庐陵数郡，而且这些地方的偏远险要之处也尚未全归附。可以说，当时的孙权力量还是很分散的，关键时刻，首先出面支持孙权的是张昭、周瑜、吕范、程普等人。周瑜从外地带兵前来奔丧，留在吴郡孙权身边任中护军。他握有重兵，用君臣之礼对待孙权，同长史张昭共同掌管军政大事，其他人自然不敢有异动。

建安九年（204），曹操一举消灭了袁绍，威逼孙权送儿子为人质。周瑜志向高远，劝阻孙权送质。孙权听取了周瑜的意见，没有送质。

建安十一年（206），周瑜率孙瑜等人征讨麻、保二屯，杀了二屯的首领并俘虏了一万多人，然后回军防守宫亭（今江西鄱阳湖）。江夏太守黄祖派部将邓龙率几千人马进攻柴桑，周瑜率军迎击，将其击退，并活捉了邓龙，解送吴郡。

建安十三年（208）春，孙权讨伐江夏（今湖北武汉市武昌），周瑜被委任为前部大都督，打败了当时盘踞那里的黄祖。九月，刘琮以荆州降曹操。曹军水军、步军发展到几十万人，东吴上下都很惊恐。孙权召集部下讨论对策时，多数人认为曹军势大，难以抗拒，最好还是降曹。但周瑜分析了当时的形势，力劝孙权抗曹。孙权听取了周瑜的意见。后来，孙权和刘备联合抗曹，在赤壁打败了曹军。至此，三足鼎立的局面初步形成。

赤壁之战后，周瑜在赶往江陵（今湖北江陵）做出征准备的路上，染病身亡，死于巴丘（今湖南岳阳西南），年仅三十六岁。在临终前，他给孙权上疏曰：

当今天下，方有事役，是瑜乃心凤夜所忧，愿至尊先虑未然，然后康乐。今既与曹操为敌，刘备近在公安，边境密迩，百姓未附，宜得良将以镇抚之。鲁肃智略足任，乞以代瑜。瑜陨踣之日，所怀尽矣。

裴松之注引《江表传》亦有类似记载："瑜以凡才，昔受讨逆殊特之遇，委以腹心，遂荷荣任，统御军马，志执鞭弭，自效戎行。规定巴蜀，次取襄阳，凭赖威灵，谓若在握。至以不谨，道遇暴疾，昨自医疗，日加无损。人生有死，修短命矣，诚不足惜，但恨微志未展，不复奉教命耳。

方今曹公在北，疆场未静，刘备寄寓，有似养虎，天下之事，未知终始，此朝士旰食之秋，至尊垂虑之日也。鲁肃忠烈，临事不苟，可以代瑜。人之将死，其言也善，倘或可采，瑜死不朽矣。"周瑜一生之忠诚、智谋之深远，由此可见一斑。

周瑜之死令孙权痛彻心扉，他亲自穿上丧服为他举哀。在周瑜的灵柩运回吴郡时，孙权到芜湖亲迎，各项丧葬费用，全由国家支付。

（三）折节容下

历史小说《三国演义》为了突出诸葛亮的光辉形象，在对周瑜的形象进行刻画时做了大量的扭曲和贬低，忽略了周瑜的胸怀气魄，而将其塑造成一个气量狭小、嫉贤害能的人，甚至最后被诸葛亮气死，这是与事实不符的。历史学家陈寿在本传中称其"性度恢廓，大率为得人，惟与程普不睦"。也就是说，除了跟程普关系不睦，与其他人的关系都处得不错。而周瑜之所以与程普关系不睦，是因为程普自恃资格老，对周瑜不服。可见，周瑜是个很有气度的人。

程普，字德谋，生卒年不详，右北平土垠（今河北丰润东）。初时为州郡吏员，有威姿容貌，好计略，善于应对。东汉末年成为江东孙氏部下名将，历仕孙坚、孙策、孙权三任君主，官至裨将军、江夏太守。

他跟从孙坚四处征伐，讨黄巾于宛、邓，破董卓于阳人。可见，程普也是个能征善战的将军。

兴平元至二年（194—195），孙坚死后，程普随孙策起于淮南，攻拔庐江，回来后程普与孙策俱往东渡江。建安元年（196），孙策到横江、当利，破张英、于麋等，又转下秣陵、湖孰、句容、曲阿，程普皆有功劳，于是给增兵两千，战马五十匹。孙策进破乌程、石木、波门、陵传、余亢，程普的功劳为多。建安二至四年（197—199），孙策入会稽后，以程普为吴郡都尉，治钱唐。后又徙为丹阳都尉，居石城。程普复讨宣城、泾、安吴、陵阳、春谷诸贼，皆大破贼众。孙策曾攻击祖郎，遭敌军所围，程普独与另一骑兵共护孙策，驱马疾呼，挥矛突进贼围，贼军溃散，孙策方能随出。后拜程普为荡寇中郎将，领零陵太守，从讨刘勋于寻阳，进攻黄祖于沙羡，还镇石城。

孙策逝世后，程普与张昭等共辅孙权，周旋三郡，平讨不服。建安十三年（208），程普代太史慈守备海昏，与周瑜共为左右督，破曹操于乌林。周瑜死后，程普代领南郡太守。孙权分荆州与刘备后，程普复还领江夏，迁荡寇将军，不久逝世。

在裴松之注引《江表传》中，对于周瑜和程普的故事有过描述。在赤壁之战时，周瑜虽有才干，文韬武略都出类拔萃，但因为年轻，年长资深的程普十分不服。那时的军中先锋诸将，以程普最为年长，时人皆呼其为程公。其性格好施与，喜敬士大夫，唯与周瑜不睦。《江表传》说：

"（程）普颇以年长，数陵侮（周）瑜。（周）瑜折节容下，终不与校（较）。普后自敬服而亲重之，乃告人曰：'与周公瑾交，若饮醇醪，不觉自醉。'时人以其谦让服人如此。"

毛泽东在评论这段故事时，没有计较史实和小说中关于具体情节上的分别，而是着眼于"要周瑜当团中央委员"的主题，认为要给年轻人机会，把年轻人推到青年团工作的领导岗位上来。

在用人问题上，毛泽东向来主张多选拔年轻干部，放手任用，反对论资排辈的因循守旧思想。每当谈到这个问题时，他常举出周瑜和历史上其他人的例子来加以说明。

1953年6月30日，毛泽东在接见中国新民主主义青年团第二次代表大会主席团成员时说："要选青年干部当团中央委员。三国时代，曹操带领大军下江南，攻打东吴。那时，周瑜是个'青年团员'，当东吴的统帅，程普等老将不服，后来说服了，还是由他当，结果打了胜仗。现在要周瑜当团中央委员，大家就不赞成！团中央委员尽选年龄大的，年轻的太少，这行吗？自然不能统统按年龄，还要按能力。团中央委员候选人的名单，30岁以下的原来只有九个，现在经过党中央讨论，增加到60几个，也只占四分之一多一点。30岁以上的还占差不多四分之三，有的同志还说少了。我说不少。60几个青年人是否都十分称职，有的同志说没有把握。要充分相信青年人，绝大多数是会胜任的。个别人可能不称职，也不用怕，以后可以改选掉。这样做，基本方向是不会错的。青年人不比我们弱。老年人有经验，当然强，但生理机能在逐渐退化，眼睛耳朵不那么灵了，手脚也不如青年敏捷。这是自然规律。要说服那些不赞成的同志。"（《青年团的工作要照顾青年的特点》，《毛泽东选集》第五卷，人民出版社1977年版，第85—86页）显然，周瑜就是毛泽东提倡信任和提拔新人的依据所在。

毛泽东对青年人始终是寄予厚望的。他曾说过青年人是早晨八九点钟的太阳，希望在他们身上。因此，在选拔人才时，他并不盲目迷信资历老的人一定能够做成事，不片面强调年龄，而是把能力放在了第一位。毛泽东多次借年轻将领周瑜的故事来说明要破格提拔年轻人的意思。

1957年4月上旬，毛泽东在上海召开的四省一市省市委书记思想工作座谈会上，谈到提拔青年干部时说："赤壁之战，程普40多岁，周瑜20多岁，程普是老将，不如周瑜能干，大敌当前，谁人挂帅？还是后起之秀周瑜挂了大都督的帅印。孔明27岁成名，也未当过支部书记、区委书记嘛，也是个新干部嘛！赤壁之战以前无名，之后才当军师中郎将。古时候可以破格用人，我们为什么不可以大胆提拔？"

在1958年5月的中共八大十次会议上，毛泽东特别强调了青年人的作用。他说："从古以来，发明家创立新学派的，在开始时都是青年，学问比较少的，被人看不起的，被压迫的人，这些发明家在后来才变成壮年、老年，变成有学问的人。这是不是一个普遍的规律？不能完全肯定，还要调查研究。但是，可以说多数如此。为什么？这是因为他们方向对，学问再多，方向不对，等于无用。"

1964年3月，毛泽东在一次谈话中再次强调："现在必须提拔年轻干部。赤壁之战，群英会，诸葛亮那时二十七岁，孙权也是二十七岁，孙策起事时只有十七八岁，周瑜死时才不过三十多岁，鲁肃四十岁，曹操五十三岁。事实上，青年人打败了老年人，长江后浪推前浪，世上新人赶旧人。"

毛泽东对周瑜的评价，反映了他重用和提拔青年干部的一贯思想，也是对周瑜这位青年军事家的高度褒扬。

二、"后起之秀"周瑜

在正史的记载中，周瑜可以说是个完美的人。他不仅聪明俊秀，胆略过人，而且有非凡的风度和品德。他人如其名，是个风度翩翩、内外皆秀的人，就像是一块完美无瑕的美玉。在品德上，《三国志》中记载，他举贤荐能可比鲍叔，折节为国可比蔺相如，谦礼忠君无人能比，气度恢弘众将诚服。可见，毛泽东把周瑜称为"后起之秀"，一点也不夸大。

（一）举贤荐能

周瑜尽管才华过人，但毫无嫉妒之心。鲁肃就是周瑜推荐的，在病重之时他写信给孙权，推荐鲁肃代替他，赞扬鲁肃"智略足任"。鲁肃果然不负厚望，竭力辅佐孙权，为孙氏基业立下了不少功勋，东吴政权由此稳定下来，这也可谓是周瑜独具慧眼的结果。

鲁肃（172—217），字子敬，临淮东城（今安徽定远东南）人，三国时期东吴著名政治家、外交家和战略家。早年袁术听说了鲁肃的名字，请为东城长，鲁肃看袁术不能成就霸业，便率部属百余人随周瑜到江南。经周瑜的推荐，成为孙权的参谋，很早就为孙权谋划了成就帝业的战略计划，深受孙权器重。赤壁战前，鲁肃在联合刘备、劝说孙权抗曹等方面都起了极为重要的作用。在赤壁之战中，作为赞军校尉协助周瑜取得赤壁之战的胜利。赤壁战后，鲁肃从大局考虑，又劝说孙权将荆州借给刘备，继续巩固孙刘联盟。周瑜去世后，鲁肃接任他的位置，任奋武校尉，负责处理荆州事务，继续与刘备维持和好关系。

鲁肃家境很好，是个大财主。东汉末年，群雄四起，天下大乱，鲁肃广济穷人，结交贤能，深受乡民们爱戴。当时周瑜任居巢长，他听闻鲁肃之名，带数百人来拜访，请他资助一些粮食。尽管二人素不相识，但周瑜刚说出借粮之意，鲁肃毫不犹豫，立即点头同意赠3000斛米给他。经此一事，周瑜确信鲁肃是与众不同的人物，主动与他相交，两人成为莫逆之交。

不久，周瑜东渡长江，投奔孙策，鲁肃与他同行。见到孙策后，孙策很赏识鲁肃。后来，孙策去世，孙权仍住在吴郡。周瑜劝鲁肃辅佐孙权，并向孙权推荐鲁肃，说他有才干，可为辅佐之臣。还建议孙权应该多方搜罗鲁肃这样的人才，以成就大业，不能让他们流散外地。

孙权立即约见鲁肃，与其交谈，非常高兴。等在场宾客起身退出时，鲁肃也告辞而出。但不一会儿，鲁肃又被孙权悄悄领了回来，合榻对饮。孙权对鲁肃说："今汉室倾危，四方云扰，孤承父兄余业，思有桓文之功。君既惠顾，何以佐之？"鲁肃答："昔高帝区区欲尊事义帝而不获者，以项羽为害也。今之曹操，犹昔项羽，将军何由得为桓文乎？肃窃料之，汉室不可复兴，曹操不可卒除。为将军计，惟有鼎足江东，以观天下之衅。规模如此，亦自无嫌。何者？北方诚多务也。因其多务，剿除黄祖，进伐刘表，竟长江所极，据而有之，然后建号帝王以图天下，此高帝之业也。"孙权又说："今尽力一方，冀以辅汉耳，此言非所及也。"（《三国志·吴书·鲁肃传》）

从此，孙权对鲁肃另眼相看，非常器重。鲁肃也尽力辅佐孙权，每遇大事，他都参赞谋划，且思深虑远，有过人之明。

建安十三年（208），孙权命甘宁西攻江夏（今湖北武汉市武昌），斩太守黄祖，然后准备夺取荆州（今湖北荆州）。七月曹操开始南征，集结大军于南阳（今河南南阳）。八月，刘表病死，鲁肃提出代表孙权去荆州吊丧，了解情况。孙权批准了他的请求。他到达南郡（今湖北江陵东北）时，刘表的儿子刘琮已经献出荆州降曹，刘备准备南撤渡江。鲁肃当机立断，去找刘备，力劝刘备和东吴联合抗曹。

孙权得知曹操准备沿江东下，召集众位将领商议，将领们都劝孙权降曹。唯鲁肃不发一言。

孙权起身如厕，鲁肃跟到屋檐之下。孙权明白鲁肃的意思，就拉着他的手说："卿欲何言？"鲁肃回答说："向察众人之议，专欲误将军，不足与图大事。今肃可迎操耳，如将军，不可也。何以言之？今肃迎操，操当以肃还付乡党。品其名位，犹不失下曹从事，乘犊车、从吏卒，交游士

林，累官故不失州郡也。将军迎操，欲安所归？愿早定大计，莫用众人之议也。"孙权听完，叹息道："此诸人持议，甚失孤望；今卿廓开大计，正与孤同，此天以卿赐我也。"（《三国志·吴书·鲁肃传》）

当时周瑜正在外地，鲁肃劝孙权将他召回。周瑜归来，更坚定了孙权的抗曹决心。孙权授权周瑜，让他主持战事，任命鲁肃为赞军校尉，帮助周瑜出谋划策，终于在赤壁大败曹兵。

三国鼎立地图

（二）气度恢弘

周瑜虽然年纪较轻，却有着恢弘的气量。他待人十分谦恭有礼。开始时，孙权只是将军，诸将及宾客对他礼仪并不全备，比较草率。只有周瑜对孙权敬慎服侍，完全按君臣之礼来对待。他注重以德服人。在受老将程普欺辱的情况下，他仍能折节相容，表现出了大将的气度。

在后来的小说《三国演义》中，把周瑜描写成了一个气量狭小、嫉贤妒能的人，当他发现自己的才智不如诸葛亮时，就千方百计想要谋害诸葛亮，但计谋一次次被诸葛亮所识破，最后气到箭疮迸裂、不省人事，甚至临死时还发出了"既生瑜，何生亮"的长叹。尽管这一连串的斗智斗勇，情节紧凑、极为生动，但根本就是子虚乌有。作者之所以进行这样的描写，在于大力烘托诸葛亮的神机妙算。试想，如此出色的周瑜，都无法战胜诸葛亮，可想而知，诸葛亮有多么厉害了。而事实是，周瑜年长诸葛亮六岁，当他弱冠之年就屡立战功时，诸葛亮还是个少年人，等到诸葛亮二十七岁出山时，两人已在历史舞台上整整相距了十二年，可以说是分处两个不同阶段的人。周瑜所处的时代，是前三国时期，那时候，天下大乱，群雄逐鹿，大势未定。而诸葛亮所处的时代，则是后三国时期，当时，三分天下的大势已定，可以说诸葛亮对于天下大势没有造成决定性的影响。

三国时期，能够影响天下大势的有三个人：一是曹操，挟天子以令诸侯，统一了北方；二是司马懿，一度完成了统一，为结束三国奠定了基础；三就是周瑜，帮助孙策平定江东，又成为托孤重臣，协助孙权制衡曹刘两方，造成了三分天下的情形。《三国名臣赞序》两次提到周瑜对三分天下的决定作用："晚节曜奇，则三分于赤壁"，"卓卓若人，曜奇赤壁。三光参分，宇宙暂隔"。

毛泽东很喜欢读《南史·韦睿传》，他曾经在此书中批注达二十五处之多。其中对于韦睿的军事才能和果敢作风，进行了高度评价。他就曾经把韦睿和周瑜进行比较，认为韦睿有周瑜之风。

毛泽东读后批注："敢以数万敌百万，有刘秀，周瑜之风。"（《毛泽东读文史古籍批语集》，中央文献出版社1993年版，第210页）可见，毛泽东对于有胆有识的韦睿十分赞赏，而把他比作周瑜，自然也是对周瑜的充分肯定。

（三）非凡才干

周瑜的才干更是有目共睹的。在他短暂的一生里，散发着灿烂夺目的光芒，无人能掩。在《三国志》中，陈寿多次以"英隽异才"、"王佐之才"、"年少有美才"、"文武筹略，万人之英"等词来形容周瑜，可见周郎之才气。周瑜的才华，是一种锐意进取的少年朝气，他自信飞扬，有无法抵挡的英气。他早年的征伐为孙氏政权的建立立下了汗马功劳，在赤壁之战中，他更是功不可没。赤壁之战结束之后，他名声大振，开拓荆州，图谋进

军中原，但英年早逝，让东吴的王图霸业成为泡影。

对周瑜的才干，刘备、曹操、孙权都有着清楚的认识。刘备曾私下挑拨周瑜和孙权的关系说："公瑾文武筹略，万人之英"，只是他"器量广大，恐不久为人臣耳"！曹操也不肯服输，曾经写信给孙权，有意贬低周瑜在赤壁之战中的作用。他说：赤壁之战，正赶上我的将士们染病，于是，我自己烧船退却，没想到，这下倒使周瑜成了名。不管别人怎样评价，对于周瑜的功绩，孙权还是心中有数的。他在周瑜去世后痛哭流涕，说：公瑾有王佐之才，如今短命而死，叫我以后依赖谁呢？他称帝后，仍念念不忘周瑜，曾对公卿们说：没有周公瑾，我哪能称尊称帝呢？周瑜死后，孙权还曾与陆逊谈论周瑜："公瑾雄烈，胆略兼人，遂破孟德，开拓荆州，邈焉难继，君今继之。"周瑜的功绩，由此可见一斑。

周瑜还是历史上有名的儒将，风度之好，令人折服。虽为武将，但他不是粗莽武夫，反而风雅超群，可以说能文能武。他还精通音律，在宴会上，觥筹交错之间，虽有三分醉意，但乐师弹错了曲子，他也能够听出来，并回头看向传来错误乐曲的方向。所以，"曲有误，周郎顾"成为流传千古的一段佳话。

周瑜英年早逝，留给后人的印象也是一个充满蓬勃朝气的人。他分析战争形势，胸有成竹，指点江山，游刃有余，有一

周瑜试剑石

种谈笑间定天下的从容大气。他待人谦和有礼，和战场上的雄姿英发成为一个鲜明的对比。周瑜的身上，集结了众人的优点，有关羽之忠烈节义，有赵云之骁勇善战，有孙策之英明果决，有诸葛亮之智慧淡定，刚和柔在他的身上，完美地融合在一起。所以苏轼写下了这样的句子："遥想公瑾当年，小乔初嫁了，雄姿英发，羽扇纶巾，谈笑间，樯橹灰飞烟灭。"想一想当年意气风发的周瑜，何等令人心驰神往。

毛泽东对于"后起之秀"周瑜担当重任给予了很高的评价。他曾多次提到这一点，这不但反映了毛泽东能够知人善任，提拔和重用青年干部，也是对周瑜这位年轻军事家的高度褒扬。

三、"周瑜是政治家"

周瑜雄才伟略，不仅仅体现在能征善战上，对于天下形势的估计和政治权力的分析更是体现了他卓越的政治眼光。所以，毛泽东才会肯定地说"周瑜是政治家"。

毛泽东在1959年的庐山会议上讲话说："大权独揽，小权分散，参加中央的会，等于没参加。周瑜是政治家，程普开始不顺从，他是老将军，同当左右都督。你（指彭德怀）不能容纳这些元帅，无非乱中求治，没有周瑜那种气概，年龄比周瑜大，经验也多。其他元帅不见得比你多，也没程普那么老。元帅团结在自己周围，疙瘩解开。"（李锐《庐山会议实录》，河南人民出版社1994年版，第199页）

（一）反对送质

当曹操在官渡之战打败袁绍后，志得意满，认为自己图谋天下的时刻到了。于是，建安七年（202），他下书责令孙权，让他把儿子送到自己这里来做人质，以对孙权产生震慑之意。孙权是个胸有大志的人，他自然不愿受制于人，但考虑到实力相差太大，担心会因此开战，便召集群臣会商。众臣下议论纷纷，意见不一，张昭、秦松等重臣，犹豫再三，不能决断。

孙权虽然不愿意送子为质，但由于没有得到强有力的支持，也有点举棋不定。想到兄长孙策临死前说的"内事不决问张昭，外事不决问周瑜"，于是，他专门征求周瑜的意见。周瑜立场坚定，坚决反对送人质。裴松之注引《江表传》记载：

"曹公新破袁绍，兵威日盛，建安七年，下书责权质任子。权召群臣会议，张昭、秦松等犹豫不能决，权意不欲遣质，乃独将瑜诣母前定议，瑜曰：'当年楚国刚被封到荆山之侧，地方不够百里。他的后辈既贤且能，扩张土地，开拓疆宇，在郢都建立根基，占据荆州扬州之地，直到南海，子孙代代相传，延续九百多年。现在将军您继承父兄的余威旧业，统御六郡，兵精粮足，将士都肯卖力。而且，开山铸造铜钱，煮海水制造食盐，国家十分富饶，泛舟举帆，朝发夕至，人心安定，战士强劲勇敢，可以说所向无敌，为什么要送质于人呢？人质一到曹操手下，我们就不得不与曹操相呼应，也就必然受制于曹氏。那时，我们所能得到的最大的利益，也不过就是一方侯印、十数仆从、几辆车、几匹马罢了，哪能跟我们自己创建功业称孤道寡相提并论呢？为今之计，最好是不送人质，先静观曹操的动向和变化。如果曹操能遵行道义，整饬天下，那时我们再归附也不晚；如果曹操骄纵，图谋生乱，那么玩兵如玩火，玩火必自焚，将军您韬略勇敢足以抗拒威胁，只要静待天命即可，为何要送质于人呢！'"

周瑜这番话，说到了孙权心里。孙权的母亲听了周瑜的话，也认为该这样做，她对孙权说："公瑾议是也。"孙母一锤定音，决断下来。孙权便没给曹操送人质。

从这件事可以看出，周瑜有着长远的眼光，并不为一时的力量悬殊而妄自菲薄，他懂得分析自己的优势和劣势，同时能够预见到未来的形势变化，也能够顺应时势，可以说拥有一个卓越的政治家才有的胸襟和胆识。

（二）巧用连环计

周瑜是个少年得志的青年将领，视孙策为挚友，忠贞不贰。到孙策遇刺身亡，他承担重托，继续辅佐孙权，对于孙氏集团的发展壮大鞠躬尽瘁。曹操慕其才华，曾经派蒋干前去游说周瑜，希望他能为自己所用。

《三国志》记载，蒋干"有仪容，以才辩见称，独步江、淮之间，莫与为对"。蒋干受命后，头戴葛巾，身着布衣，装作闲游，去见周瑜。周瑜一见蒋干，就猜出了他的来意，于是问他：子翼真是用心良苦，居然远涉江湖，不是来替曹操做说客的吧？蒋干见周瑜一下子就道破了他的来意，觉得十分慌乱，急忙掩饰说：我和你本来也算得上乡亲了，是因为听说了您的美名特来拜会，怎么能怀疑我是曹操的说客呢？周瑜说：我虽然才能不及夔和师旷，算不上知音，但也能听曲而解意了。言下之意，是在告诉蒋干：虽然你不肯明说，但你的来意我是清楚的。蒋干听了，表情更加尴尬。

周瑜还是请蒋干进入营帐，摆设酒宴，盛情款待。随后，周瑜还领着他遍观军营，检视仓库和军资器仗，然后，置酒高会。席间，周瑜不但向蒋干展示了自己的侍从、服饰、珍宝，还对他说："丈夫处世，遇知己之主，外托忠臣之义，内结骨肉之亲，言行计从，祸福共之。即使苏、张更生，郦

周瑜点将台

叟复出，犹抚其背而折其辞，岂足下幼生所能移乎！"这样一来，周瑜的意思表露无遗，蒋干连一句劝说的话都说不出来，只好无奈地微笑。等到回去见了曹操，蒋干只能大肆宣扬周瑜器量端雅，趣致高卓，言辞说他不动。

在《三国演义》第四十五回《三江口曹操折

兵 群英会蒋干盗书》中，周瑜对于蒋干其人，还曾经用过绝妙的计策。当时，赤壁之战在即，曹操有百万大军，雄踞长江北岸，和东吴军队隔江对峙，尽管准备大战一场，但周瑜并没有胜算。

曹操的士兵都是北方人，不习水战，幸得荆州降将蔡瑁、张允为水军都督。这二人都是久经沙场的大将，谙习水战之法。周瑜想到只要除掉这二人，这场战争就轻松多了。但他一再谋划，都没有想到什么好主意除去这两个人。

一天，周瑜正在帐中议事，部下传报"故人蒋干相访"。周瑜想蒋干虽和他自幼同窗，但是曹操手下的谋士，两人各为其主，并无来往。这时候蒋干来访，一定是来劝降的。他眉头一皱，计上心来，连忙吩咐众将依计而行，随后带着众人亲出帐门迎接。二人相见，寒暄一番，周瑜挽着蒋干手臂同入大帐，设盛宴款待蒋干，请文武官员都来作陪。席上，周瑜待蒋干十分熟络，并解下佩剑交给大将太史慈，命他掌剑监酒，吩咐道："蒋干和我是同窗契友，虽从江北到此，却不是曹操的说客，诸位不要心疑。今日宴席之上，只准共叙朋友旧交，有人提起两家战事，即席斩首！"蒋干听了，面色如土，自然不敢多言。周瑜又对蒋干说道："我自领兵以来，滴酒不饮，今日故友相会，正是：江上遇良友，军中会故知。定要喝他个一醉方休！"说罢，传令奏起军中得胜之乐，开怀畅饮。周瑜喝得兴起，意气风发地说："在座各位，都是江东豪杰，今日之会，可称作'群英会'！真是——同窗契友会'群英'，江东豪杰逞威风！"

宴会过后，周瑜主动要求和蒋干同榻而眠。说着，便装醉睡去了。蒋干看周瑜睡着，便摸到桌前，拿起一摞文书偷看起来。正翻着，忽见里面有一封书信，细看却是曹操的水军都督蔡瑁、张允写给周瑜的降书。蒋干一看，大吃一惊，慌忙把信藏在衣内。

第二天清晨，有人入帐叫醒周瑜，说道："江北有人到此。"周瑜急忙止住他，看看蒋干，蒋干只装熟睡。周瑜和那人轻轻走出帐外，又听那人低声说道："张（允）、蔡（瑁）二都督道：'急切不得下手……'"声音越来越低。蒋干心中着急，可又不敢乱动。不一会儿，周瑜回来躺下

睡了。蒋干等周瑜睡熟，偷偷地爬起来，径直走出军营，守营军士也不阻拦。他来到江边，寻着小船，飞一般驰过长江，回见曹操。

曹操听了蒋干所见情形，大怒，下令斩杀蔡瑁和张允。等到曹操醒悟过来，为时已晚。然而周瑜想到双方实力相距甚大，仍然不能安心。这时避难江东的庞统想出了连环计破曹。但苦于找不到一个合适的理由让庞统过江骗过曹操。正在周瑜为此发愁时，蒋干再次来到东吴。这下子，他们搭上了一个最好的通道，由蒋干把庞统引见给了曹操。曹操早就听闻名士庞统的大名，再听了他的连环计，心中感觉很妙。于是就按照庞统的建议，把大小战舰都连在一起，让不习惯颠簸的士兵更好地习练。

就这样，周瑜的计策再次成功，赤壁一战稳操胜券。正是利用了腐儒蒋干，周瑜才能够在这场大战中一举成功。周瑜在赤壁之战前夕的准备工作中，显示了一个军事家的运筹帷幄和政治家的深谋远虑。

（三）赤壁大战

建安十三年（208）九月，曹操占领荆州之后，收降刘琮的八万人马，拥有大军数十万，实力陡增，骄横益甚。扬言要顺流而下，席卷江东。行前，曹操写信给孙权说：我奉旨南征，刘琮束手就擒。如今我训练了大军八十万，准备与您会猎江东。

面对曹操的挑战，东吴的很多谋臣都感到很惊恐，纷纷劝说孙权投降曹操。其中以张昭为首的人说："曹公豺虎也，然托名汉相，挟天子以征四方，动以朝廷为辞，今日拒之，事更不顺。且将军大势，可以拒操者，长江也。今操得荆州，奄有其地，刘表治水军，蒙冲斗舰，乃以千数，操悉浮以沿江，兼有步兵，水陆俱下，此为长江之险，已与我共之矣。而势力众寡，又不可论。愚谓大计不如迎之。"当时，周瑜身处外地，只有鲁肃等少数主战派，难以说动众人。所以，鲁肃建议孙权叫周瑜回来。

周瑜一回东吴，就力挽狂澜，竭力主战，并说服了孙权。他认为：曹操虽然是汉朝丞相，其实是汉朝的奸贼。他对孙权说，以将军的神明威武和雄才大略，再加上父兄的威望，割据江东，占地几千里，兵精粮足，英

雄豪杰都乐于效劳，这正是横行天下，为汉朝除去残暴的大好时机。曹操是自己来送死，难道我们还要去迎接他？请让我来分析一下，如今假设北方已完全稳定，曹操无后顾之忧，能持久地和我们争城夺地，但是否能与我们在水上一决胜负呢？况且现在北方并没有平定，加上马超、韩遂还割据潼关以西之地，实际上是曹操的后患。再说曹军舍去骑兵，依靠舟船，和我们吴越人较量，本来就不是中原士兵的长处。如今又赶上天气寒冷，马无草料，曹操驱使中原的士兵远涉到江湖之间，水土不服，必生疾病。以上我所列举的四点，都是用兵者的大忌，但是曹操却冒险行动。将军要活捉曹操，就在今天了。我请求带领精兵三万，进驻夏口，保证为将军打败曹操。

听了周瑜入情入理的分析，孙权抗曹的决心坚定了，他拔出佩刀，砍下几案的一角说："诸将吏敢复有言当迎操者，与此案同！"（裴松之注引《江表传》）这下子，其他的大臣不敢多言。孙权又说，曹操老贼早就想废掉汉帝自己做皇帝，只是担心袁绍、袁术、吕布、刘表和我反对而已。如今这几位英雄已被他消灭，只有我还在江东，我与老贼势不两立。你说应当抗击，这和我的想法完全一致，这真是上天要我

赤壁图

成大事，就将你赐给我呀！（《周瑜传》）

为了坚定孙权的信心，周瑜又单独进言分析当前形势说：大臣们一见曹操的战书上写有水步兵80万，心中恐惧，也不认真推测一下虚实，就提出了降敌的见解，这是没道理的。现在，我们可以认真地估算一下，曹操所带的中原士兵，最多十五六万，而且是经过长途跋涉、疲惫不堪之众；收降刘表的人马，最多不过七八万，而且这部分人尚心怀观望、怀疑，并非一心一德。曹操统御着这些疲惫病弱、狐疑观望的士兵，人数虽多，何足畏惧？我们只要有精兵五万就完全可以战胜他。请您不要迟疑，不要有所顾忌。

孙权听了，更加没有疑虑，用手抚摸着周瑜的后背，很感动地说：公瑾之言，大合我心！张昭等人，顾惜家人妻小，只为小我考虑，真让我失望。只有你与鲁肃的看法跟我一致，这是老天让你们二人来辅助我的！五万人，一时难以凑全。但我已选好三万人马，船只粮草和各种战具也已准备妥当，你和鲁肃、程普马上就可以带兵出发。我会继续调拨人众、粮草，做你的后援。你能一战破曹，当然好，假如遇到挫折，就回来找我，我将与曹操决一死战！（裴松之注引《江表传》）

这时，刘备在当阳（今湖北省当阳市）被曹操打败，想率人马南渡长江，在当阳和鲁肃相遇，便一起商讨对付曹操的计策。刘备率军驻扎在夏口，派诸葛亮来拜见孙权，在共拒曹操的问题上取得了一致。于是，孙权派周瑜和程普等人率军与刘备合力抗曹，两军在赤壁相遇。

此时，曹军中已有不少士兵患病，刚一交战，曹军就败退江北，周瑜等人驻扎在南岸。周瑜的部将黄盖说，现在敌众我寡，不能同他们久战。但我看到曹军的船舰首尾相连，可以用火攻来打败他们。于是，周瑜调来几十艘蒙冲斗舰，装满柴草并在中间浇满油脂，外面罩上帷幕，上面插上牙旗，事先让黄盖写信告诉曹操要去投降，将快艇系在大船后面依次向前驶去。接近曹军时，急令解开船只，同时点火，当时风势很猛，大火很快就蔓延到岸上的营寨。顷刻之间，曹营烟火冲天，人马被烧死和淹死的不计其数，曹军被迫向南郡撤退。刘备与周瑜又挥军全力追击，曹操留下曹仁等防守江陵，自己率残兵退回北方去了。这就是历史上著名的以少胜多的典型战例——赤壁之战。

只要看赤壁之战前周瑜为孙权分析的天下形势，就能够看出他是个卓越的军事家和政治家。他不人云亦云，而能够冷静理智地分析敌我形势，且能够高瞻远瞩，是当之无愧的少年英雄。

毛泽东在《论持久战》一文中指出："中国如晋楚城濮之战，楚汉成皋之战，韩信破赵之战，新汉昆阳之战，袁曹官渡之战，吴魏赤壁之战，吴蜀彝陵之战、秦晋淝水之战等等，外国如拿破仑的多数战役，十月革命后的苏联内战，都是以少击众、以劣势对优势而获胜。"（《毛泽东选集》第二卷，人民出版社1979年版，第491页）

在这里，毛泽东把刘备、孙权共抗曹操的大战，迳称为"吴魏之战"，高度评价了东吴在这次大战中的决定作用，从而也肯定了作为东吴主帅的周瑜的历史功绩。

（四）巧施苦肉计

在赤壁之战中，周瑜之所以能大获战功，还有一个关键人物，那就是老将黄盖。

黄盖，字公覆，生卒年不详，零陵泉陵（今湖南零陵）人。东汉末年江东孙氏部下名将，历仕孙坚、孙策、孙权三任君主。官至偏将军、武陵太守。黄盖是南阳太守黄子廉的后代，随其祖父迁泉陵（今永州零陵区）。初为郡吏，后举孝廉。东汉末年，随孙坚起兵讨伐董卓，以功授别部司马丹阳令。孙坚死后，效忠孙坚之子孙策、孙权，先后做过石城、春谷、浔阳等九县县令，为山越族所佩服。

黄盖能征善战，有谋有勇，擅长用铁鞭，作战十分勇猛，一生立过无数战功。作为东吴的一员大将，黄盖在赤壁大战中，起到了十分关键的作用。

在《三国演义》中，对于黄盖巧用苦肉计及周瑜使用连环计进行了详尽的描述，十分引人入胜。诸葛亮草船借箭后，和周瑜不谋而合，都提出了火攻曹操的作战计划。正在此时，曹操也派了荆州两位降将蔡和、蔡中兄弟前来周瑜大营，诈称投降。周瑜心中明白他们是诈降，但还是将计就计接待了这两个人，然后故意设下圈套。

一天，周瑜正在帐内休息，黄盖来见，献计说他想出了火攻曹操的作战方案。周瑜和黄盖密谋说，他正在准备利用前来诈降的蔡氏兄弟对曹操施行诈降计。但为了让曹操受骗，需要有人受皮肉之苦。黄盖当即表示，他是东吴的大将，受孙氏大恩，如果由他来承受重刑，自然可以骗过曹操。

第二天，周瑜召集诸将来军中议事，他让诸将各领取三个月的粮草，分头做好破曹的作战准备。黄盖毫不客气地打断他说，别说三个月了，就算是所有的兵士领取30个月的粮草，也别想打败曹操。如果能打败曹操，就只能在一个月之内。而如果一个月之内没有胜算，还不如束手投降。周瑜一听这种动摇军心的论调，大怒，喝令左右把黄盖推出去斩首。黄盖并不示弱，而是高声叫喊着，他是江东旧臣，资历比周瑜老多了，周瑜这个毛头小子，他根本不放在眼里。周瑜听了这话，更加怒不可遏，当即命令要马上砍了黄盖的头。别的将领看到这两员重将越闹越烈，生怕出了大事，忙来劝解。大将甘宁以黄盖乃东吴旧臣为由，替黄盖求情，被一阵乱棒打出大帐。众文武一见大都督火冲脑门，老将黄盖眼看被斩，就一齐跪下，苦苦为黄盖讨饶。

周瑜看大家都为黄盖求情，就把斩立决改为重打一百脊杖。众文武还觉得杖罚过重，仍苦求周瑜手下留情。周瑜此次寸步不让，他掀翻案桌，斥退众官，喝令速速行杖。行刑的士兵把黄盖掀翻在地，剥光衣服，狠狠地打了五十脊杖。众官员见状再次苦苦求免，周瑜这才恨声不绝地退入帐中。几乎所有的文武官员都觉得周瑜太绝情。只有周瑜和黄盖二人知道，这是他们演给曹操看的一场苦肉计，要借蔡氏兄弟把这个消息转给曹操。

五十脊杖把黄盖打得皮开肉绽，鲜血迸流，一连昏死过几次。当行刑完毕，黄盖被抬回自己的营帐后，将领们纷纷前来探望他。他只是长吁短叹，对于这个计谋一字不提。而他的密友阚泽抱着怀疑的态度前来视疾时，黄盖才道出了实情，并转请素有忠义和胆识的阚泽替他潜去曹营代献

看八·大·名·将

诈降书信。

　　曹操是何等的老谋深算，对于黄盖这样的老将要背叛东吴，他更是将信将疑。但阚泽既具胆识，又能言善辩，最终使曹操不得不信。恰在此时，已混入周瑜帐下的蔡中、蔡和两人也遣人送来了周瑜怒杖黄盖的密报。阚泽离开曹营回去之后，又使人给曹操带去了密信，进一步约定了黄盖来降时的暗号和标志。这期间，蔡和、蔡中也从江南为曹操暗通消息。这时，曹操对于黄盖"投降"一事已深信不疑了。

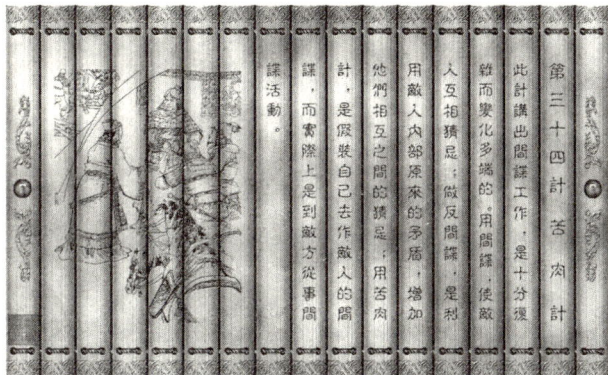

　　建安十三年（208）十一月二十日，孙刘联军方面已做好大战前的准备与部署。诸葛亮设坛祭风三日，是夜将近三更时分，果然东南风渐起，并越来越急。黄盖也将准备好的二十只大船，装满芦苇干柴，浇上鱼油，铺好引火用的硫黄、焰硝等物，然后用青布油单遮盖好，船头还钉满大钉，船上又树起诈降的联络标识"青龙牙旗"。每条大船后面各系着行动便捷的小船。黄盖还特派小卒持书与曹操约定当晚来降。周瑜也安排好接应黄盖的船只和进攻的后续队伍。

　　江北的曹操，正在大寨中与诸将等待消息时，黄盖的密信送到。信中称因周瑜关防甚严，黄盖一时无计脱身。巧遇鄱阳湖运粮船队到寨，周瑜遂命黄盖巡逻，这才有了出营的机会。于是，定

苦肉计

火烧赤壁

于当晚二更来降，插着青龙牙旗的船队就是来降的粮船。

曹操见书大喜，与诸将来到水寨的大船之上，专等黄盖的到来。黄盖座船的大旗上，写着"先锋黄盖"四个大字。他指挥着诈降的船队，趁着呼呼的东南风向北岸疾进如飞。当曹操看到黄盖的船队远远驶来时，高兴异常，认为这是老天保佑他成功。但曹操的部下程昱却看出了破绽，他认为满载军粮的船只不会如此轻捷，恐怕其中有诈。曹操一听有所醒悟，立即遣将驱船前往，命令黄盖来船于江心抛锚，不准靠近水寨。但为时已晚。

此时，诈降的船队离曹军水寨只有二里水面，黄盖大刀一挥，前面的船只一齐放火。各船的柴草、鱼油立即燃烧起来，火乘风威，风助火势，船如箭发，冲入曹操水寨。曹军战船一时俱燃，因各船已被铁锁连在一起，所以水寨顿时成为一片火海。大火又迅速地延及北岸的曹军大营。危急中，曹操在张辽等十数人护卫下，狼狈换船逃奔北岸。孙刘的各路大军乘胜同时并进，曹军被火焚水溺、着枪中箭而死的不可胜数，曹操本人也落荒而逃。

周瑜和黄盖巧施苦肉计，能够骗过老谋深算的曹操，可以说是智谋上的一次胜利。可见，周

看
八·大·名·将

瑜在谋略之上，不输于枭雄曹操。

（五）战后有远虑

赤壁之战后，周瑜又与程普进军南郡（今湖北江陵），隔着大江和曹仁对峙。两军还没有交锋，周瑜就派甘宁去占领了夷陵（今湖北宜昌）。曹仁抽出部分步兵、骑兵围攻甘宁，甘宁向周瑜告急。周瑜采用吕蒙的计策，留下凌统守卫后方，自己和吕蒙一起到上游去援救甘宁。甘宁之围解除后，周瑜就渡过长江到北岸驻扎，约定日期与曹仁交战。周瑜亲自骑马督战，不幸被敌箭射中右肋，伤势很重，便回到营地。曹仁听说周瑜卧床不起，便加紧攻打。周瑜强打起精神到军营巡视，激励官兵的士气。曹仁闻讯，只好率军退走。

孙权拜周瑜为偏将军并兼任南郡太守，以下隽、汉昌、刘阳、州陵作为他的封邑，让他驻守在江陵。刘备以左将军的身份兼任荆州牧，驻扎在公安。刘备去拜见孙权时，周瑜上疏说：刘备以勇悍雄杰的姿态，又拥有关羽、张飞这样的熊虎之将，一定不会长期屈服、受他人支配。我认为最好的方法是把刘备迁移安置到吴郡，大兴土木为他建造宫室，多送他一些美女和珍奇的玩物，使他的耳目感官得到享受；再把关羽、张飞分开，安置在不同的地方，让像我这样的人指挥他们作战，大事就好办了。现在分割土地来资助他们，这三个人聚集在边界地带，恐怕是蛟龙得到了云雨，最终就不再是水池可以容纳得下的了。

孙权认为曹操在北方，应广泛招纳英才，又担心刘备最终难以制服，所以没有采纳周瑜的建议。

这时刘璋做益州牧，外面有张鲁的抢夺侵扰。周瑜进京拜见孙权说，如今曹操刚刚遭受挫折，心中正在发愁，不能和将军交战。我请求和奋威将军孙瑜一同去攻打蜀地，得到西川，攻灭张鲁，然后让奋威将军孙瑜镇守那里，和马超相互救援。我率军回来，再和将军占据襄阳（今湖北襄阳），进而逼攻曹操，北方就有被攻克的希望了。

孙权同意了周瑜的建议。

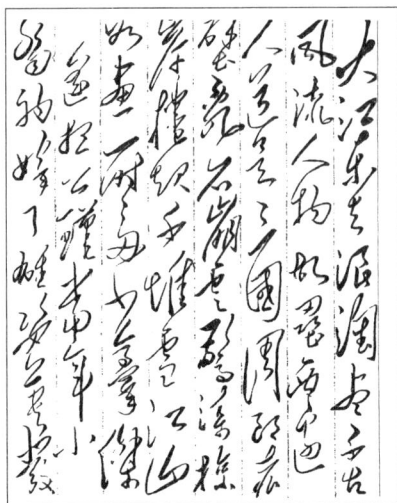

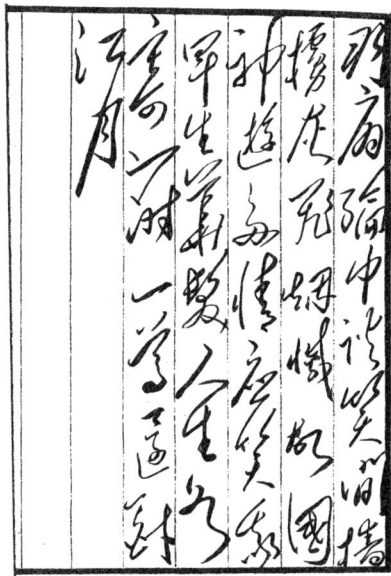

毛泽东手书苏轼《念
奴娇·赤壁怀古》

周瑜回到江陵准备行装，在路过
巴丘时不幸病亡，年仅36岁。

周瑜死后，孙权穿上丧服为他举
哀，左右深为感动。周瑜的灵柩要运回
吴郡，孙权亲自到芜湖迎接，各项费
用一概由官府供给。孙权后来又专门
颁布命令说："故将军周瑜、程普，其
有人客，皆不得问。"

无论是对敌我力量形势的分析还
是采纳部下的建议，无论是战争中对士
气的鼓励，还是战后献策用美女珍玩来
迷惑刘备，都是周瑜这个年轻将领政治
眼光的体现。

四、少年新进

毛泽东对于周瑜有着特殊的偏
爱，不仅体现在他喜欢关于周瑜的诗词
上，而且在看到欧阳修的不同言论时，
他也会提出自己的看法为周瑜辩护。

（一）新进少年成大业

毛泽东喜欢诗词，其中以气势恢
弘的豪放诗词更为他所喜，苏轼的名作
《念奴娇·赤壁怀古》无疑深受其钟爱。他曾经
以奔放豪迈的草书来手书这个名篇。苏轼在创作
这首词时，被贬官黄州。他借赞美周瑜的气魄和
风姿，来抒发自己仕途坎坷、壮志难酬的情怀。
但整阕词毫无委靡之意，而是声势浩大，十分恢

弘。对于周郎赤壁的回忆，都是激烈辽阔的战争场面。"乱世崩云，惊涛掠案，卷起千堆雪"一句，表面是写长江的惊涛骇浪，实际则是表现了战争的激烈和周瑜的英勇。毛泽东对于豪放的苏词的喜爱，除了文学角度的欣赏之外，自然也有对于周瑜功绩和风采的赞赏之意。

清代姚鼐的《古文辞类纂》中收有欧阳修《为君难论》一文，此文主要讲了君主的"用人"和"听言"。他认为，为君之难，听言比用人更难，因为言论有忠奸难辨、贤愚不明的情况，主观判断往往和客观效果不一致。

欧阳修讲了两个例子来说明：

一是战国时的秦赵长平之战。本来是老将廉颇镇守长平，但赵孝成王不用老将廉颇，而任用纸上谈兵的新将赵括，结果招致大败。二是秦楚之战。秦始皇要征讨楚国，问年轻的战将李信该带多少兵。李信答，二十万人足矣。秦始皇再问老将王翦，王翦答，非要六十万人不可。秦始皇一听，就不满地说王翦胆

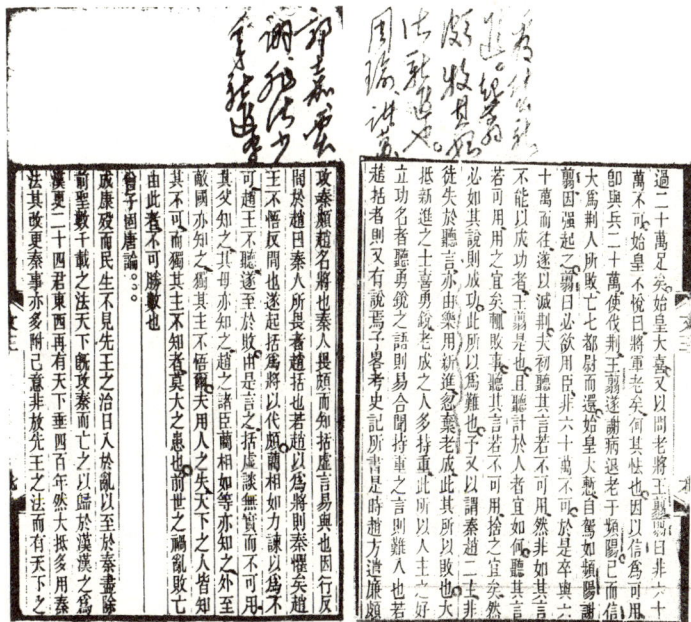

毛泽东读《古文辞类纂·欧阳修〈为君难论〉》批注

怯。于是给了李信二十万兵，让他去攻打，结果李信大败。而后，给了王翦六十万兵前往，王翦获胜。

由此，欧阳修得出结论：秦赵二国之君"乐用新进，忽弃老成，此其所以败也"；并阐述说："大抵新进之士喜勇锐，老成之人多持重，此所以人主之好立功名者，听勇锐之语则易合，闻持重之言则难入也。"

可见在欧阳修看来，这两次战争的失败都是因为君主听信了年轻人的话，任用年轻人所致。如果能够使用老将，就不会落败。无疑，这种看法是片面的。毛泽东在读这篇文章时，进行了批注，提出了自己的不同意见："看什么新进。起、翦、颇、牧其始皆新进也。周瑜、诸葛、郭嘉、贾诩，非皆少年新进乎？"（《毛泽东读文史古籍批语集》，中央文献出版社1993年版，第97—98页）

毛泽东的这一批注，看似简单，却包含了很深的含义。在毛泽东看来，事业的成败不在于人的新进老成，而在于人是不是贤、是不是有能、是不是为将之材。他列举了少年英雄的故事，也说明了一些功勋卓著的老将也是从"少年新进"开始的，而且否定了欧阳修关于少年新进误事的说法，客观地说明了关键问题在于使用什么样的新进，也就是要具体问题具体对待的思想。

（二）自古英雄出少年

毛泽东在批注欧阳修的《为君难论》时，列

"看什么新进。起、翦、颇、牧，其始皆新进也。周瑜、诸葛、郭嘉、贾诩，非皆少年新进乎？"（《毛泽东读文史古籍批语集》，中央文献出版社1993年版，第97—98页）

举了多位历史人物来进行说明。我们对此进行一一分析。

在批注中，毛泽东提到了三国时的周瑜、诸葛亮、郭嘉和贾诩四人，认为他们都是有头脑有作为的"少年新进"。周瑜自然是当之无愧的少年英雄，他初入军旅时年仅二十余岁，而领兵挂帅大战曹军时，也只有三十出头。诸葛亮在众多的影视作品中往往被塑造成一个足智多谋的中年人形象，但刘备三顾茅庐相请时，诸葛亮不过二十七岁，自然也能够称得上少年新进，他同样为蜀的发展壮大立下了大功。

郭嘉（170—207）字奉孝，颍川阳翟（今河南禹州）人，是曹操的主要谋士，有奇计，为东汉末年著名军事家，有"鬼才"之称。郭嘉出身寒门，自幼胸怀大志。"少有远量"，自二十岁起便暗中交结有识之士（"自弱冠匿名迹，密交结英隽"），不与世俗之士交往（"不与俗接，故时人多莫知，惟识达者奇之"）。这些"英隽"里面包括荀彧、辛评、郭图等人。

最初，郭嘉投奔了实力较强的袁绍，袁绍对其非常恭敬。但郭嘉仅数十日就发现袁绍优柔寡断，不善用人，难成大业。他对同在袁绍帐下当谋士的辛评、郭图说："夫智者审于量主，故百举百全而功名可立也。袁公徒欲效周公之下士，而未知用人之机。多端寡要，好谋无决，欲与共济天下，大难，定霸王之业，难矣！"（《三国志·魏书·郭嘉传》）

随后，郭嘉毅然离去，一直赋闲了六年。建安元年（196），曹操颇为器重的谋士戏志才早逝，曹操便写信给谋士荀彧，书中说："自志才亡后，莫可与计事者。汝、颍固多奇士，谁可以继之？"（《三国志·魏书·郭嘉传》）荀彧见信后，向曹操推荐了郭嘉。曹操将郭嘉接入自己的营帐，两人相谈许久后，曹操赞叹道："使孤成大业者，必此人也。"（《三国志·魏书·郭嘉传》）郭嘉也对曹操的气度印象深刻，他非常高兴地说："真吾主也。"（《三国志·魏书·郭嘉传》）曹操遂任郭嘉为司空军祭酒。

后来，在官渡之战和北征乌桓中，郭嘉发挥了重要的作用。郭嘉可以称得上是少年新进的人物。他死时年仅三十八岁。

此外，贾诩也是曹操帐下一位重要的谋臣。贾诩，字文和，姑臧（今

甘肃武威）人。董卓入洛阳，贾诩以尽尉掾仍平津都尉。后归占据南阳的董卓部将，并说服张绣投降曹操，多有建言。虽然他较曹操年长，但在年少时也是个很有奇谋的人，因此才得到举荐，开始了其谋士生涯。文帝（曹丕）时为太尉。

毛泽东还提到了一些战功卓著的沙场老将，如白起、王翦、廉颇、李牧，同样意在指出他们虽然是老将，但在之前都是从少年新进开始的，直到多年以后，才成为战功卓著的老将，发挥了重要的历史作用。

白起（？—前258），也叫公孙起，郿（今陕西郿县东北）人。号称"人屠"，战国时期秦国名将，和王翦、廉颇、李牧并称为战国四将。是中国历史上继孙武、吴起之后又一个杰出的军事家。白起的一生可谓战功赫赫，后人称之为"战神"。

白起并没有显赫的背景，也没有经过系统的兵家学习，是纯粹的"行伍出身"，他是凭借着一次次的拼杀和战绩赢得了重用。可以说，他是一个典型的从基层起步的将领。

一开始秦国只是地处西陲的一个小国，商鞅变法后，国家逐渐强盛。秦昭王时，任用白起为将。随后，白起就开始了他的征战生涯。根据史实记载，白起一生征战三十余年，从未打过一次败仗。他素以深通韬略著称，既是高超的战术家又是高明的战略家。其指挥的战争规模之大，战斗之残酷世所罕见。

他征战六国，善用歼灭战。当时，六国军队只要听说是他带兵来战，就会吓得望风而逃。《史记·范雎蔡泽列传》记载：所有的国家都不敢与秦战，后面加了一个注释，就是因为秦人有此将军！据统计，他一生在战场上歼敌有一百余万人。这个数字，实在让人吃惊。

他还指挥了历史上著名的长平之战。当时，因为白起的计策成功，赵军大败，四十万赵兵投降。白起与人计议说，先前秦已攻陷上党，上党的百姓不愿归附秦却归顺了赵国。赵国士兵反复无常，不全部杀掉，恐怕日后会成为祸患。于是使诈，把赵降卒全部坑杀，只留下二百四十个年纪小的士兵回赵国报信。长平之战，秦军先后斩杀和俘获赵军共四十五万人，赵国上下为之震惊。从此赵国元气大伤，一蹶不振。

虽有善始，但白起功高遭忌，后秦攻赵都邯郸，他与秦王、相国范雎意见不合，被迫自刎。他伏剑自刎时说："我何罪于天而至此哉？"良久，又说："我固当死。长平之战，赵卒降者数十万人，我诈而尽坑之，是足以死。"（《史记·白起王翦列传》）

白起可以说为秦国的统一战争作出了重大贡献，他被封为武安君，用兵老道，无人能敌。但这位每战必胜的老将军也是从少年新进开始的。

王翦，频阳（今陕西富平东五十里）人，秦始皇的大将。同白起一样，他也是从基层做起的一位卓越军事家，是继白起之后秦国的又一位名将。与其子王贲在辅助秦始皇统一六国的战争中立有大功，除韩之外，其余五国均为王翦父子所灭。他一生的主要战绩有破赵国都城邯郸，消灭燕、赵，以秦国绝大部分兵力消灭楚国。

廉颇和李牧是战国时赵国名将。

廉颇，赵惠文王时任上卿，屡次战胜齐、魏等国。长平之战，坚壁固守三年，而秦不可破。后因赵孝成王中了反间计，任用只会纸上谈兵的赵括为将，遭到惨败。赵孝成王十五年（前251），他战胜燕军，任相国，封信平君。一度与丞相蔺相如关系紧张，后捐弃前嫌，复又和好，传为佳话。京剧中有一出《将相和》，就是演绎他与蔺相如的故事的。赵悼襄王时不得志，奔魏居大梁（今河南开封）。后赵王多次为秦所败，派使者去看他，准备再次起用为大将。使者受其政敌的贿赂，还报赵王说："廉将军虽老，尚善饭，顷之三遗矢（屎）矣。"赵王以为他已衰老，不再起用。

李牧（？—前228），长期守卫赵国北部边疆，打败东胡、林胡、匈奴。赵王迁三年（前233），率军向秦国反攻，在肥（今河北藁城西南）大败秦军，因功封武安君。后因赵王中秦反间计被杀，秦遂灭赵。

由此可知，廉颇和李牧，在巩固边防抵抗侵略方面立下了汗马功劳。作为老将，他们能够战无不胜，但之所以能够取得这些成绩，是从年少时就开始征战。如果没有年少时的基础，他们不可能成长为卓越的军事领袖。

毛泽东举这些人的例子意在说明，孙权、刘备、曹操使用"新进"而制胜，战国时的赵王、秦王使用"新进"则致败，其胜败原因不在于"新进"，不能一概而论。

毛泽东对于"新进少年"无疑是欣赏的，他认为只要给年轻人适当的机会，年轻人就能够很好地发挥其才华，当然，他很喜欢的是那些有真本事的"新进"。

五、为周瑜正名

在正史中，周瑜堪称完美：性情上雅量高志；为人上气量恢弘；智谋上运筹帷幄；胆略上英勇过人；业绩上战功赫赫；才华上文武双全；连相貌都无可挑剔。但因为《三国演义》的故事太深入人心，很多人心目中的周瑜形象却是扭曲的。

（一）谁人草船借箭

在小说《三国演义》第四十六回《用奇谋孔明借箭　献密计黄盖受刑》中，草船借箭的故事是这样的：

周瑜十分嫉妒诸葛亮的才干，就故意刁难诸葛亮，提出让诸葛亮在十日之内赶制十万支箭。诸葛亮却出人意外地说："操军即日将至，若候十日，必误大事。"他表示："只须三天的时间，便可纳十万支箭。"周瑜一听大喜，当即让诸葛亮立下了军令状。在周瑜看来，诸葛亮无论如何也不可能在三天之内造出十万支箭。因此，到时候"军法从事"，诸葛亮必死无疑。

诸葛亮告辞以后，周瑜就让鲁肃到诸葛亮处查看动静，打探虚实。诸葛亮一见鲁肃就说："三日内如何能造得十万箭？子敬只得救我！"

忠厚善良的鲁肃回答说："公自取其祸，我如何救得你？"

诸葛亮说："望子敬借给我二十只船，每船军士三十人，船上皆用青布为幔，各束草千余个，分布两边。我别有妙用，第三日包管有十万支

箭。只不可教公瑾得
知。若彼知之，吾计
败矣。"

　　鲁肃虽然答应了
诸葛亮的请求，但并
不明白诸葛亮的意
思。他见到周瑜后，
不谈借船之事，只说
诸葛亮并不准备造箭
用的箭竹、翎毛、胶
漆等物品。周瑜听罢也大惑不解。

《三国演义》书

　　诸葛亮向鲁肃借得船只、兵卒以后，按计
划准备停当。第一天，不见诸葛亮有什么动静！
第二天，仍然不见诸葛亮有什么动静！直到第三
天夜里四更时分，诸葛亮才秘密地将鲁肃请到船
上，并告诉鲁肃要去取箭。鲁肃不解地问："何
处去取？"诸葛亮回答道："子敬休问，前去便
知。"鲁肃被弄得莫名其妙，只得陪伴着诸葛亮
去看个究竟。

　　凌晨时分，浩浩江面，大雾漫天，茫茫一
片。诸葛亮遂命人用长索将二十只船连在一起，
起锚向北岸曹军大营进发。时至五更，船队已接
近曹操的水寨。这时，诸葛亮又教士卒将船只头
西尾东一字摆开，横于曹军寨前。然后，他又命
令士卒擂鼓呐喊，故意制造了一种击鼓进兵的声
势。鲁肃见状，大惊失色，诸葛亮却坦然地告诉
他说：我料定，在这浓雾低垂的夜里，曹操决不
敢毅然出战。你我尽可放心地饮酒取乐，等到大

雾散尽，我们便回。

　　曹操闻报后，果然担心重雾迷江，遭到埋伏，不敢轻易出战。他急调旱寨的弓弩手六千人赶到江边，会同水军射手，共一万多人，一齐向江中乱射，"箭如雨发"，企图以此阻止击鼓叫阵的"孙刘联军"。一时间，箭如飞蝗，纷纷射在江心船上的草把和布幔之上。过了一段时间后，诸葛亮又从容地命令船队调转方向，头东尾西，靠近水寨受箭，并让士卒加劲地擂鼓呐喊。等到日出雾散之时，船上的全部草把密密麻麻地排满了箭支。此时，诸葛亮才下令船队调头返回。他还命令所有士卒一齐高声大喊："谢曹丞相赠箭！"当曹操得知实情时，诸葛亮的取箭船队已经离去二十余里，曹军追之不及，曹操为此懊悔不已。

　　船队返营后，共得箭十余万支，为时不过三天。鲁肃目睹其事，即称诸葛亮为"神人"。诸葛亮告诉鲁肃自己不仅通天文，识地利，而且也知奇门，晓阴阳，更擅长行军作战中的布阵和兵势，在三天之前已料定必有大雾可以利用。他最后说："我的性命系之于天，周公瑾岂能害我！"当周瑜得知这一切以后，大惊失色，自叹不如。

　　可是，在史实中，草船借箭的并不是诸葛亮，而是孙权。根据《三国志·吴书·吴主传第二》裴松之注引《吴历》说，建安十八年（213）正月，曹操与孙权对垒濡须（今安徽巢县西巢湖入长江的一段水道）。初次交战，曹军大败，于是坚守不出。一天，孙权借水面有薄雾，乘轻舟从濡须口闯入曹军前沿，观察曹军部署。孙权的轻舟行进五六里，并且鼓乐齐鸣，曹操生性多疑，见孙军整肃威武，恐怕有诈，不敢出战，喟然叹曰："生子当如孙仲谋，刘景升儿子若豚犬耳！"

　　裴松之注引《魏略》说，孙权乘大船来观察曹操的军队，曹操下令弓弩齐发，射击吴船。不一会，孙权的轻舟因一侧中箭太多，船身倾斜，有翻沉的危险。孙权下令调转船头，使另一侧再受箭。"箭均船平"，孙军安全返航。曹操这才明白自己上当了。而在《三国志平话》中，借箭的则是周瑜。

（二）周瑜是不是主战派

《三国演义》中，有一段诸葛亮赴东吴劝说孙权联刘抗曹的故事，其中有诸葛亮智激周瑜的片段。诸葛亮为了能够说服周瑜攻打曹操，甚至搬出曹植所作《铜雀台赋》，用来说明曹操修建铜雀台，是为了得到大乔和小乔。这一说法激怒了周瑜，周瑜才愤而决定联刘抗曹。

这段故事，纯属捏造，因为周瑜是东吴最有力的主战派。本来当时曹操发出战书时，东吴的诸位谋臣都很害怕曹操的势力，都主张投降曹操。只有鲁肃一人是主战的。因为鲁肃说服不了众人，才建议孙权召回周瑜。而周瑜一回来，就显示了他强大的影响力，他为孙权分析了当时的形势，坚定了孙权抗曹的决心。

在随后的赤壁之战中，周瑜更是显示了他的深谋远虑。他不但使用计策让曹操一开始就损兵折将，而且在大战中使用火攻，巧借风势，大败曹军。在《三国演义》中，为了塑造诸葛亮的神机妙算，把诸葛亮神化了，甚至提到了他能够登坛作法借来东风。

故事中说，诸葛亮与周瑜共同制订了"火攻"曹营的计划。但连日来江上一直刮西北风，用火攻不但烧不着北岸的曹兵，反而会烧到自己。周瑜为东风之事闷闷不乐，病倒在床上。诸葛亮知道后，给周瑜开了个"药方"，周瑜打开一看，只见上面写着："欲破曹兵，宜用火攻。万事俱备，只欠东风。"

周瑜承认自己的心事被诸葛亮猜中，便问诸葛亮有何办法。诸葛亮说他能借来东风，他让周瑜为他搭起高九尺的七星坛，然后自己在坛上作法。几天之后，果然刮起了东南风。周瑜更觉得诸葛亮不可留，便派人赶到七星坛去杀诸葛亮。

然而诸葛亮早就料到周瑜会有这一手，事先离开了七星坛，回自己的根据地夏口（今湖北武汉黄鹄山上）去了。临走还给周瑜留下这样的话："上覆都督，好好用兵；诸葛亮暂回夏口，异日再容相见。"周瑜只得作罢。

其实，正史上诸葛亮并没有参与赤壁之战，也并没有呼风唤雨之能，指挥赤壁之战的人是周瑜，东风是长江上的一种自然现象，长期在鄱阳一带训练水军的周瑜和黄盖聪明地抓住这一战机打败了曹军。

至于小说中写"七星坛诸葛祭风"，乃是神化诸葛亮，其实是古代巫祝伎俩。《三国演义》第一百零三回还有"五丈坛诸葛禳星"的描写，是说诸葛亮看到自己的"将星"昏暗不明，快落了，要祈祷一下，使之不落，以延长自己的寿命。如果成功，寿命便可延长一纪（十二年），不料魏军急攻，魏延闯入，"竟将主灯扑灭"，因而没有成功。这更加荒诞。因此，鲁迅在《中国小说史略》批评说"状诸葛之多智而近妖"，大概就是指的这类描写。

（三）周瑜之死

在《三国演义》的故事中，周瑜是因为气量狭小，被诸葛亮"三气"而死的。其实，历史上周瑜气量宽宏，"三气"之说为小说家言，当属虚构。

《三国志·吴书·鲁肃传》关于刘备借荆州及周瑜之死是这样描写的：

"后备诣京见权，求都督荆州，惟肃劝权借之，共拒曹公。曹公闻权以土地业备，方作书，落笔于地。

"周瑜病困，上疏曰：'当今天下，方有是役，是瑜乃心夙夜所忧，愿至尊先虑未然，然后康乐。今既与曹操为敌，刘备近在公安，边境密迩，百姓未附，宜得良将以镇抚之。鲁肃智略足任，乞以代瑜。瑜陨蹶之日，无所怀矣。'"

裴松之注引《江表传》也有类似记载：

"初瑜病困，与权笺曰：'瑜以凡才，昔受讨逆殊特之遇，委以腹心，遂荷荣任，统御兵马，志执鞭弭，自效戎行。规定巴蜀，次取襄阳，凭赖威灵，谓若在握。至以不谨，道遇暴疾，昨自医疗，日加无损。人生有死，修短命矣，诚不足惜，但恨微志未展，不复奉教命耳。方今曹公在北，疆场未静，刘备寄寓，有似养虎，天下之事，未知终始，此朝士旰食之秋，至尊垂虑之日也。鲁肃忠烈，临事不苟，可以代瑜。人之将死，其

言也善，倘或可采，瑜死不朽矣。'案此笺与本传所载，其辞乖异耳。"

从这些记载来看，刘备借荆州，与孙权联合，共抗曹操，是双方都有需要；事后孙吴索还荆州，亦在情理之中。围绕这个问题，双方斗智斗勇，当不可免。至于"三气"周瑜，当是小说家虚构。当刘备未取得西川，甚至取得西川以后，不肯把荆州归还东吴，可以理解。周瑜与诸葛亮身为东吴蜀汉两集团的两个要员，负有重要责任。周瑜生前没有收回荆州，也是事实。但借荆州是经孙权批准的，周瑜并不负主要责任。况且，从赤壁之战结束到周瑜病逝的两年间，诸葛亮正在零陵一带做后勤工作，根本没有和周瑜见过面。而周瑜是在江陵进行军事准备时，生病而死。周瑜病逝后，送丧吊唁的是当时在刘备手下的周瑜旧属庞统，而不是诸葛亮。但周瑜死时，诸葛亮去吊丧，是可能的。《三国志·吴书·周瑜传》中记载：

"肃年四十六，建安二十二年卒。权为举哀，又临其葬。诸葛亮亦为发哀。"

周瑜墓

（四）"曲有误，周郎顾"

周瑜不仅是著名的军事家、政治家，也是一位高明的音乐家。本传曰："瑜少精意于音乐，虽三爵之后，其有阙误，瑜必知之，故时人谣曰：'曲有误，周郎顾。'"在裴松之注引《江表传》中他自称："吾虽不及夔、旷，闻弦赏音，足知雅曲也。"

周瑜自比夔、旷。夔、旷何许人也？夔，舜帝时乐官，相传作五弦琴，歌《南风》之曲："南风之薰兮，可以解吾民之愠兮。南风之时兮，可以阜吾民之财兮。"这是帝舜所歌《南风歌》歌词，当是由夔谱曲。曲谱今失。

旷，师旷，字子野，春秋时晋音乐家，目盲，善弹琴，辨音能力甚强。晋平公铸大钟，众乐工听后都认为音律准确，独师旷不以为然。他的判断力，后为师涓所证实。

周瑜自比夔、师旷，可见其音乐造诣之深。

孙膑　司马懿

周瑜　吕蒙　韦睿

关羽　岳飞　张飞

『行伍出身』的吕蒙

吕蒙（178—219），字子明，汝南富陂（今安徽阜阳西南）人，三国时东吴政治家、军事家。

我们日常生活中，夸奖一个人进步神速，往往会说"士别三日，当刮目相看"，这句话就是由吕蒙的故事而来。吕蒙从一个陈述大事要用口述心记的大老粗到能够制定攻心智谋的勇将，是因为他能够认识到自己的缺点，勤学苦读。对此毛泽东给予了很高的评价，并且常以大将吕蒙发奋读书的故事，教育我们军队的高级干部应当努力学习，提高自己的理论水平和文化素质。

吕蒙像

一、"吕蒙是行伍出身的"

吕蒙年轻的时候就是一个胸怀大志的人，虽然出身低微，没什么机会读书识字，却敢于冒险。在投奔孙策之初，他只是个普通的士兵。随后的一路征战拼杀，赢得了孙权的重视。可以说，吕蒙是从底层做起的统帅。

（一）"不探虎穴，安得虎子"

吕蒙年少时，南渡长江，依附姐夫邓当。邓当为孙策的部将，数次征伐东南一带的少数民族山越。当时，吕蒙年仅十五六岁，私自随邓当作

毛泽东《菩萨蛮·黄鹤楼》手迹

战。后被邓当发现，大惊，厉声呵斥也无法阻止。作战归来，邓当将此事告吕母。吕母生气，欲责罚吕蒙，吕蒙说："贫贱难可居，脱误有功，富贵可致。且不探虎穴，安得虎子？"（《三国志·吴书·吕蒙传》）吕母听后，"哀而舍之"（《三国志·吴书·吕蒙传》）。

当时邓当手下有一个官员，见吕蒙年幼，很轻视他，说："彼竖子何能为？此欲以肉喂虎耳。"（《三国志·吴书·吕蒙传》）有一天，这个官员见到吕蒙，又当面耻笑、羞辱吕蒙。吕蒙大怒，举刀杀了那个官员，逃到同乡郑长家中。后来，通过校尉袁雄出来自首，袁雄为吕蒙从中说情，并将他推荐给孙策。孙策见吕蒙确有过人之处，便把他安排在身边做事。

过了几年，邓当去世。张昭推荐吕蒙接替邓当职务，任别部司马。

吕蒙所说的"不探虎穴，安得虎子"和后汉的班超如出一辙。后来，这句话成了成语，比喻不冒危险，就不能成事。现在也用来比喻不经历最艰苦的实践，就不能得到真知。

毛泽东在《实践论》中说："'不入虎穴，焉得虎子'这句话对于人们的实践是真理，对于认识论也是真理。"

毛泽东手书王实甫《西厢记》第一折句

（二）屡立战功

　　孙权执政时，想合并那些兵员少而且作用不大的年轻将领所带领的部队。吕蒙暗中赊购，给士兵伴随做绛衣和绑腿。孙权检阅时，吕蒙兵马"陈列赫然，兵人练习"（《三国志·吴书·吕蒙传》），孙权见后大悦，认为他治军有方，不但没有削减其部，反而增加了他的兵员。吕蒙率部参加了讨伐丹阳（今江苏南京）的战斗，所到之处都建有功劳，因此被任命为平北都尉兼广德长。

　　建安十三年（208），孙权采纳将军甘宁建议，发兵进攻夏口（今湖北武汉黄鹄山上），吕蒙随军出征，参加了征讨黄祖的战斗。江夏郡太守黄祖下令用蒙冲战舰封锁沔口（汉水入长江口），用大棕绳系巨石为锥以固定舰位，上有千余人用弓弩交射，封锁江面，吴军进攻受阻。孙权命偏将军董袭、司马凌统各率百人敢死队，身穿重铠，乘大船冲抵蒙冲舰旁，董袭挥刀砍断棕绳，战舰顺水漂流，孙权军遂溯流而进。黄祖见孙权兵来，急派水军都督陈就率兵反击。吕蒙统率前锋部队，身先战阵，亲自斩杀陈就。孙权军队乘胜水陆并进，包围夏口城。孙权督军猛攻，克其城，并屠之。黄祖只身逃窜，被骑士冯则追斩。此战，孙权大获全胜，一举歼灭宿敌黄祖，占领江夏地区。战后论功，孙权认为："事之克，由陈就先获也。"（《三国志·吴书·吕蒙传》）遂命吕蒙为横野中郎将，并赐钱千万。

这年十月，吕蒙和周瑜、程普等人率军参加了赤壁之战，在乌林（今湖北洪湖县东北长汇北岸邬林矶，与南岸陆口相对）打败了曹军，在南郡（今湖北江陵东北）围困了曹仁。战后，益州将领袭肃率部来投，周瑜上表将袭肃的军队拨归吕蒙，以增加他的兵力。吕蒙认为，袭肃是出于仰慕教化远道来投，不应褫夺他的兵权。孙权同意了吕蒙的意见，并归还了袭肃的部队。

周瑜派甘宁去占领夷陵（今湖北宜昌），曹仁分兵攻打甘宁，甘宁被围困，便派使者请求救援。许多将领认为兵力少，不能分散。吕蒙对周瑜和程普说：留下凌公绩，我和你们率部去解围，时间也不会多久，我保证凌公绩可坚守十天。吕蒙建议周瑜分派三百人用柴木截断险路，曹军败退时可以得到他们的战马。周瑜听从了他的意见。大军赶到夷陵当天就与曹军展开激战，杀伤敌人超过半数。曹军连夜逃走，在遇到柴木堵塞的通道时，曹军骑兵都放弃马匹徒步逃命。东吴军追上曹军，获得了战马三百匹，都用船只运了回来。东吴将士的斗志为之大增，并渡过长江，设立营垒向曹军展开攻击。曹仁率军退走，东吴终于占领了南郡，平定荆州。回师后，吕蒙被委任为偏将军兼任寻阳令。

鲁肃接替周瑜到陆口（在今湖北嘉鱼东南陆水入长江处）赴任，路过吕蒙的防区。他内心对吕蒙还有些轻视，有人劝他说，吕将军的声名一天天显赫，不可以随意对待他，你应当去看望他。于是，鲁肃前去拜访吕蒙。两个人酒喝到尽兴时，吕蒙问鲁肃：您接受重任，又与关羽相邻，准备用什么办法来防备意外的情况？鲁肃仓促地回答说：到时再采取适宜的办法吧。吕蒙说：现在东吴和西蜀虽然是一家，关羽却是个熊虎式的人

物，怎么能事先不确定计划呢？于是，他为鲁肃策划了五种办法。鲁肃越过席位靠近他，拍着他的背说：吕子明，我不知您的才略竟达到了这种水平！（吕子明（吕蒙字），吾不知卿才略所及乃至于此也。《三国志·吴书·吕蒙传》）于是，两个人结下了深厚的友情。

二、"他接受了劝告，勤学苦读"

吕蒙虽然凭借战功得到了重视，但是因为没有文化，只能靠口述心记来接受和发布命令，大大限制了他的发展。所以，孙权劝他要学习。吕蒙听取了孙权的劝告，勤学苦读，很快就显示出了成果，让鲁肃十分赞赏。

（一）孙权劝学

赤壁之战前，"吕蒙是老粗"，却和周瑜、鲁肃一起坚决主战。后来随周瑜、程普等大破曹操于赤壁。吕蒙幼年没有读书，做了将军后禀报军情只能口述心记，很感不便。孙权劝他读书。

《三国志·吴志·吕蒙传》注引《江表传》中记载："初，权谓蒙及蒋钦曰：'卿今并当涂掌事，宜学问以自开益。'蒙曰：'在军中常苦多务，恐不容复读书。'权曰：'孤岂欲卿治经为博士邪？但当令涉猎见往事耳。卿言多务，孰若孤？孤少时历《诗》《书》《礼记》《左传》《国语》，惟不读《易》。至统事以来，省三史（魏晋南北朝以《史记》《汉书》《东观汉记》为三史）、诸家兵书，自以为大有所益。如卿二

孙权像

人，意性朗悟，学必得之，宁当不为乎？宜急读《孙子》《六韬》《左传》《国语》及三史。孔子言：'终日不食，终夜不寝以思，无益，不如学也。'光武当兵马之务，手不释卷，孟德亦自谓老而好学，卿何独不自勉勖邪。'蒙始就学，笃志不倦，其所览见，旧儒不胜。"

吕蒙听从孙权劝告，勤奋读书，见识日广，除了勇猛善战以外，又增长了非凡的智谋，成为孙权手下智勇双全的名将。周瑜死后，鲁肃接任东吴统帅，仍有点轻视吕蒙，但当吕蒙审时度势，帮助他筹划了对付蜀汉大将关羽的对策后，鲁肃深为敬佩地说：我以为你只会打仗，想不到你"学识英博"，已不再是从前"吴下阿蒙"了。吕蒙说："士别三日，即更刮目相待。"孙权也对吕蒙的这种精神进行了夸赞："人长而进益，如吕蒙、蒋钦，盖不可及也。富贵荣显，更能折节好学，耽悦书传，轻财尚义，所行可迹，并作国士，不亦休乎！"吕蒙勤奋读书的故事成为历史上一段佳话。

毛泽东常以大将吕蒙发奋读书的故事，教育军队的高级干部应当努力学习，提高自己的理论水平和文化素质。1958年9月，毛泽东到安徽视察工作途中，对民主人士张治中和当时的公安部长罗瑞卿说："吕蒙是行伍出身，没有文化，很感不便，后来孙权劝他读书，他接受了劝告，勤学苦读，以后当了东吴的统帅。现在我们的高级军官中，百分之八九十都是行伍出身，参加革命后才学文化的，他们不可不读《三国志》的

"吕蒙是行伍出身，没有文化，很感不便，后来孙权劝他读书，他接受了劝告，勤学苦读，以后当了东吴的统帅。现在我们的高级军官中，百分之八九十都是行伍出身，参加革命后才学文化的，他们不可不读《三国志》的《吕蒙传》。"（转引自余湛邦：《张治中将军随同毛泽东巡视大江南北的日子》，《团结报》1983年12月12日版）

毛泽东

看
八·大·名·将

《吕蒙传》。"（转引自余湛邦：《张治中将军随同毛泽东巡视大江南北的日子》，《团结报》1983年12月12日版）毛泽东又向时任公安部长的罗瑞卿推荐读《吕蒙传》，他说："公安干警应成为有文有武的人，才能适应社会主义建设新时期的要求。"回京后，罗瑞卿仔细阅读了《吕蒙传》，并请人将它译成白话文，印发公安部各级干部学习，用此激励将士学习文化的热情。

吕蒙肯认真读书的事，不止一次得到毛泽东的赞扬。他曾多次读《吕蒙传》，赞赏孙权论吕蒙的"学问开益，筹略奇至"，并且在陈寿评"吕蒙勇而有谋"的六个字旁加了密密麻麻的旁圈。

1972年，毛泽东曾就大字本《吕蒙传》注释、点校时再次指出：文化不高的也可学文化。他又举了吕蒙读书的例子勉励高级干部要重视文化学习。

毛泽东还曾经用吕蒙的故事来激励他的老朋友周世钊。周世钊，字敦元，别号敦元、东园，湖南省宁乡县人。1913年春考入湖南省立第四师范，后并入湖南省立第一师范，与毛泽东同窗五载，情谊甚笃。长沙解放后，周世钊任湖南第一师范校长，领衔与一些老新民学会会员和教师联名向毛泽东致贺电，毛泽东1949年10月15日回函曰："兄过去虽未参加革命斗争，教书就是有益于人民的。""兄为一师校长，深庆得人，可见骏骨未凋，尚有生气。"周世钊受到莫大鼓舞，更致力于教育事业。1950年9月，周应毛泽东

"吕蒙是行伍出身，没有文化，很感不便，后来孙权劝他读书，他接受了劝告，勤学苦读，以后当了东吴的统帅。现在我们的高级军官中，百分之八九十都是行伍出身，参加革命后才学文化的，他们不可不读《三国志》的《吕蒙传》。"（转引自余湛邦：《张治中将军随同毛泽东巡视大江南北的日子》，《团结报》1983年12月12日版）

邀赴北京，与毛泽东进行数次长谈。1958年周世钊在湖南省召开的人大会议上，当选为湖南省副省长，并被选为民盟湖南省委主委。在受任新职之初，他感到很突然，担心自己不能胜任，就写信给毛泽东，说明了自己的担心。毛泽东很快给他回了信。信中写道：

"受任新职，不要拈轻怕重，而要拈重鄙轻。古人有云：贤者在位，能者在职，二者不可得而兼。我看你这个人是可以兼的。年年月月日日时时感觉自己能力不行，实则是因为一不甚认识自己；二不甚理解客观事物——那些留学生们，大教授们，人事纠纷，复杂心理，看不起你，口中不说，目笑存之，如此等类。这些社会常态，几乎人人要经历的。此外，自己缺乏从政经验，临事而惧，陈力而后就列，这是好的。这些都是实事，可以理解的。我认为聪明、老实二义，足以解决一切困难问题。这点似乎同你谈过。聪谓多问多思，实谓实事求是。持之以恒，行之有素，总是比较能够做好事情的。你的勇气，看来比过去大有增加。士别三日，应当刮目相看了。我又讲了这一大篇，无非加一点油，添一点醋而已。"

（《毛泽东书信选集》，人民出版社1984年版，第548页）

毛泽东对周世钊说"士别三日，应当刮目相看了"，表示了自己对他勇气的欣赏，可以说是在精神上，给了这位老同学极大的鼓舞。果然，在随后的工作中，周世钊表现出了极大的信心，他注重调查研究，作风深入，平易近人，生活俭朴，洁身自爱。经常深入各大专院校和地县，发现并解决问题，关心知识分子，为发展湖南科技教育事业作出了贡献，同时也为开展民盟省委的工作起了重要作用。

（二）吕蒙献策

当时，吕蒙和成当、宋定、徐顾的防区相邻，三位将领战死后，他们的子弟年纪还小，孙权想将他们的部队全部并归吕蒙指挥。吕蒙知道后，向孙权上书说，徐顾等人都为国家捐躯了，他们的子弟虽然年纪小但不能废黜。他的奏章多次上呈，孙权才接受了他的意见。吕蒙又为他们的子弟挑选老师辅导，使他们都很快成长起来。

　　魏国派庐江人谢奇任蕲春典农，驻守在皖县的田乡，多次入侵边境骚扰。吕蒙派人引诱他，他不上当，吕蒙就寻找他的破绽发动袭击，谢奇于是退了回去，他的部下孙子才、宋豪等人都扶老携幼向吕蒙投降了。后来吕蒙跟随孙权在濡须抗击曹操，多次出奇谋妙计，并劝说孙权在夹水口建立船坞。裴松之注引《吴录》说："（孙）权欲作坞，诸将皆曰：'上岸击贼，洗足入船，何用坞为？'吕蒙曰：'兵有利钝，战无百胜，如有邂逅，敌步骑蹙人，不暇及水，其得入船乎？'权曰：'善。'遂作之。"船坞，是停泊、修理和制造船只的地方。有了船坞，战船停泊在里边，敌人袭击就比较困难了。吴军严密防范，曹操无法东进，只好退兵。

　　曹操派朱光任庐江太守，屯守皖县（今安徽潜山），大规模开垦稻田，又派奸细引诱鄱阳的强盗大头目做内应。吕蒙向孙权建议说，皖县的土地肥沃，一旦有收成，他们必然增派兵力。这样几年下来，曹操的有利形势就形成了，应及早地除掉他们。于是，孙权决定亲自率军征讨皖县，召见各位将领，询问进攻的计策。裴松之注引《吴书》曰："诸将皆劝作土山，添攻具，（吕）蒙趋进曰：'治攻具及土山，必历日乃成，城备既修，外救必至，不可图也。且乘雨水以入，若留经日，水必向尽，还道艰难，蒙窃危之。今观此城，不能甚固，以三军锐气，四面并攻，不移时可拔，及水以归，全胜之道也。'权从之。"

　　吕蒙又推荐甘宁任升城（今江苏南京）督，率部为先锋，自己率精锐部队随后跟进。凌晨发起攻击，吕蒙亲自手执鼓槌擂鼓，士兵都踊跃登城，一顿饭工夫，就攻破了城池。后来魏将张辽来到夹石（今安徽桐城北），听说城池已被攻陷就退兵了。孙权为奖励吕蒙的功劳，当下就任命他为庐江（今安徽庐江西南）太守，所得到的人马都分给他，另外还赐给他用在寻阳屯田的六百人，官属三十人。吕蒙返回寻阳，没想到庐陵的强盗兴起，许多将领征讨攻击而不能擒获。孙权说，猛禽几百，不如鹗鸟一只。他又命令吕蒙去讨伐。吕蒙来到庐陵，诛杀了首恶，其余的人全部释放，让他们重新做老百姓。

　　当时，刘备命令关羽镇守荆州，控制荆州的疆土，孙权便命令吕蒙向

西，攻取长沙、零陵（今湖南零陵）、桂阳（今湖南郴州）三郡。吕蒙传信给长沙、桂阳两郡，这两个郡听到风声后就归降了，只有零陵太守郝普坚守城邑不肯投降。刘备从蜀中亲自来到公安（今湖北公安），派关羽争夺三郡。孙权当时住在陆口（在今湖北嘉鱼西南陆水入长江处），他派鲁肃率领一万人屯守益阳（今湖南益阳）抗御关羽，又火速传信召回吕蒙，让吕蒙放弃零陵，回来帮助鲁肃。

起初，吕蒙平定长沙，将要前往零陵，路过郦县（今湖南衡阳）时，带上了南阳人邓玄之。邓玄之是郝普过去的老朋友，吕蒙想让他诱降郝普。在接到诏书时，吕蒙对诏书加以保密，连夜召集所有的将领并授予方略，说天亮将要攻城，然后回头对邓玄之说：郝子太（即郝普）听说世间有忠义的事情，他也想干忠义的事情，但他不知道把握时机。左将军在汉中，被夏侯渊包围，关羽在南郡，如今我们的主上亲自光临那里。最近他们攻破樊城大本营，援救郦县，反被孙规打败，这都是眼前的事情，是你亲眼所看到的。他们正面临倒悬之危，保命还来不及，哪有多余的力量，再管这个地方呢？现在我的士兵精锐，人人都想拼命，我们主上派来的增援部队，正接踵而来。如果郝子太用危在旦夕的生命，等待毫无希望的援救，那就像牛蹄下的鱼，企图依赖长江、汉水一样，而长江、汉水的不可依赖已经很清楚了。如果郝子太能鼓起士卒的斗志，坚守孤城还能拖延一段时间，等待他要归顺的人，也可以。如今我部署兵力、运用计谋来发动进攻，连日影也不须移动，这座城邑必然要被攻破，他自己死了无济于事，还要株连到满头白发的高堂老母，岂不令人痛心吗？我估计他是得不到外面的消息，以为援兵可以依赖，所以固执到了这个地步，你可以去见见他，向他说明利害关系。

邓玄之见了郝普，就将吕蒙的意思告诉他，郝普听了很害怕，便顺从了邓玄之。邓玄之先出城报告吕蒙说，郝普不久就到。吕蒙事先命令四个将领，各自挑选一百人，等郝普出城后，马上进去，守住城门。过了一会，郝普果然出了城。吕蒙迎上去拉着他的手，和他一起上了船。寒暄后，吕蒙将诏书拿出来给他看，拍手大笑。郝普看了诏书，知道刘备在公安（今湖北公安北)、关羽在益阳，羞愧得恨不得钻进地缝里去。

吕蒙留下孙皎，把后事交给他，当天就率军队赶赴益阳。刘备请求订立盟约，孙权这才放回郝普等人，划定以湘水为界，将零陵还给刘备。孙权把寻阳、阳新作为吕蒙的食邑。

吴军在回军时，又趁机攻打了合肥，他们撤兵后，遭到张辽等人袭击，吕蒙和凌统拼死保卫孙权而脱险。后来，曹操大规模进犯濡须，孙权以吕蒙为大将，凭借以前所修建的船坞，在上面安置了万张强弩，抗击曹操。吕蒙在曹操的前锋还没有扎好营寨时就发起了进攻，将其前锋击溃，曹操只好率军而退。因此，吕蒙被任命为左护军、虎威将军。

（三）白衣渡江

鲁肃去世后，吕蒙继任统帅，他运筹帷幄，屡出奇策妙计，几乎战无不胜，为孙氏政权立下了汗马功劳。

吕蒙奉命到陆口驻扎，原属鲁肃的一万多人马都划归吕蒙管辖，还被任命为汉昌太守，以下隽（今湖南沅陵东北）、刘阳（今湖南浏阳）、汉昌（今湖南平江东）、州陵（今湖北监利东）为食邑。吕蒙在智谋运用上的得意之作是智取荆州、擒杀关羽。

那时候，吕蒙和关羽分别守卫两国土地，边界相连。他知道关羽骁勇雄劲，有吞并吴国土地的野心，而且关羽位居蜀汉统治集团的上层，眼下这种局面很难维持长久。

起初，鲁肃等人认为曹操还存在，战争的灾难刚开始，双方应当相互帮助协作，和他们同仇敌忾不可有误，吕蒙秘密献计说：让征虏将军守卫南郡（今湖北公安），潘璋驻扎在白帝（今四川奉节东白帝山上），蒋钦率一万机动部队沿长江活动，防守敌人出没的地方，我到前方据守襄阳（今湖北襄樊），这样，对曹操还有什么可忧虑的呢？对关羽还有什么可依赖的呢？何况关羽君臣，夸耀他们欺诈的能力，他们所占据的地方，就是靠反复无常夺得的，不能将他们当做知心朋友看待。如今关羽之所以不向东发展，是由于您的英明，我们这班人还在。现在不在力量强盛时谋取

毛泽东读卢弼《三国志集解·吕蒙传》批注

那些地方，一旦我们倒下了，想再施展武力，还有可能吗？

孙权很赞成他的计策，又与吕蒙讨论夺取徐州的想法，吕蒙回答说：如今曹操远在黄河以北，最近刚消灭了袁氏各家势力，安抚了幽州和冀州，没有工夫顾及江东。徐州地方的守卫部队，不值得一提，我们只要去打，就能取胜。然而那个地方位于陆路的要冲，是骁勇的骑兵驰骋的地方。您今天得到了徐州，曹操随后必定来争夺，即使用七八万人守卫那里，也不放心。不如夺取关羽的地方，全部控制住长江，那样我们的势力会更加壮大。

孙权认为这话十分恰当。到了吕蒙接替鲁肃时，刚到陆口，表面上对关羽更加深情厚谊，结下友好关系。

毛泽东读到这段史实时，注意到吕蒙说的"今操远在河北"这句话，与《魏志》的记载相对照。他断定曹操此时不在河北，而在汉中，吕蒙的说法是不对的，因而批道："《魏志》此时操在汉中，因夏侯渊之败正不得志，闻襄阳围急，东归到洛阳即死，非在居巢也。"（《读卢

毛泽东看八·大·名·将

弼《三国志集解·吕蒙传》批语》，《毛泽东读文史古籍批语集》，中央文献出版社1993年版，第158页）这说明毛泽东读史书非常认真仔细，不仅读原文，还把不同的书对照起来看，从中发现讹误，很有几分历史专家的特点了。

后来，关羽攻伐樊城，但仍然有足够的兵力守备公安、南郡。吕蒙向孙权上书说：关羽讨伐樊城，留下很多兵力守备，一定是担心我从后袭击他。我常有病，希望以治病的理由分出一部分兵力返回建业（今江苏南京）。关羽听到这个消息，必然会把守备部队全部开往襄阳前线。我们的大部队就可渡过长江，昼夜兼程，奔往上游，袭击关羽的空城，那样就可攻下南郡，并擒获关羽。于是，吕蒙扬言病重，孙权公开下诏书将吕蒙召回，暗中和他策划计谋。

吕蒙佯称抱病到建业后，陆逊去拜见他，对他说：你和关羽边境相接，怎么远离防区东下建业，不会有后顾之忧吗？

吕蒙说：实在如你所说，然而我实在病得太厉害。

陆逊说：关羽自恃骁勇，欺凌别人，开始建立了大功，神态骄傲，意志安闲，只顾向北进攻魏国，对我们吴国不存戒心。如果把您有病的消息告诉他，他一定更加不作防备。然后出其不意，一定能捉住他、制服他。您见到主上，应当很好地筹划一下。毛泽东读《吕蒙传》至此批注曰："诡计。"

吕蒙回去后，孙权询问谁可接替他在陆口

"《魏志》此时操在汉中，因夏侯渊之败正不得志，闻襄阳围急，东归到洛阳即死，非在居巢也。"（《读卢弼三国志集解·吕蒙传》批语》，《毛泽东读文史古籍批语集》，中央文献出版社1993年版，第158页）

指挥，吕蒙极力推荐陆逊，并说："陆逊意思深长，才堪负重，观其规虑，终可大任。而未有远名，非羽所忌，无复是过。若用之，当令外白韬隐，内察形便，然后可克。"（《三国志·吴书·陆逊传》）于是，孙权下令，由陆逊代替吕蒙。陆逊来到陆口，马上写信给关羽，说："前承观衅而动，以律行师，小举大克，一何巍巍！敌国败绩，利在同盟，闻庆拊节，想遂席卷，共奖王纲。近以不敏，受任来西，延慕光尘，思禀良规。"又曰："于禁等见获，遐迩欣叹，以为将军之勋足以长世，虽昔晋文城濮之师，淮阴拔赵之略，蔑以尚兹。闻徐晃等少骑驻旌，窥望麾葆。操猾虏也，忿不思难，恐潜增众，以逞其心。虽云师老，犹有骁悍。且战捷之后，常苦轻敌，古人杖术，军胜弥警，愿将军广为方计，以全独克。仆书生疏迟，忝所不堪。喜邻威德，乐自倾尽，虽未合策，犹可怀也。倘明注仰，有以察之。"（《三国志·吴书·陆逊传》）

关羽为人骄横，狂妄自大，他看陆逊年少，又托书示弱，表示对自己的仰慕，并说绝不与己为敌，更加放松了警惕，逐渐将兵力调往樊城前线。魏国派于禁率几万人马援救樊城，被关羽打败，于禁被俘。关羽借口粮食缺乏，擅自抢夺吴国湘关的谷米。

孙权听到这个消息后，就开始行动起来。他先派吕蒙打头阵，吕蒙到了寻阳（今江西九江），把所有的战船都改装作商船，将精兵全埋伏在大船里面，让兵士躲在船舱里。船上摇橹的兵士扮作商人，一律穿上商人穿的白色衣服，昼夜兼程，来到关羽安置在长江沿岸的哨所，驻守江防的蜀军哨兵被伪装的吴军所骗，猝不及防，全部被捆绑起来，因此关羽并不知道。于是他们到了南郡，吕蒙先让原骑都尉虞翻写信诱降驻守公安的蜀将傅士仁，又使傅士仁引吴军迫降守江陵的蜀南郡太守糜芳。糜芳献城出迎，吕蒙遂率大军进据江陵，从而一举夺回蜀长期占据的荆州。

傅士仁、糜芳为什么会投降呢？裴松之注引《吴书》说：

"将军士仁在公安拒守，（吕）蒙令虞翻说之。（虞）翻至城门，谓守者曰：'吾欲与汝将军语。'（士）仁不肯相见。（虞翻）乃为书曰：'明者防祸于未萌，智者图患于将来，知得知失，可与为人，知存知亡，

足别吉凶。大军之行，斥侯不及施，烽火不及举，此非天命，必有内应。将军不先见时，时至又不应之，独守萦带之城而不降，死战则毁宗灭祀，为天下讥笑。吕虎威欲迳到南郡，断绝陆道，生路一塞，案其地形，将军为在箕舌上耳，奔走不得免，降则失义，窃为将军不安，幸熟思焉！'

"仁得书，流涕而降，翻谓蒙曰：'此谲兵也，当将（士）仁行，留兵备城。'遂将仁至南郡。南郡太守糜芳城守，蒙以仁示之，遂降。"

又引《吴录》曰："初，南郡城中失火，颇焚烧军器。（关）羽以责芳，芳内畏惧，权闻而诱之，芳潜相和。及蒙攻之，乃以牛酒出降。"

从这些情况看，由于关羽平时不体恤部下，部下早已和他离心离德，傅士仁一劝即降，糜芳早已投降孙权，成了内奸，把根据地交给这样的人，怎么会不失败呢？

毛泽东手书岳飞《满江红》

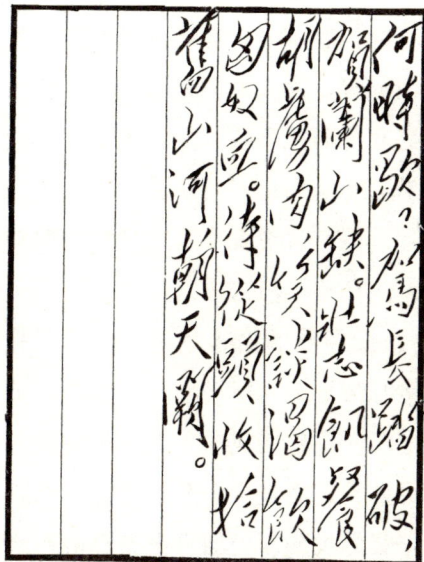

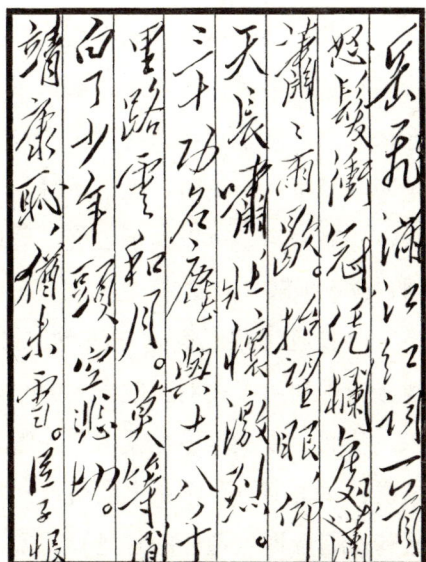

而骄傲轻敌的关羽，对吕蒙的袭击行动竟一无所觉。吕蒙把关羽及其他将领的家属全部看管起来，对他们进行安抚、慰问，严令军中不得骚扰居民家庭，进行索求强取。

　　吕蒙部下的一位军官是汝南人，拿了百姓家的一个斗笠，来覆盖官府的铠甲，官府的铠甲虽是公物，但吕蒙还是认为他触犯了军令，不能因为同乡的缘故而置军令于不顾，就挥泪斩了他。军中上下为之震惊，东西丢在路上，也没人再敢据为己有。吕蒙从早到晚慰问老年人，询问他们有什么不满意的地方，为有病的人治病，给饥寒的人发衣服、粮食。关羽仓库中的财宝全部封存，等候孙权的莅临。

　　关羽在撤兵返回的路上，曾多次派人和吕蒙联络，吕蒙总是优待他的使者，让他们在城内到处走动，每户人家都向使者说明了情况，有的人还亲自写信，表示情况属实。关羽派的人回去后，将士们都私下探听消息，知道家里平安无事，而且受到的待遇超过平时，所以官兵们都丧失了斗志。这时，孙权也率部队赶到了，关羽知道自己势单力孤就逃到麦城（今湖北当阳东南沮水、漳水之间），往西到了漳乡，其部众都归降了孙权。孙权派朱然和潘璋截住了关羽的退路，很快擒获了关羽父子二人，于是平定了荆州。

　　经此一战，吕蒙声名大振。《三国志》作者陈寿，在评论吕蒙时大加赞赏："吕蒙勇而有谋断，断识军计，谲郝普，擒关羽，最其妙者。初虽轻果妄杀，终于克己，有国士之量，岂徒武将而已乎！"孙权也说："又子明（吕蒙字）少时，孤谓不辞剧易，果敢有胆而已；及身长大，学问开益，筹略奇至，可以次于公瑾（周瑜字），但言议英发不及之耳。图取关羽，胜于子敬（鲁肃字）。"（《三国志·吴书·吕蒙传》）

　　白衣渡江可以说是三国史上最成功、最经典的偷袭战之一。吕蒙和陆逊巧妙利用了关羽骄傲自大的心理，精心策划，麻痹关羽，让他失去警惕，从而一步一步地把关羽引入圈套之中，一举偷袭成功。毛泽东曾经总结说："关羽攻曹军手上的樊城，吕蒙用计骗关羽把全军开到前方，然后轻骑疾趋南郡（现在的宜昌），南郡太守糜芳投降。关羽将士家眷留在南

看八·大·名·将

郡，吕蒙进城办法很好，对他们不但不加损害，还特别照顾，对年老的慰问，对生病的给医药，对饥寒的给衣服、粮食，对关羽的财产丝毫不动。对关羽派来的人很优待，使他和将士家属相见，结果起了很大的作用。关羽的将士知道了，军心涣散，士无斗志，使得关羽不得不败走麦城。"

三、老粗吕蒙主战

吕蒙一开始虽然是个粗人，但并没有因为没有学问而目光短浅，他能够审时度势，对于战争的形势有着清醒的认识。在与下属的相处中，他也很有容人之量，显示了一个统帅应有的风度。

（一）积极参战，不计私利

毛泽东曾经多次借吕蒙的事迹来鼓励将士们要多读书，学文化。同时，他也对吕蒙进行了中肯的评价，认为吕蒙虽然是个老粗，在进行赤壁之战前，却也是个主战派。20世纪50年代末60年代初，毛泽东在关于读苏联《政治经济学》（第三版）教科书的一次谈话中，联系赤壁之战说："三国时吴国的张昭，是一个经学家，在吴国是一个读书多、有学问的人，可是在曹操打到面前的时候，就动摇，就主和。周瑜读书比他少，吕蒙是老粗，这些人就主战。鲁肃是个读书人，当时也主战。可见，光是从读书不读书、有没有文化来判断问题，是不行的。"（《瞭望》1991年第35期）

《三国志·吴书·吕蒙传》中对此记载比较简略，只说"（吕蒙）又与周瑜、程普等西破曹操于乌林，围曹仁于南郡"。可见，吕蒙在赤壁之战中，同周瑜、鲁肃一样，是个积极参战的人。

赤壁之战前，很多东吴的谋士、文臣是主张讲和的。这些人虽然读了很多书，很有学问，分析问题却缺乏长远地眼光，没有胆略。从这个意义上说，倒是那些读书少的粗人，如吕蒙等人，能够坚定主战。毛泽东对于吕蒙的这一点，进行了充分的肯定。但他并没有把这种遇事时的判断归因于读书的多少，而是认为应该客观地分析。因为在满腹经纶、读书很多的人里边，也有主战派，就是鲁肃。所以，读书多少、学问大小和对于形势的估计并没有绝对的关系。

　　吕蒙虽然参加了多次征战，取得了赫赫战功，但并不计较个人私利。在战败关羽之后，孙权在公安召开庆功大会，裴松之注引《江表传》曰："权于公安大会，吕蒙以疾辞，权笑曰：'禽（关）羽之功，子明（吕蒙的字）谋也，今大功已捷，庆赏未行，岂邑邑邪？'乃增给步骑鼓吹，敕选虎威将军官属，并南郡、庐江二郡威仪。拜毕还营，兵马导从，前后鼓吹，光耀于路。"

　　于是，孙权任命吕蒙为南郡太守，封为孱陵侯，赐钱一亿、黄金五百斤，吕蒙却辞金钱不受，孙权不许。册封的爵位还没有颁布，吕蒙的病就发作了。孙权当时在公安，就把吕蒙接来，住在行宫，想尽办法为他治病，悬赏千金，招募名医为吕蒙治病。有时给吕蒙用针灸治疗，孙权看了非常难过。孙权想经常看看吕蒙的病情，又怕惊动他，就常在墙外透过窗户看他，发现他稍微能吃下饭就高兴，回顾左右又说又笑；如果发现吕蒙吃不下饭，就唉声叹气。发现病情好转，就为他下达赦令，群臣都来庆贺；后来病情反复加重，孙权亲自守候在吕蒙身边，命令道士为他祈祷，请求保全他的生命。但吕蒙终于在宫中去世，年仅42岁。吕蒙去世以前，就将所得的金银财宝各种赏赐全部送进府库，命令府库的负责人在他死后，全部归还给朝廷。孙权听到这件事情更加感伤。

（二）推荐贤能，无怨恨之心

　　吕蒙还是个深明大义的人，他不计较私怨，和自己有嫌隙之人，只要有才能，他一样举荐给孙权，为东吴的发展尽心尽力。对于他这种不计前嫌的态度，孙权十分欣赏。

　　吕蒙年轻时，曾因部下的事被江夏太守蔡遗告发，但他一点也不怨恨。后来，豫章太守顾邵去世，孙权询问他应该让谁接替顾邵，他推荐蔡遗，说他是奉行职守的好官员。孙权见他不念前嫌，十分高兴，笑着对他说："君欲为祁奚耶？"（《三国志·吴书·吕蒙传》）于是用之。

　　孙权所说的"祁奚"，一作祁傒，字黄羊，春秋时晋国大夫。食邑在

看
八·大·名·将

祁（今山西祁县），任中军尉。晋悼公三年（前570）请告老还家，初举他的仇人解狐接替自己，将下令任命，解狐死了。后来，又推荐儿子祁午接替自己。当时的人称为"外举不避仇，内举不避亲"。孙权借祁奚之典，称赞吕蒙外举不避仇的优良品德。

另一位与吕蒙有嫌隙但仍被举荐的是甘宁。甘宁，生卒年不详，字兴霸，巴郡临江（今重庆忠县）人，祖籍荆州南阳郡，三国时期吴国大将。少年有为，读诸子，18岁左右任过蜀郡丞。建安九年（204）率八百健儿依刘表，因居南阳，不见进用。建安十年（205）转托黄祖，黄祖又以凡人畜之。在此期间曾射杀凌统之父凌操，因此与凌统有杀父之仇。建安十三年（208）归吴，见用于孙权，大有作为。破黄祖，据楚关，攻曹仁，取夷陵，镇益阳，拒关羽，守西陵，获朱光，百骑袭曹营，孙权说："孟德有张辽，孤有甘兴霸，足可敌矣。"甘宁智勇双全，战功显赫，仗义疏财，深得士卒拥戴，被孙权封为西陵太守，折冲（常胜）将军。

甘宁虽然在战场上十分勇猛，但是性情粗暴、喜欢厮杀，不仅经常忤逆吕蒙，还经常违犯孙权的命令，孙权对此非常恼火。但吕蒙总是替他求情，天下还没有平定，像甘宁这样的勇将很难得，应当宽恕他。孙权于是对甘宁加以厚待，后来终于得到了他的忠心效力。

除了这两个人外，吕蒙推荐的另一个人更是为后来东吴的壮大起到了重要的作用，他就是继周瑜、鲁肃、吕蒙之后，东吴的杰出统帅陆逊。

陆逊（183—245），本名陆议，字伯言，吴郡吴县（今江苏苏州）人。三国时期东吴名将，杰出的军事家，历任东吴大都督、丞相。孙策之婿，世代为江东大族。孙权黄武元年（222）率军与入侵东吴的刘备军作战，以火攻大破之。这就是历史上著名的彝陵之战。后因卷入立嗣之争，力保太子孙和而受孙权责罚，忧愤而死，葬于苏州。

陆逊家世很好，出身江东大族。其祖父陆纡官至城门校尉，父亲陆骏任九江（今安徽寿春东）都尉。陆逊十岁丧父，随其从祖父（父亲的从兄弟，即堂叔伯）庐江太守陆康，在其任所读书。后因袁术与陆康不和，唆使孙策攻陷庐江，一个多月后，陆康病死。在此之前陆康已将陆逊与亲属

送往江东。陆康之子陆绩尚幼，所以年仅十二岁的陆逊，便承担起支撑门户的责任。

年轻时的陆逊，是温文尔雅的一介书生。他博览能文，远近知名。孙策死后，孙权继领其众，为将军，"招延俊秀，聘求名士"（《三国志·吴书·吴主传》）。陆逊年仅二十一岁，便应召入孙权幕府，成为孙权统治集团的幕僚。历仕东、西曹为令史；不久出任海昌（今浙江海宁西南）屯田都尉，兼海昌县令。海昌境内连年遭旱灾，他开仓赈济贫民，组织生产自救，缓和了灾情，因此深得民心。

东汉末年，山贼蜂起，经常扰乱地方，成了孙吴政权的隐患。为了安民，陆逊采用查户整顿的方法，将流民中的精壮招募为部曲，其他则用于屯田。当时会稽有山贼大帅潘临，造反多年，官府无法平定。陆逊便招兵进讨，终将其平定。此时陆逊手下已有2000余人。

建安二十一年（216），鄱阳的贼帅尤突作乱，影响甚大。陆逊率军配合奋武将军贺齐将其讨平，斩首数千。陆逊因功被拜定威将军，屯兵利浦。

到建安末年，吴、蜀争夺荆州时，陆逊脱颖而出，成为吴军一位杰出的后起之秀。建安二十四年（219）八月，蜀前将军关羽水淹魏七军，生擒主帅左将军于禁，乘胜围攻败退樊城（今湖北襄樊）的魏征南将军曹仁，一时威震华夏。

魏王曹操采纳丞相司马懿、曹椽、蒋济的建议，利用刘备拒不归还所借荆州，吴蜀联盟出现破裂之隙，派人劝说东吴孙权抄袭关羽后方，并许诺把江南封给孙权。驻军陆口（今湖北蒲圻西北）的东吴大将吕蒙认为，关羽素怀兼并江南的野心，是对东吴的很大威胁，建议孙权趁机消灭关羽，以解除后患。孙权采纳其计。为隐蔽企图，吕蒙称病返回建业。拜三十六岁的陆逊为偏将军右部督，代替吕蒙。

后来，陆逊果然表现出了过人的谋略。他利用关羽骄傲自大的弱点，以卑下的言辞写信吹捧关羽，使关羽完全丧失警惕，全力对付曹操。这样，吕蒙才得以兵不血刃轻取荆州。

《三国志·吴书·陆逊传》对陆逊作了很高的评价："刘备天下称

雄，一世所惮，陆逊春秋方壮，威名未著，摧而克之，罔不如志。予既奇逊之谋略，又叹权之识才，所以济大事也。及逊忠诚恳至，忧国亡身，庶几社稷之臣矣。"他智勇兼备，武能安邦，文能治国，并且品质高尚。孙权把他比作成汤之伊尹和周初之姜尚。

陆逊的军事才能，主要表现在足智多谋、善于用兵。在讨伐山越暴乱时，他巧设疑兵，乘夜进入山谷，到处鸣起军号鼓角之声，造成有千军万马的声势，从心理上瓦解了叛军。然后一鼓作气勇猛进击，终于用很少的兵力平息了几万人的山越暴乱。

彝陵之战时，陆逊又根据敌强我弱的实际情况，采取了诱敌深入、疲敌师志的战略方针。刘备十万之众来势凶猛。陆逊则主动放弃大片土地和战略要地，把五六百里的山区让给蜀军。待蜀军锐气顿减之时，陆逊巧用火攻，大获胜利。从指挥艺术上说，作为一军之帅，陆逊的确是做到了知己知彼，善于审时度势，能准确捕捉战机，出奇制胜。

陆逊虽置身行伍，却还有一套治国安民的谋略。他任海昌屯田都尉时，政绩明显，深受百姓拥戴。他从当地土地贫瘠且连年干旱的实际出发，一方面开仓赈济贫民，一方面"劝课农桑，鼓励生产"，"百姓蒙赖"，称他为"神君"（《世说新语·方正》注引《吴书》）。他还上书孙权，对国家的严法苛刑提出批评，指出："峻法严刑，非常王之隆业，有罚无恕，非怀远之弘规。"（《三国志·吴书·陆逊传》）他建议孙权，要像西汉刘邦那样，轻刑便民，用黄老之法治理国家，要尽量少动干戈，务以养本保民为要，只有与民休息，轻徭薄赋，才能富国强兵，统一天下。这些主张说明陆逊并非"一介武夫"，而是一个文武兼备的政治家、军事家。

后来孙权与陆逊评论周瑜、鲁肃及吕蒙时说："公瑾（周瑜）雄烈，胆略兼人，遂破孟德（曹操），开拓荆州，邈焉难继，君今继之。公瑾昔要子敬（鲁肃）来东，致达于孤，孤与宴语，便及大略帝王之业，此一快也。后孟德因获刘琮之势，张言方率数十万众水步俱下。孤普请诸将，咨问所宜，无适先对，至子布（张昭）、文表，俱言宜遣使修檄迎之，子敬即驳言不可，劝孤急呼公瑾，付任以众，逆而击之，此二快也。且其决计策意，出张（仪）、苏（秦）（战国纵横家）远矣。后虽劝吾借玄德地，是其一短，不足以损其二长也。周公（姬旦，周武王之弟，周成王时摄政）不求备于一人，故孤忘其短而贵其长，常以比方邓禹（东汉人，任光武帝刘秀的大司徒）也。又子明少时，孤谓不辞剧易，果敢有胆而已；及身长大，学问开益，筹略奇至，可以次于公瑾，但言议英发不及之耳。图取关羽，胜于子敬。子敬答孤书云：'帝王之起，皆有驱除，羽不足忌。'此子敬内不能办，外为大言耳，孤亦恕之，不苟责也。然其作军屯营，不失令行禁止，部界无废负，路无拾遗，其法亦美也。"

孙膑 司马懿

周瑜 吕蒙 韦睿

关羽 岳飞 张飞

『司马懿是个了不起的人物』

　　司马懿（179—251），复姓司马，字仲达，河内温县孝敬里（今河南温县招贤镇）人。三国时期魏国杰出的政治家、军事家，也是西晋王朝的奠基人，其孙司马炎（即其次子司马昭之子）封晋王后，追封司马懿为宣王，司马炎称帝后，追尊司马懿为晋宣帝。

司马懿

　　在《三国演义》中，司马懿被描写成一个城府极深、屠杀和囚禁曹氏宗室的奸臣，与曹操并列为"三国三大奸臣"。晋文帝司马昭在听说司马懿是靠虚伪、欺诈才获得成功后，惭愧得用手掩面，为自己有这样的先辈十分羞耻。由此可见，在中国正统文化中，司马懿是一个与诸葛亮鞠躬尽瘁的忠臣形象完全相反的反面人物。

　　在很长一段时间内，毛泽东对司马懿的看法也是如此。1916年，还处于青年时代的毛泽东还写信给同学萧子升，就总统黎元洪下令惩办积极策划洪宪帝制的祸首杨度、孙毓筠、顾鳌、梁士诒、夏寿田、朱启钤、周自齐和薛大可八人时，称："此衮衮诸公，昔日势焰熏灼，炙手可热，而今乃有此下场！夫历史，无用之物也。居数千年治化之下，前代成败盛衰之迹岂少，应如何善择，自立自处？王莽、曹操、司马懿、拿破仑、梅特涅之徒，奈何皆不足为前车之鉴？史而有用，不至于是。故最愚者袁世凯，而八人者则其次也。"（《毛泽东早期文稿》，湖南人民出版社1979年版，第51页）毛泽东在这里将司马懿和王莽、曹操等相提并论，把他们都归于反面人物一类。但是，随着人生阅历以及经验的积累，毛泽东对司马懿的看法开始逐渐改变，开始认为他是一个有智谋、善分析的人，并认为"司马懿是个了不起的人物"。

一、"司马懿敌孔明之智"

由于罗贯中在《三国演义》中编造了不少诸葛亮击败司马懿的故事，让多数后人认为司马懿的才能绝对不及诸葛亮。这也引起了很多人的假设：如果诸葛亮没有病死五丈原，他总有一天会灭掉司马懿。然而，毛泽东却认为"司马懿敌孔明之智"（《读〈三国志·吴书·陆逊传〉批语》，《毛泽东读文史古籍批语集》，中央文献出版社1993年版，第162页）。

司马懿的祖先是帝高阳的儿子重黎，为帝喾时的火官。后来，历经唐尧、虞舜、夏、商，世代都担任这个职务。到了周朝，以夏官为司马。之后程伯休父，周宣王时，以世官平定徐方，赐以官职为族名，因而成为姓氏。楚汉相争期间，司马卬任赵国将领，与诸侯一起讨伐秦国。秦朝灭亡，立为殷王，建都河内（今河南武陟西南）。汉朝以其地设立郡，子孙就在此安家了。自司马卬起第八代，生征西将军司马钧，字叔平。司马钧生豫章（今江西南昌）太守司马量，字公度。司马量生颍川（河南禹州）太守司马儒，字元异。司马儒生京兆尹（今陕西西安）司马防，字建公。司马懿就是司马防的第二个儿子。（《晋书·宣帝纪》）晋武帝司马炎在他的一个诏书中称："本诸生家，传礼来久。"（《晋书·礼志》）

司马懿年轻时有奇异的气节，聪明多有谋略，知识渊博，见多识广，钦慕儒教。东汉末年，天下大乱，司马懿常怀有忧天下之心。南阳太守杨俊是司马懿的同乡，他是著名的能鉴察人的品行、才能的人，见到未满二十岁的司马懿时，认为他是一个不同寻常的人物。尚书崔琰与司马懿的哥哥司马朗友好，也对司马朗说：您的弟弟聪慧明察，严明恰当，刚毅果断，英俊特异，不是你所能赶得上的。

（一）诈病骗曹

司马懿出身士族，所以自认身份十分高贵，看不起阉宦之后。曹操刚刚掌握政权的时候，听说了司马懿的才华，征召他出来做官。但司马懿嫌弃曹操出身低微，不愿意为他做事。当时曹操权势很大，所以他又不敢得罪曹操，就假装自己得了风瘫病。

曹操也是一个聪明人，他怀疑司马懿并没有生病，而是有意推脱，所以就派了一个刺客深夜闯进司马懿的卧室去窥看。当刺客进入到司马懿卧室时，果然看到他直挺挺地躺在床上，开始刺客还不相信，于是他拔出佩刀，架在司马懿的身上，装出要劈下去的样子，他认为常人看到这样肯定害怕，所以如果司马懿没有患风瘫，就一定会吓得跳起来。但是，司马懿也真是有一手，他只瞪着两只眼睛，惊恐地看着刺客，但是身体却好像完全不能动弹，样子十分逼真。刺客这才不得不相信，于是收起刀向曹操回报去了。司马懿知道曹操不肯轻易放过他，所以，过了七年之后，就让人传出消息，说风瘫病已经治好了。曹操再次征召他时，就不再拒绝了。

至于司马懿为何竟然可以装病骗了曹操七年，背后必定有那些不满曹氏的北方世族在撑腰，帮司马家掩饰。但是，不得不说，这是司马懿的一个很好的计策。

自从被征召做官之后，司马懿先后在曹操和魏文帝曹丕手下，担任了重要的职务。到了魏明帝即位，司马懿已经成为魏国的元老。再加上他长期带兵在关中与蜀国打仗，魏国的大部分兵权自然也就落在了他的手里，可谓是一人之下，万人之上。后来，辽东太守公孙渊勾结鲜卑贵族，反叛魏国，魏明帝又调司马懿去对付辽东的叛乱。

司马懿在平定了辽东叛乱之后，正要返回朝中，这时，洛阳派人送来紧急诏书，魏明帝患病，要他迅速赶回洛阳。等到司马懿回到了洛阳，魏明帝已经病重了，危在旦夕。魏明帝将司马懿与皇族大臣曹爽叫到床边，要他们好好辅佐太子曹芳。

魏明帝死后，太子曹芳即位，是为魏少帝。曹爽当了大将军，司马

懿为太尉。两人各领兵三千，轮流在皇宫值班。曹爽虽然说是皇族大臣，但是无论是能力还是资格都不及司马懿，所以，在最初的时候，他不得不尊重司马懿，在商讨事情的时候，也都要听从司马懿的意见。但是，渐渐的，曹爽开始不满足于这种情况了，他手下的一批心腹告诉他："大权不能分给外人啊！"他们联合起来给曹爽出了一个计策，用魏少帝的名义提升司马懿为太傅，而实际上就是要夺去司马懿的兵权，司马懿并没有什么异议，将兵权交出。接着，曹爽又将自己的心腹何晏、邓飏、李胜、丁谧等都安排在重要的职位。司马懿当然知道其计策，但只是看在眼里，装聋作哑，并不加干涉。

曹爽将大权握在手中之后，就开始寻欢作乐，生活过得十分荒唐。当然，为了树立起自己的威信，他还带兵攻打蜀汉，结果没有成功，反而被蜀军打得大败，差点全军覆没。对于曹爽的这些行为，司马懿虽然十分不赞同，但是表面上并没有什么表示，而是私底下有着自己的打算。那时他已经七十多岁了，于是就推说自己有病，不再上朝了。曹爽听说司马懿生病，这正好应了他的心思，但还是不放心司马懿。有一次，有个曹爽亲信的官员李胜，被派为荆州刺史。李胜临走的时候，到司马懿家去告别。曹爽要他顺便探探情况。李胜到了司马懿的卧室，只见司马懿躺在床上，旁边两个使唤丫头伺候他吃粥。他没用手接碗，只是将嘴巴凑到了碗边喝。还没喝上几口，粥就沿着嘴角流了下来，流得胸前衣襟都湿了。李胜在一边看了，认为司马懿病得实在是厉害。李胜对司马懿说：这次蒙皇上恩典，派我到本州担任刺史（李胜是荆州人，所以说是本州），现在特地来向太傅告辞啊。

司马懿听完之后，喘着气说：哦，这真是委屈您啦，并州在北方，那里十分接近胡人，您要好好防备啊。我病成这个样子，只怕以后见不到您啦！

李胜说：太傅听错了，我是要回荆州去，并不是到并州。

司马懿还是没有听清楚，李胜又大声说了一遍，司马懿总算是明白了，说：我实在年纪老，耳朵聋，听不清您的话。您做荆州刺史，这太好啦。

李胜告辞出来，回去向曹爽如实地汇报了一遍，说：太傅病得只差一口气了，您就用不着担心了。

曹爽听了，自然乐得心里开花。

正始十年（249）新年，魏少帝曹芳到城外去祭扫祖先的陵墓，曹爽和他的兄弟、亲信大臣全跟了去。司马懿这时候既然病得十分严重，自然也就没有人请他过去。

谁知道，曹爽等人刚一出城门，太傅司马懿的病便痊愈了。他披戴起盔甲，抖擞精神，带着他的两个儿子司马师、司马昭，率领兵马占领了城门和兵库，并且假传皇太后的诏令，将曹爽的大将军职务撤了，并占领了他的军营。

曹爽和他的兄弟在城外得知消息，十分着急。有人给他献计，要他挟持魏少帝退到许都，征集人马，对抗司马懿。但是，曹爽和他的兄弟都是只知道吃喝玩乐的人，哪儿有这个胆量。司马懿派人去劝他投降，说是只要交出兵权，决不为难他们。曹爽就乖乖地投降了。

过了几天，就有人告发曹爽一伙谋反，司马懿派人把曹爽一伙人全下了监狱处死。

这样一来，魏国的政权名义上还是曹氏的，实际上已经转到司马氏手里。

（二）拒敌孔明

诸葛亮在后主刘禅建兴六至十二年（228—234）发动了六出祁山北伐曹魏的战役，但是最终没有成功。其中，第四次和第五次北伐，都被司马懿成功破解。

建兴九年（231）春，诸葛亮发动第四次北伐，他们用木牛运粮，入侵天水（今甘肃天水），在祁山（今甘肃礼县东）围困魏国将领贾嗣、魏平。魏明帝曹睿对司马懿说：西方有战事，非您不能应付。司马懿向西驻军长安（今陕西西安），统率雍、梁二州各种军事工作，率领车骑将军张部、后将军费曜、征蜀护军戴凌、雍州刺史郭淮等讨伐诸葛亮。

诸葛亮知道曹睿的计划之后，留下王平继续领军攻打祁山，自己则率主力迎战司马懿。诸葛亮在上邽打败了魏将郭淮、费曜，想一举打败司马懿大军。

司马懿深知蜀军远道而来，粮食后勤有限，便凭险坚守，做好防御措施，拒不出战。张郃劝司马懿分兵驻守雍州、郿县为后镇，司马懿说：预料前军能独力抵挡敌军，将军的话是对的。如果不能抵挡，而把部队分为前、后两部分，这就是楚霸王的三军之所以被黥布所擒的原因。于是，进军隃糜（今陕西千阳东）。

诸葛亮听说魏国大将将到，就亲自率领众将割上邽（今甘肃天水）的麦子。

众将领都很畏惧，司马懿说：诸葛亮考虑得多决断得少，肯定会安营自保，然后割麦，我只要两天日夜兼行就够了。于是，卷起甲杖日夜前行，诸葛亮望见尘土飞扬就逃走了。司马懿说：我军加倍赶路疲劳，这是懂得兵法的人所渴求的。诸葛亮不敢据守渭水，这就好对付了。于是下令驻军汉水之北，与诸葛亮军相遇，司马懿列阵来等待诸葛亮，派将军牛金轻骑引诱蜀军，两军刚交火诸葛亮就退走了，追到祁山。诸葛亮驻军卤城（今陕西蒲城南），占据南北二山，阻断河水，层层围护。司马懿率军攻破了他的设防，诸葛亮率军夜里逃走，司马懿追击并打败了他，俘虏斩杀数以万计。魏明帝派使者慰劳部队，增加司马懿的封邑。

建兴十二年（234）二月，经过了三年的准备，蜀丞相诸葛亮率军十万出斜谷攻魏，还派使臣到东吴，希望孙权能够一起攻打魏国。四月，诸葛亮至郿县（今陕西眉县北），进驻渭水之南。魏大将军司马懿率军渡渭水，背水筑垒阻击。诸将想在渭北与诸葛亮隔水相持，司马懿说：百姓积聚皆在渭南，此必争之地也（《晋书·宣帝纪》）。遂渡渭水扎营。司马懿分析形势后，对诸将说："亮若勇者，当出武功依山而东，若西上五丈原（今陕西眉县西南），则诸军无事矣。"（《晋书·宣帝纪》）

诸葛亮果然上五丈原。魏诸将皆喜，唯独雍州刺史郭淮深以为忧，他说："亮必争北原，宜先据之。"（《资治通鉴·卷第七十二》）诸将多

不以为然。郭淮说：
"若亮跨渭登原，连兵
北山，隔绝陇道，摇荡
民、夷，此非国之利
也。"（《三国志·魏
书·郭淮传》）司马懿
这才意识到北原的重要
性，命郭淮等率兵移屯
北原。堑垒尚未成，蜀
军果至，攻而未克，两军遂成对峙状态。

诸葛亮故居

五月，吴军十万三路攻魏，以配合蜀军作
战。魏明帝派秦郎率两万人驰援司马懿，自率主
力反攻吴军。七月，吴军撤走。

诸葛亮东进的道路受阻于司马懿，从渭水
前进，又有郭淮阻挡，乃移军攻取散关、陇城等
地，然后回师进攻司马懿。

八月，司马懿遵照魏明帝"坚壁拒守，以
逸待劳"的诏令，与诸葛亮相持百余日。诸葛亮
数次挑战，司马懿均坚壁不出，欲待蜀军粮尽，
相机反攻。诸葛亮便派人给司马懿送来"巾帼妇
人之饰"（《晋书·宣帝纪》）羞辱之，欲激司
马懿出战，司马懿仍不出战。为平息部属不满情
绪，故意装怒，上表请战。魏明帝不许，并派骨
鲠之臣辛毗杖节来做司马懿的军师，以节制他的
行动。后诸葛亮一来挑战，司马懿就要带兵出
击，辛毗杖节立于军门，司马懿便不出兵。

辛毗到时，蜀将姜维就对诸葛亮说："辛毗
杖节而至，贼不复出矣。"诸葛亮则说："彼本

无战心，所以固请者，以示武于其众耳。将在军，君命有所不受，苟能制吾，岂千里而请战邪！"（《晋书·宣帝纪》）诸葛亮遂分兵屯田，做长久屯驻之准备。

司马懿的弟弟司马孚来信问前线军情，司马懿回信说："亮志大而不见机，多谋而少决，好兵而无权，虽提卒十万，已堕吾画中，破之必矣。"（《晋书·宣帝纪》）

不久，诸葛亮遣使求战，司马懿不谈军事，问使者："诸葛公起居何如，食可几米？"使者说："三四升。"然后对问政事，使者说："二十罚已上皆自省览。"经过一番不经意的询问，司马懿对人说："诸葛孔明其能久乎！"（《晋书·宣帝纪》）八月，诸葛亮果然因积劳成疾而病倒，病情日益恶化，最终病故五丈原，年五十四岁。

诸葛亮去世后，蜀将秘不发丧，整军后退。当地百姓见蜀军撤走，向司马懿报告，司马懿出兵追击。蜀将杨仪返旗鸣鼓，做出回击的样子，司马懿以为中计，急忙收军退回。第二天，司马懿到诸葛亮营垒巡视，"观其遗事，获其图书、粮谷甚众"。（《晋书·宣帝纪》）司马懿据此断定诸葛亮已死，并赞诸葛亮"天下奇才也"（《晋书·宣帝纪》）。

辛毗认为诸葛亮死否尚不可知，司马懿说："军家所重，军书密计、兵马粮谷，今皆弃之，岂有人捐其五藏而可以生乎？宜急追之。"（《晋书·宣帝纪》）于是，率兵急追。关中地多蒺藜，司马懿派三千士兵脚穿软材料做成的平底木屐，在大军前行走，蒺藜都刺在木屐上，然后大军马步并进。一直追到赤岸，才得到诸葛亮的确切死讯。当时人有谚语说："死诸葛吓走生仲达"，司马懿笑着说："吾便料生，不便料死故也。"（《晋书·宣帝纪》）

毛泽东在读到此段历史之时，很赞赏司马懿这种坚壁不战的方针。他读《三国志集解》卷五十八《吴书·陆逊传》写到在彝陵之战，任凭刘备如何挑战，陆逊只是坚守不战，当时的部将"或是孙策时旧将，或公室贵戚，各自矜持，不相听从"。陆逊按着孙权赐给他的上方宝剑，义正词严地向部将讲了一番话，要他们"各任其事"，并威胁说："军令有常，不可犯矣。"毛泽东认为，陆逊在众将急欲出战，不服从指挥时，抬出孙权赐给的上方宝剑弹压，和司马懿在众将请战时而不得已请魏明帝派辛毗"杖节为军师"，用意是一样的，当然这也不失为一种聪明之举，所以读到这里，毛泽东批注道："此司马懿敌孔明之智也。"

二、"多谋略，善权变，为魏国重臣"

1947年5月，毛泽东撤出延安转战陕北。一天，接到陈赓、王新亭自晋南战场发来的捷报，称歼敌两万，解放县城二十五座，晋南只剩下运城、临汾两座孤城。

毛泽东走在山坡上，情不自禁地唱起了几句京剧（《空城计》）："我正在城楼观山景，耳听得城外乱纷纷；旌旗招展空翻影，原来是司马发来的兵。我也曾差人去打听，打听得司马领兵就往西行……"

听着毛泽东那充满湖南乡音的京剧唱腔，周恩来笑了："主席，我们面前的'司马'现在可不是往西行呦！"毛泽东止住了唱，风趣地说："刘戡？他不配当司马懿！"任弼时在一旁说："我们面前的司马懿是胡宗南、蒋介石。"毛泽东边走边说："蒋介石和胡宗南都不是我们的对手，我们面前没有司马懿，只有司马师呦！"周恩来大笑："主席说得对，胡宗南尚配为司马师！"（邱延生：《历史的真言——李银桥在毛泽东身边工作纪实》，新华出版社2000年版，第26—27页）

毛泽东所说的司马师是司马懿的长子，虽有权术，但刚愎自用，不及其父。所以，毛泽东后来在与周恩来布置淮海战役战略战术时，又以司马师为例指出：不识时务么！他杜聿明和邱清泉、李弥，哪是刘伯承和陈毅、粟裕的对手？这次是司马师碰在了姜维手上，被困在铁笼山了！胡宗南、蒋介石都比不上司马懿。可见，毛泽东对司马懿的评价是相当高的。

1958年11月1日，毛泽东在赴郑州途中，专列在到达河南新乡时作了短暂的停留，此间在专列上召开了一个座谈会。参加此次座谈会的有新乡地委第一书记耿起昌等10名县委书记，毛泽东问河南温县县委书记李树林："温县是司马懿的故乡，现在他那个练兵洞还在不在？"李树林回答："还在，基本上完好。"毛泽东接着就说："他出身士族，多谋略，善权变，为魏国重臣。"（《伟大领袖谈地名人名》，《中州今古》1994年第2期。）

"司马懿出身士族，多谋略，善权变，为魏国重臣。"（《伟大领袖谈地名人名》，《中州今古》1994年第2期。）

"多谋略、善权变"是毛泽东对司马懿的又一个评价。司马懿也的确如此，他不仅善晓兵机，而且可以根据战场的实际情况，敌变我变，以权治权，如此才受到了曹操的赏识。

在曹魏时代，他共服侍过曹氏四代：曹操、曹丕、曹睿和曹芳。在此期间，他多次受到猜忌，甚至被贬官，然而因为他不仅有大谋，而且可以大忍，所以仍旧被曹氏所信任，在曹操与曹丕去世时，他都被作为托孤辅政大臣。后来，在曹丕逼汉献帝禅位称帝的时候，司马懿已经是抚军大将军，进入了最高决策层，从此也打破了已往非曹氏亲族不能充当军事大员的惯例。司马懿晚年，魏主多次用他率领重兵抵抗诸葛亮的北伐中原，从而保住了魏国的西部边境。因此，毛泽东说他是"魏国重臣"。

司马懿擅长兵法，其智谋可与三国人物中诸葛亮、周瑜、曹操相匹敌，所以"多谋略、善权变"是他的显著特点，这点我们可以从下面几件事中看出来。

（一）佯装劝曹操称帝

建安二十四年（219），司马懿跟随曹操讨伐孙权，获得胜利。十月，孙权向曹操"称藩"求和，向曹操上表称臣、怂恿曹操自立为

帝。当时曹操假惺惺地说：这碧眼黄须儿意拥孤为帝，这不是把孤放在火炉上烤吗？司马懿借机建言说："汉运垂终，殿下十分天下而有其九，以服事之。权之称臣，天人之意也。虞、夏、殷、周不以谦让者，畏天知命也。"（《晋书·宣帝纪》）当时，曹操手下的门阀官僚拥护汉的还是很多，他们为曹操所深忌，而荀彧、崔琰等著名人物都因对曹氏代汉有异议而不得善终。

荀彧（163—212），字文若，颍川颍阴（今河南许昌）人。东汉末年曹操部下谋臣，杰出的军事家、政治家。建安十七年（212），曹操想要晋爵国公、加封九锡（九锡是古代帝王对大臣的九种赏赐，有车马、衣服、乐器、武士、弓矢等，这是对大臣的最高礼遇）。荀彧认为："本兴义兵以匡朝宁国，秉忠贞之诚，守退让之实；君子爱人以德，不宜如此。"（《三国志·魏书·荀彧传》）因此惹怒了曹操。同年，曹操征讨孙权，让荀彧到谯县劳军，荀彧到达以后，曹操乘机将他留在军中，封荀彧为侍中、光禄大夫，持节，参丞相军事。曹操军至濡须，荀彧因病留在寿春（今安徽寿县），不久忧虑而死（关于荀彧的死，史书上还有这样的说法：当时曹操赠送食物给荀彧，荀彧打开食器，见器中空无一物，因此被迫服毒自尽），时年50岁。

崔琰（？—216），字季珪，清河东武城（今山东武城东北）人，东汉末年曹操部下将领。声姿高畅，眉目疏朗，须长四尺，甚有威重，少好击剑，尚武事。及长，诵《论语》、《韩诗》。结交公孙方等，师从郑玄。袁绍辟之。袁绍出兵黎阳袭许都，崔琰谏阻，袁绍不听。没有多久，果然在官渡吃了败仗。袁绍死后，他的两个儿子都想得到崔琰。崔琰称疾固辞，获罪，幸好得到阴夔、陈琳救助得免。太祖破袁氏，辟琰为别驾从事。曹操征并州，留崔琰傅曹丕于邺。魏初，拜尚书。主曹丕为太子。操贵其公亮，迁中尉。建安二十一年（216），曹操加魏王，以为意指不逊。罚琰为隶，后赐琰死。

曹操在此时为何没有称帝呢？许多人都有这样的疑问。其实这是曹操老谋深算的一招妙棋。曹操认为孙权劝他称帝，居心叵测，是"欲踞吾著炉炭上邪",是要使他成为众矢之的,所以曹操没有答应。

大概是由于司马懿在这个关键问题上早就表示支持曹操,所以曹操才对他由猜忌逐渐转为信任。

(二)屯田积谷

东汉末年,政治黑暗,战乱不已,经济凋敝,百姓流离失所,社会动荡不安,在这样的情况下,解决积谷和流民问题就成为稳定社会、克敌制胜的关键。曹魏政权为了恢复北方经济,解决军粮问题,曾经推行包括民屯、军屯两类屯田制度。司马懿在推广军屯事业上有很大建树。

司马懿高度重视粮食与战争的关系,他经常把军粮的多少,作为决定速决还是持久作战的重要根据。如果粮食己多敌少,他一般主张持久,把敌人拖到兵疲粮尽。

早在建安二十三年(218),已升为军司马的司马懿就向曹操提出了实行"军屯"的建议。《晋书·宣帝纪》称:"昔箕子陈谋,以食为首。今天下为耕者盖二十余万,非经国远筹也。虽戎甲未卷,自以且耕且守。魏武纳之,于是务农积谷,国用丰赡。"此后,司马懿还一直在强调全民积谷的重要性,并具体领导了发展军屯的事宜。当时曹魏军屯主要基地设在边境驻军地区,特别是和蜀、吴的军事对立地带。曹魏和蜀汉的邻近地区,如长安、槐里、陈仓、上邽等地,都设置有民屯和军屯组织。其中最著名的上邽军屯,是在魏明帝太和四年(230)由司马懿上表倡议建立的。《晋书·食货志》中有记载:"宣帝(司马懿)表徙冀州农夫五千人佃上邽、兴京兆、天水、南安盐池,以益军实。"主持具体事务的是那时的度支尚书、司马懿的三弟司马孚。

青龙元年(233),司马懿在屯兵长安时组织兴修水利,"开成国渠,自陈仓至槐里筑临晋陂,引汧洛溉舄卤之地三千余顷",收到了"国以充实"的效果。

曹魏与东吴邻近地带的屯田,主要在淮河南北。曹操时曾"开募屯田于淮南",但仅是民屯。魏齐王曹芳正始二年(241),司马懿在主持对吴作战时，始与曾为屯田掌犊人、典农纲纪的尚农郎邓艾筹划在淮南、淮北创立军屯。正始三年（242），司马懿奏请修广漕渠，引河入汴，灌溉东南诸陂，开始在淮北大兴屯田。广漕渠三百余里，溉田两万余顷。正始四年（243），司马懿又在这一地区"大兴屯守"，广开淮阳、百尺二渠，灌溉颍川南北诸陂万余顷。自此，淮河以北的广大地区，仓庾相望，自寿阳至京都洛阳，百姓屯田与军队屯田连成一片，阡陌交通，鸡犬相闻。

淮河流域与东吴接壤，司马懿选择在这里大规模地屯垦，不仅有利于北方经济的恢复和发展，而且对增加曹魏的财力，支持与吴的战争，起了重要的作用。

在当时，由于司马懿的倡导，曹魏政府在淮北共有两万余人屯田，在淮南也有三万余人，而且还有四万余人在这一地区且耕且守，每年可得军粮五百万斛。魏国的东南边防得到了巩固，这不能不说是司马懿的功劳。

多数人可能都认为司马懿最多只是军事上的聪明人，其实，司马懿不仅仅在军事方面有突出的成就，他的内政功夫也绝对是一流的，我们可以从他建议并实施"屯田积谷"看出来。从他为魏国扎下了根基开始，也就不可以排除他确实是一个军事内政样样都行的人。因为这关系到内政的根本原因，关系到军事的发展情况。司马懿以屯田聚粮，巩固了魏国的防守措施，其贡献和内政才能也是绝对不可以抹杀的。

（三）奇兵破孟达

在《三国演义》中，有关孟达反魏事件与历史有很大出入。

《三国演义》中描述，魏明帝太和元年（228），魏主曹睿令司马懿督雍、梁兵马。当时诸葛亮听到消息，知道司马懿是一个十分有谋略的人，十分惊奇，怕成为蜀国的大患，所以采纳马谡的离间计，假借司马懿的名义张贴告示，说要兴师拥立新君。而曹睿本就怀疑司马懿，又听华歆说司马懿有"狼顾之相"，因此趁机将他削官回家。所谓"狼顾之相"就是面正向后（头往后转180度）而身不动。诸葛亮知道后，十分欣喜，立即兴兵屯汉中以伐魏。后因曹睿屡派大将领兵拒敌都战败，才请司马懿再次出

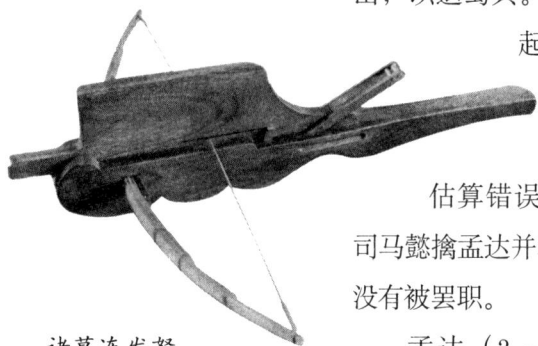

山，以退蜀兵。此时，孟达与诸葛亮谋定，准备起兵取洛阳，而诸葛亮取长安。但有人将此消息报于司马懿，司马懿决定擒杀孟达，由于孟达估算错误，最终被司马懿擒杀。而史实中司马懿擒孟达并不是在贬官之后，那时司马懿根本没有被罢职。

诸葛连发弩

孟达（？—228），字子度，从小口才不凡，刚开始在益州牧刘焉之子刘璋手下做事，后来跟从了刘备。但是因为他和刘封不发兵救关羽，刘备因此十分恨他。后来他又和刘封一起内讧，领了四千部属投降曹丕，曹丕任命他为新城（今湖北房县）太守，委以西南，又任散骑常侍，和曹丕同车出入，风光一时。后来曹丕死了，孟达突然失去了依靠，受到同朝大臣的排挤，感到十分不安。此时，刘备已死，诸葛亮正准备北伐，孟达认为诸葛亮与他没有什么仇恨，此时如果投降，可以帮助他袭击魏国南方的兵团，诸葛亮肯定答应他。事实上，诸葛亮最恨的就是这些反复无常的人，但是他又想利用孟达。于是，诸葛亮表面上接受了孟达，又暗中派郭模将消息传给了孟达十分不和的申议，申议在知道这件事情后认为好不容易抓住了一个机会，便立刻通知了司马懿。

魏明帝太和元年（227），司马懿由抚军大将军高升为骠骑大将军，督都荆、豫两州军事，赴魏南部军团的大本营宛城上任，此时的司马懿还是第一次统领南方大军，他在军界的声望远

不及曹休及曹真。当时他十分想要建功，正当他苦思时，申议派心腹送来了新城太守孟达正密谋通蜀谋反的消息。当时司马懿领兵驻扎在宛（今河南南阳），他一面将此事上报洛阳，另一面给孟达写信假意安抚，让他以为司马懿对他没有丝毫防备，信是这么写的：蜀人不智，都想杀将军而后快，诸葛亮已经把你想反叛魏国的事情传出去了。你反叛是死路一条啊。孟达看到了信，痛恨诸葛亮走漏风声，对于是否举兵，犹豫不决。另一面司马懿却已暗中调集数万精兵，他下令大军一日要行两日之路，直扑上庸（今湖北竹山西南）而来，司马懿和众军士冒着寒风，翻山越岭，仅用八天时间行军一千二百里赶到了新城县上庸城（今湖北竹山西南）下。起初孟达计算他如果起事，司马懿在宛距洛八百里，距上庸一千二百里，这样司马懿得到消息，上奏皇上，再领兵来征讨，需要一个月时间。现在司马懿率军提前二十多日赶到，完全出乎了孟达的预料，打乱了他的作战部署。

在抵达上庸后，司马懿立刻率兵围城，同时又派心腹策反上庸城内的邓贤、李辅将军开门倒戈，围城十六天，就攻破上庸，斩孟达，将其首级送至洛阳庆功，俘敌万人，速战速决地解决了这场战争。司马懿风光地回到宛城，魏所属荆州各郡太守纷纷前来庆贺，于是司马懿稳坐了魏国南方军团的领导地位，在军界中也建立了威望。

（四）征公孙渊

公孙渊（？—238），字文懿，辽东太守公孙度之孙，公孙康之子。夺取其叔公孙恭之位，先依孙权，后结曹睿。继而对魏国不满，在辽东造反，自称燕王，改元绍汉。魏国派司马懿前往征讨，他率兵迎击，不敌，最终被司马懿擒杀。

东汉末年，朝廷政治制度腐败，中央权力衰微，董卓作乱，后经过黄巾农民起义的沉重打击，中央政府名存实亡，地方割据势力蜂拥而起，公孙氏趁机在辽东悄然兴起，遂成独居一隅之势。但是，随着三国鼎立局面的形成，北方曹魏政权对公孙氏构成了强大的压力。

魏明帝曹睿太和六年（232）冬，公孙渊背魏，派遣使节向吴孙权称臣。其实当时吴国占据着江东大部，而公孙渊占据着辽东四郡（辽东、带方、乐浪、玄菟）。按说是两个不相干的势力，但是公孙渊的父亲虽然投降了曹操，公孙氏却始终把辽东看做自己的"私产"。到了公孙渊把持辽东政权时，公孙氏早已没有了后顾之忧，野心逐渐膨胀，甚至准备逐鹿中原，但公孙氏毕竟兵力薄弱，所以必须找到一个国家与他联合。当时天下三分，唯有吴国可以跟他联合，于是公孙渊在这年农历十月派遣校尉宿舒、郎中令孙综称藩于孙权，并献上貂皮马匹。其实，孙权早在公孙渊的父亲公孙康管理辽东时，就派遣使节到了辽东，可惜被公孙康杀掉了。而后，在吴大帝孙权黄龙元年（229）和公孙渊派使前九个月都派遣了使者，第一路史书没有详细的记载，第二路则被魏将田豫在半路追杀了。所以，在公孙渊使节到达之后，孙权十分高兴，第二年的三月，派遣太常张弥、执金吾许晏、将军贺达等将兵万人，给公孙渊加官晋爵，赐九锡及大量金宝珍货。

地处曹魏后方的公孙氏势力不断扩大，这让曹魏政权产生了严重的后顾之忧。到了魏明帝景初元年（237），魏明帝派遣使节带兵征召公孙渊入朝，但是野心勃勃的公孙渊哪里肯向曹魏称臣，他违抗魏明帝的命令，发兵击败了前来的魏军。随后，公孙渊索性自立燕王，建元"绍汉"，置列百官，开始公开与曹魏军事进行对抗。

魏明帝景初二年（238）正月，魏明帝曹睿命太尉司马懿率军四万水陆并进，欲消灭公孙渊割据势力，攻取辽东四郡。水路军领命首先收复东莱诸县（公孙度所设营州，今胶东半岛北部），然后浮海北渡，收复乐浪、带方诸郡。

司马懿亲率魏军主力沿辽西走廊东进。六月，进至辽隧（今海城西）。公孙渊急令大将军卑衍、杨祚等人率步骑数万，沿辽河一线挖壕堑筑长城二十余里，坚壁高垒，欲与魏军决战。但是，司马懿并没有和他正面交战，而是采用声东击西之计，佯作向南挺进，而以主力隐蔽渡过辽隧。卑衍中计率军紧追其后，司马懿突然调头乘舟沿辽河北上，直指襄

平，占领首山待敌。卑衍方知中计，慌忙放弃围堑，引兵回援襄平。司马懿督军行至首山（今辽宁辽阳西南），迎战敌援军，卑衍尚未立足便被司马懿杀得大败，于是司马懿乘胜进围襄平，襄平城尽在魏军控制之下。

当时正好是七月雨季，辽东大雨月余不止，河水暴涨，平地数尺。魏军恐惧，诸将思欲迁营。司马懿下令有敢言迁营者斩，都督令史张静违令被斩，军心始安。公孙渊军乘雨出城，魏将领请求出击，司马懿不予采纳。月余，雨停，水渐退去。魏军完成对襄平的包围，起土山、挖地道、造楼车、钩梯等攻城器具，昼夜强攻。守军粮食将尽，军心动摇，杨祚等先降。八月，襄平（今辽宁辽阳）城破，公孙渊率数百骑兵突围，被杀于梁水（今太子河）。辽东四郡为魏所据。

（五）智赚曹爽

曹爽（？—249），三国魏国大臣，祖父姓秦（因救了曹操一命，而赐其子秦真曹姓），大司马曹真之子，字昭伯，沛国谯县（今安徽亳州）人，曹操侄孙。

魏明帝曹睿为东宫太子时，很器重他。明帝即位后，即任他为散骑侍郎，累迁城门校尉，加散骑常侍，转任武卫将军，殊宠有加。明帝卧病时，诏入寝宫，拜为大将军并假以节钺，处理军国大事，与司马懿并受遗诏辅佐少帝。

正始元年（240），齐王曹芳即位，加侍中，改封武安侯，曹爽此时官高权重，任用私人，委诸弟及党羽何晏、邓飏、李胜、丁谧等高官，朝廷大权几乎为其垄断。正始八年（247），曹爽用何晏、邓飏、丁谧之谋，把太后迁居永宁宫，专擅朝政，兄弟共掌京城警卫部队，"多树亲党，屡改制度"。他还利用职权，广置田产，窃取宫中禁物，妻妾成群。

司马懿不能禁止，因此开始了争权斗争。司马懿实行的是以退为进的策略。五月，司马懿"称疾不与政事"，却暗中窥视，伺机制服曹爽。

正始九年（248）三月，黄门张当私自放出宫廷才人石英等11人，给曹爽作艺伎。曹爽、何晏以为司马懿病重，更加肆无忌惮，但还是很不放心司马懿，当时正好碰上河南尹李胜要到荆州上任，于是派其去刺探司马懿。

司马懿装病骗过李胜，李胜将司马懿之事回报曹爽，曹爽大喜说："此老若死，吾无忧矣！"过几天，他又说："太傅不可复济，令人怆然。"（《晋书·宣帝纪》）

司马懿不仅装病，而且两次故意把李胜说要上荆州赴任错说成并州，造成一副假象，曹爽等信以为真，从此便不再防备司马懿。

魏齐王曹芳嘉平元年（249）正月甲午那天，曹爽兄弟按照早已安排好的日程，陪伴魏少帝曹芳到洛阳城南九十里的高平陵（魏明帝陵墓）去祭祀，然后打猎。过去，曹爽兄弟也曾多次一起出城游玩，其同乡、大司徒桓范曾规劝过他："主公总统禁军，不宜兄弟皆出。倘城中有变，如之奈

荆州

何？"但是曹爽并不以为然，十分自信地说："谁敢为变？再勿乱言！"结果，不幸被桓范言中。这次曹爽外出，司马懿抓住这个大好时机，率其兵马，关闭各城门，发动政变。

司马懿假借皇太后的命令，在城内指挥政变，率领了三千多名敢死之士。他命令司徒高柔行大将军事，占据曹爽军营；太仆王观行中领军

看八·大·名·将

事，占据曹爽弟曹羲军营。这样，便接管了曹爽兄弟手中的武装力量。同时，他还下令关闭洛阳的所有城门，占领武器库，然后亲率大军占据洛水浮桥，切断了曹爽等人的归路。

接着，司马懿率领太尉蒋济等列阵出迎天子，驻扎在洛水浮桥，上奏天子，罗列曹爽种种乱法不臣罪状，指斥曹爽兄弟专擅朝政，图谋不轨，说他们有"无君之心"，要求罢免曹爽兄弟的兵权，各就本官府第。

曹爽先看了奏章，不敢向天子通报，不知道该如何是好，他留天子宿伊水南，伐树为鹿角（军营的防御物），调当地驻军数千人来守卫。桓范劝曹爽奉天子幸许昌移檄征天下兵。曹爽不用其计，却派侍中许允、尚书陈泰见司马懿探风声。司马懿麻痹他说"事止免官"，陈泰等回去向曹爽报告。此外，司马懿又派遣曹爽所信任的殿中校尉尹大目告诉曹爽，并指洛水为誓，表示决不食言，曹爽认为"太傅（司马懿）必不失信于我"。虽然桓范等反复陈说，终不听从，还糊里糊涂地说："我不起兵，情愿弃官，但为富家翁足矣。"不久，有司弹劾黄门张当，"并发爽与何晏等反事，乃收爽兄弟及其党与何晏、丁谧、邓飏、毕轨、李胜、桓范等诛之"。从此，曹魏的军政大权完全落入司马懿的手中，为司马氏取代曹魏奠定了基础。

（六）击灭王凌

司马懿在诈病斗曹爽之后，趁机大肆诛杀曹氏宗室及其亲信，夺取了曹魏的军政大权，想要取代曹魏。但是，曹氏自从魏武帝曹操以来，已有许多年，效忠他们的还有很多人，第一个起来挑战司马氏的便是魏国的王凌。

王凌，字彦云，是三国前期计诛董卓的司徒王允的侄子。董卓被铲除以后，他的部将李傕、郭汜攻入长安，将王允逼死，并残杀其家族，当时年幼的王凌与哥哥王晨越城出逃，避过劫难才重回家乡太原祁县（今山西祁县）。

建安初，王凌举孝廉出任发干（今江苏六合县附近）县令，后来因为触犯法律被刑罚，在他服刑的时候，正好碰上曹操来此巡查。曹操在知道他是王允的侄子，又是因公犯罪之后，便立刻解除他的劳役，并委任骁骑主簿的职责。曹操消灭了袁绍之后，又提拔王凌做过中山（今河北定县）太守、丞相府掾属。

后来，魏文帝曹丕即位，王凌又官拜散骑常侍，出任兖州（今山东省兖州市）刺史，后来因为打仗立下功劳，被封宜城亭侯，加封建武将军，转任青州（今山东青州）刺史。当时，北方的战乱刚刚平息，百废待兴，百业待举。王凌在上任之后，布政施教，赏善罚恶。在短短数年之间，青州便已成为社会稳定、百姓安宁的好地方。

魏齐王正始元年（240），王凌转任征东将军，都督扬州诸方军事。扬州不仅是魏国的军事重镇，也是魏国的东南粮仓，魏齐王让王凌镇守扬州，可见朝廷对他的器重。正始二年（241）四月，吴国分兵四路大举进攻魏，派大将全琮率兵十万进攻芍陂（在今安徽寿县南），想要切断魏国的东南粮食供给。王凌当然知道芍陂对于魏国的重要，于是他指挥淮南诸州军队与吴军血战数日，终于击溃吴军，确保曹魏粮仓无恙。王凌也因此加官车骑将军，不久又迁司空、进太尉，位列三公。就在这段时间，他的外甥令狐愚担任兖州刺史，驻守平阿（今安徽怀县）。舅甥二人

毛泽东《减字木兰花·广昌路上》手迹

手握重兵，权倾淮南。随着权势的逐渐加大，王凌与令狐愚竟然想要废掉年幼的魏主曹芳，拥立曹彪，并且开始着手策划，付诸行动。然而，在嘉平元年（249）十一月，令狐愚还没有来得及行事就因为生病而死了。

嘉平二年（250），黄华继为兖州刺史。嘉平三年（251）正月，王凌诈称吴人堵塞涂水（今安徽、江苏境内长江北岸支流滁河），请发兵讨伐，想拥立楚王曹彪，并且派遣将军杨弘以废立之事告黄华。但是万万没有想到，黄华、杨弘两人联名告发，将王凌的图谋全盘托给权倾朝野的司马懿。司马懿当然知道这是王凌的计策，他故技重施，一边先下令赦免王凌的罪状，一面亲自率军，泛舟沿流，九日就到了王凌的老巢甘城，等到王凌察觉之时，"神军密发，已在百尺"。王凌眼见大势已去，但是想着自己与司马懿多年的交情还不错，于是独身乘着小船出去迎接司马懿。但是他忘记了当年曹爽的结局，司马懿"使人逆止之，住船淮中，相去十余丈"。王凌此时才深感事态严重，只好背绑双手投降，硬着头皮说：我王凌如果有罪，您只需一封折简召唤，何必亲自来呢？而司马懿的回答不冷不热：我是害怕一封折简召唤不动你呀。王凌顿时心灰意冷，无奈地叹息：你对不起我。司马懿说：我宁愿对不起你，也不能对不起国家。随后，他派六百名骑兵监护王凌回京。

在回京的路上，途经贾逵庙，王凌大叫道："贾梁道，王凌是大魏的忠臣，只有你存灵知之！"

贾逵，字梁道，襄陵（今河南睢县）人，初为郡吏，守绛邑。后举秀才，任渑池（今河南渑池）县令。曹操征讨马超时，任命他为弘农太守，与夏侯尚共同掌握后勤供应。曹丕即皇位，历官豫州刺史，外修军旅，内治民事。遏制鄢陵汝南地方势力，挖掘新陂，断山溜长溪水，造小阳弋陂，又通运渠二百余里，称贾侯渠。卒谥肃。

贾逵可谓曹操、曹丕两代忠良，所以王凌经过贾逵庙大喊其冤，殊不知这时的司马懿早怀二心，他死就死在他忠于魏国曹氏。真是死了，还不知道头是怎么掉的。

在走到项城（今河南沈丘）的时候，王凌便饮毒而死。司马懿一点也不手软，下令缉捕他的余党，皆夷三族，并杀死曹彪，干净利落地平定了这场未发生的叛乱。六月，司马懿病故，享年七十三岁。所以说这是他最后的一个杰作。

三、"我看有几手比曹操高明"

三国人物中，曹操可谓是毛泽东心目中的第一号大英雄，他的文治和武略远远超过了孙权与刘备，也盖过了诸葛亮与周瑜，但是毛泽东在拿司马懿与曹操作比较时，竟然说前者比之高明。

1966年3月的一次谈话中，毛泽东再次为司马懿翻案，说："司马懿是个了不起的人物，历史上说他坏，我看有几手比曹操高明。"这可以从司马懿为曹操出的几次点子上看出来。

（一）献计大破张鲁

司马懿初次崭露头角是跟随曹操讨伐张鲁时，他出谋划策、锋芒毕露，以其才智和勤奋取得了曹操的信任与赏识。

1966年3月，毛泽东在杭州的小型会议上的一次谈话中说："曹操打过张鲁之后，应该打四川。刘晔、司马懿建议他打。"（陈晋：《毛泽东之魂》〔修订本〕，中央文献出版社1997年版，第357页）

张鲁（？—216），字公祺，沛国丰（今江苏省丰县）人，东汉末年天师道首领，天师道创立者张道陵之孙。初平二年（191），他任益州牧刘焉的督义司马，率徒众攻取汉中（今陕

"曹操打过张鲁之后，应该打四川。刘晔、司马懿建议他打。"（陈晋：《毛泽东之魂》〔修订本〕，中央文献出版社1997年版，第357页）

西汉中），称师君。他以教中"祭酒"管理地方政治，并在各地设立"义舍"，置"义米"、"义肉"，过路者量腹取食。又禁止酿酒，在春夏禁止杀牲。犯法的人，原宥三次，然后用刑。有小过者则修治道路百步。所建政权继续约三十年，成为东汉末年比较安定的地区。

由于东汉末年，群雄蜂起，社会动乱，不少人都逃往相对安定的汉中地区，如关西民从子午谷逃奔汉中的就有数万家。张鲁还得到巴夷少数民族首领杜濩、朴胡、袁约等人的支持。他采取宽惠的政策统治汉中，"民夷便乐之"，"流移寄在其地者，不敢不奉"。

当时曹操把持着东汉政权，无暇顾及汉中，遂封张鲁为镇民中郎将（一作"镇夷中郎将"），领汉宁太守。

建安二十年（215）秋，曹操亲自率领大军西征汉中，讨伐张鲁，当时升任主簿的司马懿随军出征。

担任前部先锋的大将夏侯渊、张郃在阳平关前下寨。夏侯渊是曹操手下的大将，自曹操陈留起兵起，便跟随征伐，战功卓越，威振疆场。张郃也是曹军屡立奇功的大将。而当时张鲁手下并没有什么猛将，所以夏侯渊、张郃并不把张鲁放在眼里，十分轻敌。于是，下了寨，他们便让军士饱餐，准备明天一大早，一鼓作气，直捣汉中，生擒张鲁，来个措手不及。两个人十分随性，在帐篷里面开怀畅饮，一直到夜深了才各自回去，并没有对敌人做什么防备。当时，张鲁手下有两个年轻的将官杨昂、杨任，看见魏军军营中灯光一直亮到三更，便决定在四更的时候偷营劫寨。杨昂、杨任敢于作出这样的决定主要有两个原因，其一是初生牛犊不怕虎，敢于拼杀；其二也是被逼无奈，魏军十分厉害，也只有孤注一掷。结果，此战将正在睡觉的魏军杀得大败。

夏侯渊与张郃只得狼狈不堪地率领残兵来见曹操。曹操看见这样的情况，十分生气，指斥二人说：你们两个人打了这么多年仗，难道不知道兵马长途行军疲困，应该防劫寨吗？说着便要斩杀二人，以明军法。

当时司马懿在一侧，看见夏侯渊是曹操的亲族，而张郃又是一员猛将，赶忙出来求情说：丞相您听我说。胜败本来就是兵家常事。我们首战

曹操宗族墓群

就斩杀大将，这是犯了兵家的大忌啊。还希望丞相您念在两位将军以前有许多功劳，先饶过了他们这次，明天丞相可以从正面佯装攻城，让两位将军抄阳平关之后，想那二杨偷营成功，肯定骄狂轻敌，不会想到我们的军队也会劫寨，一定疏于防范。这样，咱们就可以一举全部歼灭他们了。

曹操当时也是一时生气，他心里哪里愿意真的斩杀心爱二将。又有人求情，且又有这么好的计策，便立刻点头称好，命令夏侯渊和张郃分头行动，让他们戴罪立功。

第二天，大雾弥漫，曹操亲自披挂叫阵。杨昂由于昨日轻松取胜，十分骄狂轻敌，所以点齐人马，出寨迎战。寨中一时空虚，被夏侯渊趁着大雾，轻而易举地端了窝。而这头张郃又偷袭杨任寨，一场厮杀，将杨任斩杀。曹操眼见二将都取得了胜利，于是率领大军占领了阳平关直接抵达南郑下寨。第二日与张鲁大将庞德大战，大获全胜，张鲁只好接受杨松的建议，开门投降。曹操十分高兴，封张鲁为镇南将军。

（二）劝曹操谋攻四川

建安二十年（215），曹操率军一举平定了盘踞汉中的军阀张鲁，获取了汉中和东川。这时曹操准备班师回许昌，当时刘备刚入川取代刘璋，尚未巩固，司马懿观看形势，向曹操进

看八·大·名·将

言乘胜取蜀，他说："刘备以诈力虏刘璋，蜀人未附而远争江陵，此机不可失也。今若曜威汉中，益州震动，进兵临之，势必瓦解。因此之势，易为功力。圣人不能违时，亦不失时矣。"这一建议得到了曹操重要谋士刘晔的支持，然而曹操却说："人苦无足，既得陇右，复欲得蜀！"（《晋书·宣帝纪》）曹操认为不能得陇望蜀，没有采纳司马懿这一正确的建议，以至于后来刘备的势力在蜀逐渐得到了巩固以后，便趁机从曹操手中夺去了汉中和东川，曹操十分后悔当时没有听从司马懿的建议，失去了图谋天下的一次大好战机。若是在平定张鲁之后乘胜进兵，很可能取得蜀地，那么，灭了蜀，东吴也就很难长久了。

对于这件事，毛泽东评论说："曹操打过张鲁之后，应该打四川，刘晔、司马懿建议他打。……曹操不肯去，隔了几个星期，后悔了。曹操也有缺点，有时也优柔寡断。"毛泽东认为在曹操平定汉中之后，应该像刘晔、司马懿建议那样，趁刘备立足未稳，不失时机地攻打四川，就有可能攻灭刘备。而曹操犹豫了一下，错过了时机，悔之莫及了，这是毛泽东对刘晔、司马懿谋略的肯定与赞扬。

（三）联吴巧解樊围

建安二十四年（219）秋，刘备在孙权的支持下，在沔阳称汉中王，立刘禅为世子。六月，刘备在取汉中之后，又派孟达、刘封攻占汉中郡东部的房陵、上庸等地，势力有所扩展。七月，孙权欲攻合肥，魏军大部调往淮南防备吴军。驻守荆州的蜀前将军关羽，抓住战机，留南郡（今湖北江陵）太守糜芳守江陵，将军傅士仁守公安（今湖北公安西北），率军北进荆（今湖北江陵）、襄（今湖北襄樊）作战。当时曹魏征南将军曹仁驻守樊城（今湖北襄樊）；将军吕常驻守襄阳；右将军于禁及立义将军庞德屯樊城北；平寇将军徐晃屯宛（今河南南阳）。到了八月，连绵大雨，汉水暴涨，于禁七军都被水淹，在关羽水军的强攻猛击之下，于禁被逼无奈，只好投降，而庞德却因为力战被俘杀。关羽连连得手，便乘胜围攻樊城，并且以一部兵力将曹仁包围在樊城。

当时樊城的守军只有数千人，且城墙因为水淹又多处出现崩塌，守卫相当困难，这个时候曹仁考虑是否要放弃樊城，却被辅助曹仁的汝南太守满宠劝住。满宠说：山水虽然来势迅急，但不会持久。关羽先遣部队已至郏县（今河南郏县），而他却不敢乘势跟进，即因有樊城要点未下，恐我军攻其侧背及断其归路。假如弃城撤走，则黄河以南的地区可能为敌占有。从战略局势着眼，应坚守待援。曹仁听从了满宠的建议，以必死决心激励将士齐心协力奋勇抵御。而关羽军队虽然乘船猛攻，但是一时之间也不能够攻下。

这个时候，曹魏荆州刺史胡修、南乡（今河南淅川东南）太守傅方，都因害怕而向关羽投降，陆浑（今河南嵩县东北）人孙狼等，也杀官起兵，响应关羽。关羽声势一时"威震华夏"。

当时，曹操受到很大的威胁，为避关羽锋芒，想要将国都从许昌（今河南许昌）迁往河北邺城（今河北临漳西南邺镇），被丞相司马懿及曹椽、蒋济谏止。司马懿认为当时于禁投降了，并不是因为打仗或者防守的失败，而是被水淹的原因，这对国家大计并没有什么大的损失，如果迁都，"既示敌以弱"，又使南方百姓不安。孙权、刘备，"外亲内疏，羽之得意，权所不愿也。可喻权所，令持其后，则樊围自解"（《晋书·宣帝传》）。司马懿建议曹操派人劝说孙权，让其袭击关羽的后方，若是事情成功了便封予孙权江南之地，那么樊城之围自然也就解除了。曹操欣然采纳了这个建议，利用矛盾破坏孙、刘联盟，以坐收渔翁之利，派使者去见孙权；同时，指令徐晃率军援救曹仁。徐晃进至阳陵陂（樊城北），曹操派将军徐商、吕建传令：必须待后续援军会齐后方可进击。

当时，关羽前部屯偃城（樊城北约五里），徐晃佯筑长堑，示以将切断蜀军后路。蜀军惧被围，烧营撤走，徐晃军进据偃城，渐向围城蜀军逼近。

曹操使者返回洛阳，带来孙权密信，说即派兵西上袭击关羽，但请保密，以防关羽得知有备。曹操部属多数认为应代孙权保密。谋士董昭独持异议，认为应佯允保密而暗予泄露。关羽知孙权来攻，如撤兵回防，则樊城之围自解。关羽南返与孙权交战，两敌相斗，正好坐收渔利。若为其保密，使孙权得势，对我并不有利。再者，被围将士久不见救，担心缺粮产生恐慌，一旦发生意外，局面将难以收拾。故应以泄密为好。

曹操采纳董昭意见，令徐晃用箭将孙权密信内容，分别射入樊城及关羽营中。被围魏军得信后，士气倍增，防守更坚。

关羽得到消息后，既害怕腹背受敌，又不愿前功尽弃，同时判断江陵、公安城防坚固，吴军若真来攻，一时不可能攻克，所以处在徘徊犹豫、进退两难的境地。

而这个时候，曹操已率主力由洛阳进抵摩陂（今河南郏县东南），并已先后派殷署、朱盖等十二营兵进至偃城，归徐晃指挥。

关羽军主力屯围头，一部屯四冢。徐晃以声东击西战术，扬言欲攻围头，却出其不意突袭四冢。关羽恐四冢有失，自率步骑五千出战，被徐晃击败，当其退走营寨时，徐晃率军穷追不舍，紧随其后冲入营内。当时关羽营寨，外围深堑及鹿角十重，障碍设施极为严密，若从营外强攻极为困难。现乘其军陷于混乱之机，由内突袭，一举大破之，杀降蜀之胡修、傅方。关羽遂撤围退走，樊城围解。曹仁部将多欲乘胜追击，参军赵俨的认为，应保留关羽一定实力与孙权作战，不宜追击。曹仁同意赵俨的看法，未部署追击。曹操得知关羽撤退消息后，果然派人传达命令，不许追击关羽。

（四）劝曹勿移荆楚之民

在击退关羽之后，曹操嫌弃荆州及附近的百姓，想将他们全部迁走。司马懿却认为："荆楚轻脱，易动难安。关羽新破，诸为恶者藏窜观望。今徙其善者，既伤其意，将令去者不敢复还。"（《晋书·宣帝纪》）曹操听从了司马懿的建议，没有迁民。后来，藏窜逃亡的人果然都复出归附。

四、"司马氏一度完成了统一"

在《三国演义》中，不仅仅是指魏、蜀、吴三国，其实指的是三国四方，这就要加上后来创建了晋朝的司马氏家族了。这个家族包括司马懿和长子司马师、次子司马昭、孙子司马炎。最终三国的局面因司马氏一家而扫平。

毛泽东晚年在与陪读的北大中文系讲师芦荻谈《三国志》的时候，谈到了三国时代的统一趋势，谈到了司马氏一家对于统一所作出的巨大贡献。他说："汉末开始大分裂，黄巾起义摧毁了汉代的封建统治，后来形成了三国，这是向统一发展的。三国的几个政治家、军事家，对统一都有所贡献，而以曹操为最大。司马氏一度完成了统一，主要就是他那时打下的基础。"（芦荻：《毛泽东读二十四史》，《光明日报》1993年12月2日）

关于曹操等人对于统一所作出的贡献已不必多说，司马氏对于统一所作的贡献也是十分重要的。其中，司马懿贡献最大，奠定了司马氏代魏的基础。虽然，最终完成统一的是司马炎，但是毕竟司马懿的开创功劳，是不能抹杀的。司马懿辅佐了曹氏，擒孟达，拒敌诸葛，征辽东，巩固了曹魏政权，是为统一所作贡献中的佼佼者。

五、司马懿三疑

由于各个版本的历史书籍很多，在记载的时候自然也就有所不同，在史书上，对于司马懿记载的疑点被提出来了三个：祁山对战、空城计和诛曹爽。

（一）祁山之战

关于诸葛亮同司马懿在建兴九年（231）祁山战役的情况，《晋书》与《汉晋春秋》有着不一样的记载，特别是相持阶段战况，有很大差别。

《三国志·蜀书·诸葛亮传》注引《汉晋春秋》曰：

"亮围祁山，招鲜卑轲比能，比能等至故北地石城以应亮。于是魏大司马曹真有疾，司马宣王（懿）自荆州入朝。魏明帝曰：'西方事重，非君莫可付者。'乃使西屯长安，督张郃、费曜、戴陵、郭淮等。宣王使曜、陵留精兵四千守上邽，余众悉出，西救祁山。郃欲分兵驻雍、郿，宣王曰：'料前军能独当之者，将军言是也；若不能当而分为前后，此楚之三军所以为黥布禽也。'遂进。

"亮分兵留攻，自迎宣王于上邽，郭淮、费曜等邀亮，亮破之，因大芟刈其麦。与宣王遇于上邽之东，敛兵依险，军不得交，亮引而还。

甘肃礼县祁山

"宣王寻亮至于卤城。张郃曰：'彼远来逆我，请战不得，谓我利在不战，欲以长计制之也。且祁山知大军已在近，人情自固，可止屯于此，分为奇兵，示出其后，不宜进前而不敢逼，坐失民望也。今亮县军食少，亦行去矣。'宣王不从，故寻亮。既至，又登山掘营，不肯战。贾栩、魏平数请战，因曰：'公畏蜀如虎，奈天下笑何！'宣王病之。诸将咸请战。五月辛巳，乃使张郃攻无当监何平于南围，自案中道向亮。

"亮使魏延、高翔、吴班赴拒，大破之，获甲首三千级，玄铠五千领，角弓三千一百张。"

对于祁山之战，在总体战略态势上两本书记载的是相同的，都是说司马懿解了祁山之围，还

诸葛亮第四、第五
次北伐路线图

挫败了诸葛亮想要夺取魏国粮食的企图，使诸葛亮最终由于粮食耗尽而被迫退兵。差异之处是《汉晋春秋》称诸葛亮打败了郭淮、费曜，抢收了些粮食，《晋书》记载诸葛亮没能抢到粮食。

《汉晋春秋》关于这次战斗的记载是矛盾的，费曜已经被司马懿命令留守上邽不可能同郭淮与诸葛亮交战，《晋书》中司马懿赶到上邽阻止诸葛亮抢粮成功，那里是粮食主产区。诸葛亮在祁山附近打败魏军，抢到少量粮食是可能的，但是没有影响司马懿主力部队的粮食供应，也没改变蜀军缺粮的状况。史书记载了司马懿的军队是依靠陇西粮食补给。至于两军交战的结果，司马懿是否同诸葛亮作战，两书的记载也不同，《汉晋春秋》说贾栩、魏平被救出后，非要与诸葛亮交战，司马懿被迫出战失利，蜀军斩获甲首三千（甲首，小头目，类似于现今的班长之类。）由此可推算司马懿折兵过万。

（二）空城计

在《三国演义》第九十五回《马谡拒谏失街亭　武侯弹琴退仲达》中，诸葛亮首次北伐受挫，安排各路人马退回汉中，等到自己正要抽身的时候，没想到，司马懿的大军突然出现在城外几十里处，诸葛亮当时军中已经没有什么人马，急中生智，想出了"空城计"，将生性多疑的司马懿吓跑。

在正史中，诸葛亮见街亭失守，北伐受挫，战局已经对自己十分不利，于是就想要迅速撤回汉中，并没有再空耗军力。而曹魏方面，大都督曹真看见已经击退蜀汉，也并没有要苦追的意思。当时，司马懿更是远在宛城（今河南南阳）一线，至曹真死后，才与诸葛亮在关中对阵。根本不可能出现在街亭或西城。《三国演义》只是为了贬低曹真，并强调司马懿是诸葛亮的最大对手，才硬是把司马懿移位到了街亭前线。事实上，司马懿是在后来才顶替曹真出现在蜀汉前线的。

其实，"空城计"也有它的来源。《三国志·诸葛亮传》裴松之注引《郭冲三事》云："亮屯于阳平，遣魏延诸军并兵东下，亮惟留万人守城。晋宣帝（司马懿）率二十万众拒亮，而与（魏）延军错道，径至前，当亮六十里所，侦候白宣帝说亮在城中兵少力弱。亮亦知宣帝垂至，已与相逼，欲前赴延军，相去又远，回迹反追，势不相及，将士失色，莫知其计。亮意气自若，敕军中皆卧旗息鼓，不得妄出庵幔，又令大开四城门，埽地却洒。宣帝常谓亮持重，而猥见势弱，疑其有伏兵，于是引军北趣山。明日食时，亮谓参佐拊手大笑曰：'司马懿必谓吾怯，将有强伏，循山走矣。'候逻还白，如亮所言。宣帝后知，深以为恨。"史学界称其为"郭冲三事"，后边还有郭冲的"四事"和"五事"。

这个郭冲是诸葛亮的粉丝，他讲的故事都是盲目推崇孔明的。这一段"郭冲三事"的情节，更是于史不符、于理不合。当时就有人质疑：司马懿如果真得到这样的机会，麾下十余万大军，把他围住不就完了？连现在人都明白，派几个神射手过去射诸葛亮，或者派一个小队过去火力侦察一下，立即就可以拆穿诸葛亮的把戏，而一直老谋深算的司马懿绝不可能会愚蠢和胆怯到"扭头就跑"的地步。

作为一名出色的政治家，司马懿深深明白"飞鸟尽，良弓藏，狡兔死，走狗烹"的道理。当时魏国任用他的原因，就在于诸葛亮北伐，而魏国朝中除自己外无人可敌，诸葛亮就是自己得到任用保住官位的钥匙和命脉。如果诸葛亮一死，他的用处也告终止，而朝廷中很多官宦都敌视自己，自己也还没有建立起朝中势力，必然会重新被贬官居闲，壮志难成了。所以虽然看破了诸葛亮的"空城计"，但是司马懿也不会立即杀死自己的"保官稻草"的。

对于空城计，毛泽东在读此段历史时，也给予了评论。毛泽东认为司马懿是一个相当聪明的人，当然，他也认为司马懿有明显的性格缺陷，那就是"怀疑心重"。他曾在谈"空城计"的故事时说："司马懿这个人，怀疑心重，诸葛亮没有兵力守城，赵子龙一时又赶不回来，城内空虚，结果诸葛亮就对他用了'空城计'。'空城计'的故事，能启迪人具体运用战略战术。"

（三）杀曹爽

后人对于司马懿杀曹爽有着很深的偏见，认为他是为了巩固自己的权力。事实上，司马懿平定曹爽乱政是为了挽救曹魏政权，信守魏明帝托孤的承诺，维护幼主曹芳的皇位，不仅仅是为了巩固个人集团的权力。

首先，当他放弃权力回家养病时，司马师、司马昭兄弟在朝中还都是中级官员，相对于皇族大臣曹爽来说，司马氏集团还是十分弱小的。此时根本没有可能要建立司马氏专权，而在"嘉平之变"后司马师兄弟也并没有在朝中掌权担任要职。实际上司马懿一直都在忍让，直到司马懿集团的主要成员开始受到曹爽的排挤、打击的时候，司马懿还依然是容让，就像他对孙礼说的，要"忍不可忍"。最初曹爽还只是专权，剥夺众多豪强贵族的政治地位，剥夺他们的祭祀荣誉，执意发动对蜀国的战争等。这些乱政司马懿都没能阻止，表明曹爽已经不尊重司马懿了，并且后来准备要篡位。

其次，曹爽要篡位也是明显的，他的衣食和仪式排场几乎和皇帝相同，皇宫御用尚方器物充斥其家，自行从宫中取曹睿的才人到自己府中，甚至到了伪造诏书，把皇宫的五十七个才人送到邺城，擅自取用太乐乐器，武库禁兵。后来还把郭太后迁居冷宫囚禁，派遣亲信监视小皇帝，这时唯一对他篡位构成威胁的就只有司马懿了，他一面派亲信去察看司马懿的动向，一面排挤打击司马懿的亲属、亲信，为篡位做准备。郭太后、刘放、孙资等过去有权势的，都相继被他废黜了，司马懿因为早早就回家养病了，所以他受到的打击是最晚的。曹爽最后只有把司马懿集团也瓦解了，称帝篡位才能开始。孙礼、卢毓等相继被排挤，矛头甚至指向司马懿的亲戚杜恕，这是在正始九年底，后来卢毓审理曹爽党徒，了解到他们谋反篡位准备在三个月内行动，曹爽并非《三国演义》中那个软弱、窝囊的废物，他指挥军队伐蜀，专权打击孙礼，也是野心勃勃、专横跋扈的权贵。司马懿之所以还有赦免他的念头，并不是因为没有曹爽要篡位的阴谋证据，主要是不愿承担杀托孤大臣专权的坏名声，他了解曹爽实际是志大才疏的一个人，看到曹爽建立的小集团与各主要派系都有矛盾，也没有百姓拥护他，不会有威胁，而且曹爽的篡位计划也没有能实际执行。司马懿也曾经发誓不追究曹爽，这样才表示要赦免他，给他送去粮食。

再次，从祭祀名单就可以看出，曹爽专权期间得罪的人太多，最终朝议依然处死了他。不要以为司马懿废黜曹爽，只是司马氏和曹氏争权这么简单。参与废黜曹爽的有司马懿集团和大多数派系，郭太后、蒋济、高柔等都是各大派系的代表，朝议也是各派系共同参加，曹操担任丞相，魏公的权势比司马懿这时要大得多，依然要受到朝议的制约，他要恢复肉刑，但是朝议多数人反对，曹操也只能暂时放弃。司马懿更是不能不接受朝议，曹爽打击、压迫其他派系，最终被他们要求处死，在《三国志·曹爽传》中，详细记载了曹爽乱政，准备篡位，以及朝议将他处死的经过。

『威震华夏』的武圣人关羽

关羽 岳飞 张飞 韦睿

周瑜 吕蒙

孙膑 司马懿

一、桃园三结义

关羽（152—219），字云长，原字长生，河东解州（今山西运城解州镇）人。清初康熙年间，解州太守王朱旦在浚修古井的时候，发掘出关羽的墓碑。上面刻有关羽祖父、父亲两世的简单情况。据王朱旦写的《关侯祖墓碑记》记载，关氏家其实是个文人世家。关羽的祖父名叫关审，字问之。汉和帝刘肇永元二年（90）庚寅生，居住在解州常平村宝池里。他"冲穆好道"，常以《易》、《春秋》训其子，于桓帝刘志永寿二年（156）丁酉卒，年66岁。关羽的父亲叫关毅，字道远。性至孝，父审死后，在墓地结庐守丧三年，除丧，于桓帝延熹三年（160）六月二十四日生关羽。关羽长成后娶妻胡氏，灵帝光和元年（178）五月十三日生关平。

三国时代，是一个军阀混战英雄辈出的时代。青少年时期的关羽，就有匡国济民、除暴安良的思想和志向。20岁时，他拜别父母，游历郡里，习学武艺。当时解州城里有一个恶霸，欺行霸市，打架斗殴，横行乡里，鱼肉百姓，无恶不作，官府不敢惩治，百姓苦不堪言。关羽侠肝义胆，爱打抱不平，一怒之下杀了那个家伙，为民除害。可杀人偿命，欠债还钱，这是一条古训。

关羽像

为了逃避官府追捕，关羽只好亡命江湖，想逃到关外，这就要出潼关。于是传闻中便有了关羽本不姓关的故事。

1954年，毛泽东漫步在杭州九溪十八涧，对陪同的浙江省公安厅厅长王芳说：关羽其实并不姓关，关公是指关为姓。关公自小很讲义气，可谓侠肝义胆。一次为朋友打抱不平，在家乡杀了个人。他知道杀人是要吃官司的，便立即逃了出来。打算出潼关，以甩掉官府的追捕。他日夜兼程，来到潼关时，还不到五更天，关门紧闭。好不容易熬到开关的时候了，却又犯了愁。那时，官府有一项规定，凡过关的都要登记，这可怎么办？他心急如焚地望着这高大森严的关门，忽然来了灵感，在关门前，我何不说自己姓关呢？这就是指关为姓的由来。

据杨尚昆在1986年9月5日在中共中央文献研究室召集的一次座谈会上回忆说：毛泽东到河南，他就讲关云长不是山西人，是河南人，说关云长本不姓关，因为他在河南有了人命案，逃往山西，到了潼关，人家问他姓什么，他一下子说不上来，一看这里是潼关，就说我姓关（见清褚人获《坚瓠秘集》卷三《关西故事》）。

这个故事，毛泽东还给许多人讲过。1958年1月6日，毛泽东在浙江杭州和周谷城、赵超构、谈家桢谈话。他看大家有点拘谨，就笑着问自己的湖南同乡、历史学家周谷城："你知道关公姓什么？"周谷城毫无把握地回答说："是姓关吗？"毛泽东说："你错了。"他笑着讲了关羽的传说，大家听了都笑起来，毛泽东也开心地哈哈大笑，气氛顿时缓和了。

1949年6月，北平（京）电影厂摄影科科长侯波和徐肖冰夫妇去香山，为毛泽东拍照，毛泽东问侯波家乡在什么地方，侯波回答是山西解县，毛泽东笑着说："啊！你是关云长的老乡呵。"

关羽在民间影响很大。毛泽东从13岁读《三国演义》起，就对关羽的故事产生兴趣。1917年夏天，他徒步游学赴湖南安化县城途中，见路亭柱上所贴一副赞颂关羽的楹联，还将它抄录在日记里："刘为兄张为弟，兄弟分君分臣，异姓结成亲骨肉；吴之仇魏之恨，仇恨中有忠有义，单力匹马汉江山。"在此之前，毛泽东也学桃园三结义，与同学萧子升、蔡和森友善，称为三个豪杰。豪杰一词，是毛泽东采取了常用语，不仅表示力量和勇气，而且智慧过人，品德高尚。显然，关羽的形象在早年毛泽东的脑海里留下了深刻的印象。

那么，桃园三结义是怎么回事呢？关羽出了潼关，辗转来到涿郡（今河北涿州），遇上东汉政府动员各地豪强地主组织武装，共同镇压当时波及全国的黄巾农民大起义。关羽结识了自称中山靖王之后的刘备，刘备家道中落，以织席、卖草鞋为业；张飞是本地的一个屠户，以杀猪卖肉、卖酒为生。他们三人都处在社会底层，一拍即合，结为异姓兄弟是可能的。但史无明载，本传只说当时"先主于乡里合徒众，而羽与张飞为之御侮"（《三国志·蜀书·关羽传》，下引本传，不再出注），而传为美谈的"桃园三结义"是"七实三虚"的《三国演义》中虚构的。第一回《宴桃园豪杰三结义 斩黄巾英雄首立功》中这样叙写他们三人的相识与结拜：

"（刘备）当日见了（招兵）榜文，慨然长叹。随后一人厉声言曰：'大丈夫不与国家出力，何故长叹？'玄德回视其人：身长八尺，豹头环眼，燕额虎须，声若巨雷，势如奔马。玄德见他形貌异常，问其姓名。其人曰：'某姓张，名飞，字翼德。世居涿郡，颇有庄田，卖酒屠猪，专好结交天下豪杰。恰才见公看榜而叹，故此相问。'玄德曰：'我本汉室宗亲，姓刘，名备。今闻黄巾倡乱，有志欲破财安民；恨力不能，故长叹耳。'飞曰：'吾颇有资财，当招募乡勇，与公同举大事，如何？'玄德甚喜，遂与同入村店中饮酒。正饮间，见一大汉，推着一辆车子，到店门首歇了；入店坐下，便唤酒保：'快斟酒来吃，我待赶入城去投军。'玄德看其人：身长九尺，髯长二尺；面如重枣，唇若涂脂，丹凤眼，卧蚕眉；相貌堂堂，威风凛凛。玄德就邀他同坐，叩其姓名。其人曰：'吾姓关，名羽，字长生，后改云长，河东解良人也。因本处世豪，倚势凌人，被吾杀了；逃难江湖，五六年矣。今闻此处招军破贼，特来应募。'玄德遂以己志告之。云长大喜。同到张飞庄上，共议大事。

"飞曰：'吾庄后有一桃园，花开正盛；明日当于园中祭告天地，我三人结为兄弟，协力同心，然后可图大事。'玄德、云长齐声应曰：'如

此甚好。'次日，于桃园中，备下乌牛白马祭礼等项，三人焚香再拜而说誓曰：'念刘备、关羽、张飞，虽然异姓，既结为兄弟，则同心协力，救困扶危；上报国家，下安黎庶；不求同年同月同日生，只愿同年同月同日死。皇天后土，实鉴此心。背义忘恩，天人共戮。'誓毕，拜玄德为兄，关羽次之，张飞为弟。祭罢天地，复宰牛设酒，聚乡中勇士，得三百余人，就桃园中痛饮一醉……"

当然这只是小说家言，但由于符合了动乱频仍的时代中下层百姓的心态，所以影响巨大。三人组织了一支不大的武装力量，参与了向农民起义军的进攻。

所谓"结义"，就是以义气相交好。唐杜甫《晚晴》："未怪及时少年子，扬眉结义黄金台。"仇兆鳌注引挚虞《答杜预》："好以义结，友以文会。"亦指结拜为兄弟姐妹。宋乐史《杨太真外传》："又命杨铦而下，往来必相宴饯。初虽结义颇深，后亦权敌不叶。"

所谓"义气"，是一种刚烈、正义的气概。语出《礼记·乡饮酒义》："天地严凝之气，始于西南而盛于西北，此天地之尊严气也。"又汉·董仲舒《春秋繁露·王道》："仇牧、孔父、荀息之死节，不与楚国，此皆执权存国，行正世之义，守悁悁之心，《春秋》嘉义气，故皆见之，复正之谓也。"引申忠义之气，即为情谊而甘愿替别人承担风险或作自我牺牲的气度。刘、关、张"桃园三结义"成为人们的楷模，生死之交重义气，为朋友两肋插刀，赴汤蹈火，在所不辞，成为一种精神，影响深远。后世好多农民起义军，采用结拜的形式，巩固队伍，加强团结。如《水浒传》第五十一回《李逵打死殷天锡　柴进失陷高唐州》："他犯了死罪，我因义气，放了他。"

刘备起兵，参与镇压黄巾起义，关羽、张飞担当他的护卫，是他得力的左膀右臂。汉灵帝刘宏中平元年（184），刘、关、张带着刚刚组织起来的人马，首先投奔涿郡的校尉邹靖。黄巾军攻打涿郡，他们配合官兵进行抵抗，首战告捷，立了大功。接着他们离开涿郡，投奔正在广宗（今河北威县东）围攻黄巾军领袖张角的中郎将卢植。到广宗后，因卢植遭

诬陷被押回京城洛阳，他们便又返回涿郡。半路上，恰恰遇到黄巾军的天公将军张角正在追赶东汉的将领董卓。关羽和张飞带领一支人马，斜刺里向黄巾军横杀过来，救了董卓，刘备因此被提拔为安喜（今河北定县东）的县尉。

桃园三结义塑像

中平六年（189），董卓带兵进入京都洛阳，专擅朝政，废少帝刘辩，立献帝刘协，引起广大官僚、豪强的反对。次年，关东十八路诸侯共推渤海太守袁绍为盟主，联兵讨伐董卓，刘备随冀州太守公孙瓒参加了这次讨伐董卓的战争。关羽本传与先主本纪皆无明载，而《三国演义》第五回《发矫诏诸镇应曹公　破官兵三英战吕布》，浓墨重彩，大写关羽神威。先是温酒斩华雄："（曹）操教酾热酒一杯，与关公饮了上马。关公曰：'酒且斟下，某去便来。'出帐提刀，飞身上马。众诸侯听得关外鼓声大振，喊声大举，如天摧地塌，岳撼山崩，众皆失惊。正欲探听，鸾铃响处，马到中军，云长提华雄之头，掷于地上。——其酒尚温。"把关羽写得够神了。

接着是"三英战吕布"，关羽就更神了。董卓义子吕布，手使方天画戟，坐下嘶风赤兔马，连伤、斩八路诸侯多位将军，"吕布英勇，无人可敌"。十八路诸侯"正议间，吕布复引兵搦战。八路诸侯齐出。公孙瓒挥槊亲战吕布。战不数合，瓒败走。吕布纵赤兔马赶来。那马日行千里，飞走如风。看看赶上，布举画戟望瓒后心便刺。旁边一将，圆睁环眼，倒竖虎须，挺丈八蛇矛，飞马大叫：'三姓家奴休走！燕人张飞在此！'吕布见了，弃了公孙瓒，便战张飞。飞抖擞精神，酣战吕布。连斗五十余合，不分胜负。云长见了，把马一拍，舞八十二斤青龙偃月刀，来夹攻吕布。三匹马丁字儿厮杀。战到三十合，战不倒吕布。刘玄德掣双股剑，骤黄鬃马，斜刺里也来助战。这三个围住吕布，转灯儿般厮杀。

虎牢关

八路人马，都看得呆了。吕布架隔遮拦不定，看着玄德面上，虚刺一戟，玄德急闪。吕布荡开阵角，倒拖画戟，飞马便回。三个那里肯舍，拍马赶来。八路军兵，喊声头震，一齐掩杀。吕布军马望关上奔走；玄德、关、张随后赶来。"

小说家罗贯中这些妙笔生花的描写，不仅写出了刘、关、张的义气，更突出了关羽、张飞的勇武。

汉献帝初平二年（191），董卓退出洛阳，西走长安（今陕西西安），关东联军宣告解体，全国又陷入割据混战的局面。刘备因为自己的力量弱小，便投奔幽州的公孙瓒，因屡立战功，被任为平原（今山东平原）相，关羽和张飞担任了别部司马，分别领兵，终日侍立刘备左右，进行护卫。后来，刘备又依附于徐州刺史陶谦。不久，陶谦死去。

看八·大·名·将

建安元年（196），曹操奉迎汉献帝迁都许昌，独掌军政大权，总揽朝政，"挟天子以令不臣"，政治上处于有利地位。此时淮南袁绍和吕布勾结起来，攻打刘备，刘备抵挡不住，丢了徐州，投靠了曹操。曹操上表举荐他为左将军，拜关羽为中郎将。建安三年（198），时任车骑将军的董承接受皇帝衣带诏，与刘备及长水校尉种辑、将军吴子兰、王子服等人，密谋除掉曹操，事情败露，董承等人皆被杀，只有刘备得以幸免。

建安四年（199），刘备恐怕曹操猜忌，欲伺机脱离曹操控制，趁右将军袁术溃败，主动请求截击袁术。曹操谋士程昱、郭嘉、董昭等认为，不该放走居心叵测的刘备。曹操立即派人去追，已来不及了。刘备想以此占据一块地盘，寻求自己的发展道路。十二月，刘备借曹操新任命的徐州刺史车胄出迎的时候，关羽一刀劈死车胄，张飞砍下车胄的首级，招降了曹军。刘备让关羽驻守下邳（今江苏睢宁西北古邳镇）城，代行徐州太守职权，而自己领兵回小沛（今安徽睢溪西北）驻扎。《蜀记》曰："曹公与刘备围吕布于下邳，关羽启（曹）公，（吕）布使秦宜禄行求救，乞娶其妻，公许之。临破，又屡启于公。公疑其有异色，先遣迎看，因自留之，羽心不自安。此与《魏氏春秋》所说无异也。"

曹操得知刘备竖起旗号，自立山头，十分恼怒。建安五年（200），曹操发大军攻打刘备，小沛很快失守，刘备落荒而逃，投奔河北的袁绍。张飞上了芒砀山（今河南永城境），关羽镇守的下邳被曹军围得水泄不通，内无粮草，外无救兵，万般无奈，关羽带着刘备的两位夫人投降了曹操。但关羽提出三个条件：一、只降汉室，不降曹操；二、赡养刘备甘、糜二夫人；三、但知刘备下落，便当辞去。曹操接受了他的条件，并表荐他为偏将军，封他为"汉寿亭侯"，赐战袍，送美女，更送他吕布骑过的那匹嘶风赤兔马，并且"三日一小宴，五日一大宴"，优待有加。不久，曹操觉察关羽心神不定，无久留之意。他便派与关羽交好的张辽去探问，关羽叹道：我知道曹公待我甚厚，但是我受刘将军厚恩，誓共生死，不可背之，当立效以报曹公乃去。关羽念念不忘的还是结拜兄弟刘备。这就是至今广为流行的成语"身在曹营心在汉"的来历。

二、过五关，斩六将

建安五年（200），官渡之战爆发。二月，冀州牧袁绍进军黎阳（今河南滑县东北），派大将颜良在白马（今河南滑县旧城东）攻打东郡太守刘延，以保障主力渡河南进。刘延向曹操告急求援。四月，曹操决定派兵北救刘延。谋士荀攸建议："今兵少不敌，分其势乃可。公到延津，若将渡河向其后者，绍必西应之，然后轻兵袭白马，掩其不备，颜良可擒也。"（《三国志·魏书·武帝纪》）曹操依计而行，派张辽和关羽作为先锋，迎击颜良。袁绍闻曹军渡黄河，果然分兵向西，挺进延津，向白马疾进，及距白马十余里时，颜良大惊，仓促迎战。关羽率部疾进，远远望见颜良麾盖，直杀过去，在万军之中手起刀落，斩下颜良头颅。曹操指挥大军冲杀，袁绍军大败，白马之围遂解。

关羽本传只写关羽杀颜良，未写诛文丑事。《三国演义》第二十五回《屯土山关公约三事　救白马曹操解重围》写杀颜良，第二十六回《袁本初败兵折将　关云长挂印封金》又写了诛文丑。文丑也是河北名将。袁绍命文丑自领七万军先行，令刘备领三万军随后。曹操命张辽、徐晃迎战文丑。张辽被文丑"一箭射中头盔"，"又被文丑一箭射中面颊"，翻身落地。"文丑回马复来，徐晃急抢大斧，截住厮杀。只见文丑后面军马齐到，晃料敌不过，拨马而回。文丑沿河赶来。忽见十余骑马，旗号翩翩，一将当头提刀飞马而来，乃关云长也，大喝：'贼将休走！'与文丑交马，战不三合，文丑心怯，拨马绕河而走。关公马快，赶上文丑，脑后一刀，将文丑斩下马来。"

关羽斩杀颜良、文丑以后，曹操知道他要走了，就给了他很丰厚的赏赐。但关羽把官印及曹操的赏赐全部封存起来，并写了一封告别信，保护着刘备的家小，离开曹营，到河北袁绍军中去寻找刘备。曹操将士知道后，要去追赶，曹操劝阻说："彼各为其主，勿追也。"

至于关羽是怎样历经艰辛找到刘备的，正史语焉不详，这给小说家留下许多想象空间，于是便有《美髯公千里走单骑　汉寿侯五关斩六将》的演义。关羽从许都赶往冀州府治邺城（今河北临漳西），途中有曹军的重重关寨。曹操虽然不让追杀关羽，但并没有发给他通关文牒，故到处受到阻拦。他一共要过五个关隘：第一关是东岭关，守将孔秀武艺不高，"两马相交，只一合，钢刀起处，孔秀尸横马下"；第二关是洛阳，太守韩福，牙将孟坦要计擒关羽。孟坦与关羽交战，佯败，待关羽来追，韩福用暗箭射之。"孟坦战不三合，拨回马便走"，关公马快，"早已赶上，只一刀，砍作两段"。"关公勒马回来，韩福闪在门首，尽力放了一箭，正射中关公左臂。公用口拔出箭，血流不住，飞马径奔韩福"，手起刀落，"带头连肩，斩于马下"；第三关是汜水关（今河南荥阳西北汜水镇），守将卞喜，把关羽诱入镇国寺中，伏兵计杀关羽，该寺方丈是关羽同乡，示意关羽有诈。"左右方欲动手，皆被关公拔剑砍之"，"一刀劈卞喜为两段"；第四关是荥阳（今河南荥阳），太守王植是韩福亲家，设计把关羽等骗至馆驿休息，待三更半夜，放火烧死关羽等人。不料其从事胡班窥视关羽，受感动，告知王植毒计，并为关羽打开关门。王植带人马来赶，被关公拦腰一刀，砍为两段；第五关是滑州（今河南滑县东），关羽对太守刘延有恩，虽不阻挡，但黄河渡口守将秦琪不从，"二人相交，只一合，关公刀起，秦琪头落"。这便是关羽"过五关，斩六将"的故事。

这个故事不见于正史，乃是小说家罗贯中在《三国演义》中所虚构，学者早已指出其中特别是地理知识的错误实在惊人：第一，如果要从许都到邺城，走直线应该是郑州—新乡—安阳—邺城；第二，如绕道洛阳，也应是东岭关—荥阳—汜水—洛阳—滑州黄河渡口，其描写顺序错误显而易见。但这个故事彰显了关羽的勇武和义气，脍炙人口，影响很大。

关羽路遇孙乾，得知刘备已去汝南（今河南汝南）和刘辟会合，意欲与袁绍对曹操形成南北夹攻之势。于是掉转马头，折向东南走去。途中在卧牛城先收了义子关平，又收了为他牵马扛大刀的周仓，到古城得遇张飞。关羽喜不自胜，把刀递给周仓，拍马来迎。"只见张飞圆睁环眼，倒竖虎须，吼声如雷，挥矛向关羽便搠"，责备关羽"背了兄长，降了曹操，封侯赐爵。今又来赚我"。任凭甘、糜二夫人怎样解释，张飞就是不信。正在这时秦琪之舅蔡阳带兵来追，"关公更不打话，举刀便砍。张飞亲自擂鼓。只见一通鼓未尽，关公手起刀落，蔡阳头已落地"。这样，张飞才释疑，兄弟和好如初。

关羽、张飞同赴汝南见刘备，不料刘备又回冀州去了。于是关羽和孙乾同到冀州见刘备，又一起回到汝南，三位结义兄弟散而复合，接着又遇到赵子龙。刘备集团的核心便形成了，当时手下有四五千人马，暂且在汝南驻扎。

杀蔡阳的事，是罗贯中的附会。据史籍载，蔡阳是死于刘备之手。《三国志·蜀书·先主纪》载："（袁）绍遣先主（刘备）将本兵复至汝南，与贼龚都合，众数千人，曹公遣蔡阳击之，为先主所杀。"

关羽过五关斩六将，充分表现了他的英雄业绩，也表现了他不屈不挠、克服重重困难的大无畏气概，一直为后人津津乐道。

毛泽东经常拿关羽打比方、作例子，教育、开导干部，从中也可看出他对关羽的评价。1927年11月，毛泽东来到井冈山茅坪，寻找走散了的张子清所部三营（后来在湖南桂东县和朱德部会合），当有人怀疑张部可能投降敌人时，他说：不会的，三国时代的关云长，曾与刘备失去联系。曹操为了收用关云长这员大将，又是封官赐爵，又是赠送金银、美女，三天一小宴，五天一大宴，费了多少心！可是一旦得到刘备的消息，关云长便毅然离开了拥有雄兵百万的曹操，骑上吕布的赤兔马，过五关斩六将，千里迢迢，终于回到兵微将寡的刘备身边，成为千古美谈。

1939年12月，毛泽东在延安各界纪念"一二·九运动"大会上讲话，谈到知识青年投奔延安，难以通过沿途边防的困难时说："因为他们既没有青龙偃月刀、嘶风赤兔马，又没有过五关斩六将的本领，那只有被赶到集中营'训练团'里去。这些事情似乎有些难办。但是，如果知识分子跟八路军、新四军、游击队结合起来，就是说，笔杆子跟枪杆子结合起来，那么，事情就好办了。"（《毛泽东文集》第二卷，人民出版社1993年版，第257页）

1947年6月，毛泽东在撤离延安转战陕北途中，在与警卫人员谈到河北

人会打仗时，毛泽东放声大笑，说："河北人就一定打胜仗？三国时候，河北名将颜良、文丑，不是叫山西人关云长给杀了吗！"当警卫员说："山西人也不一定行，关云长就不如彭老总。关云长走麦城，彭老总可是三战三捷。"毛泽东听了很称赞。不久他与周恩来、任弼时闲谈时说："关云长就不如我们彭老总！"

> 关云长就不如我们彭老总！
> ——权延赤：《卫士长谈毛泽东》，北京出版社1989年5月第1版，第180页

三、水淹七军，降于禁，擒庞德，"威震华夏"

刘备再度南下汝南，与黄巾军首领龚都等会合后，兵力扩充到数千人。建安六年（201）秋，曹操统军进击刘备于汝南，刘备抵挡不住。九月，关羽随刘备投靠荆州牧刘表，刘备脱离袁绍，获得发展自己势力的机遇。

从建安六年到十三年（201—208），刘备在这八年中致力于礼聘人才，扩大军事力量。特别是建安十二年（207），他带着关羽、张飞到南阳卧龙岗（今河南南阳市，一说到襄樊古隆中）"三顾茅庐"，与诸葛亮隆中对策，制定了夺取荆、益二州，东联孙权，北抗曹操的策略。但"（刘备）与亮情好日密。关羽、张飞等不悦，先主解之曰：'孤之有孔明，犹鱼之有水也。愿诸君勿复言。'羽、飞乃止"。（《三国志·蜀书·诸葛亮传》）

建安十三年（208），曹操消灭了袁绍的势力，基本上平定了北方。七月，曹操亲率大军南下，想一举消灭占据荆州的刘表和坐镇江

东的孙权。当时刘表已死，次子刘琮继任。听到大军南下，便举城投降曹操。刘备为避开曹军锋芒，便撤离樊城（今湖北襄樊），向江陵（今湖北江陵）撤退，同时命令关羽率战船数百艘沿汉江东下，到江陵会合。江陵为江南军事重镇，储存有大批粮食、军械，曹操唯恐被刘备先得，便轻车简从，日夜从陆上追击。刘备军携带大批民众，行动甚慢，撤退到当阳长坂坡（今湖北当阳东北）时，被曹操骑兵先头队伍赶上，打得大败，溃不成军。刘备身边只剩下诸葛亮、赵云、张飞等数十骑，东趋汉水与关羽会合。关羽率水军前来接应，保护刘备到了夏口（今湖北汉口）。

据《关羽传》裴松之注引《蜀记》记载，当年刘备在许都，与曹操一起打猎。打猎当中，众人散去，关羽曾劝刘备乘人散乱之际，杀掉曹操，以除后患。可能由于形势不允许，刘备没有答应。这回到了夏口，飘飘江边，关羽怒曰："往日猎中，若从羽言，可无今日之困。"刘备曰："是时亦为国家惜之耳；若天道辅正，安知此不为福邪！"但裴松之并不认同这种说法。他说："臣松之以为（刘）备后与董承等结谋，但事泄不克谐耳，若为国家惜曹公，其如此言何！（关）羽若果有此劝而（刘）备不肯从者，将以曹公腹心亲戚，实繁有徒，事不宿构，非造次所行；曹虽可杀，身必不免，故以计而止，何惜有之乎！既往之事，故托为雅言也。"

曹操占领江陵后，气势更盛，大有一举吞灭尚无立锥之地的刘备和东吴的孙权之势。这就发生了孙刘联军共抗曹操的赤壁大战，基本上奠定了魏、蜀、吴三足鼎立的基础。

令人疑惑不解的是，赤壁之战既然是孙刘联军共抗曹军，而关羽的水军派上怎样的用场，起了什么作用，在正史乃至《三国演义》中却没有描写。在《三国演义》第五十回《诸葛亮智算华容 关云长义释曹操》，中是这样叙写的：

孙刘联军在赤壁之战中大败曹军，曹操与张辽引百余骑从火海中冲出，径奔乌林（今湖北洪泽湖县东北长江北岸邬林矶）逃命。先后遭到东吴将领吕蒙、凌统截击，这时徐晃带领马延、张颌三千兵马接应，曹操教马延、张颌引两千人马开路，其余留着护身。曹操接着又遭到甘宁、太史慈、陆逊等人截杀，已如惊弓之鸟。再往前走五里，到了乌林之西、宜都之北，遭到刘备部将赵子龙截杀；走到葫芦口，又遭到张飞的截杀；最后来到最险要的华容道。"一声炮响，两边五百校刀手摆开，为首大将关云长，提青龙刀，跨赤兔马，截住去路。操军见了，亡魂丧胆，面面相觑。操曰：'既到此处，只得决一死战！'众将曰：'人纵然不怯，马力已乏，安能复战？'程昱曰：'某素知云长傲上而不忍下，欺强而不凌弱；恩怨分明，信义素著。丞相旧日有恩于彼，今只亲自告之，可脱此难。'操从其说，即纵马向前，欠身谓云长曰：'将军别来无恙！'云长亦欠身答曰：'关某奉军师将令，等候丞相多时。'操曰：'曹操兵败势危，到此无路，望将军以昔日之情为重。'云长曰：'昔日关某虽蒙丞相厚恩，然已斩颜良，诛文丑，解白马之围，以奉报矣。今日之事，岂敢以私废公？'操曰：'五关斩将之时，还能记否？大丈夫以信义为重。将军深明《春秋》，岂不知庾公之斯追子濯孺子之事乎？'云长是个义重如山之人，想起当日曹操许多恩义，与后来五关斩将之事，如何不动心？又见曹军惶惶，皆欲垂泪，愈发心中不忍。于是把马头勒回，谓众军曰：'四散摆开。'这个分明是放曹操的意思。操见云长回马，便和众将一齐冲将过去。云长回身时，曹操已与众将过去了。云长大喝一声，众军皆下马，哭拜于地。云长愈加不忍。正犹豫间，张辽纵马而至。云长见了，又动故旧之情，长叹一声，并皆放去。"

关羽放开一条生路让曹操逃走，引军自回。孔明见他回来，忙离坐席，执杯相迎，关羽马上说："关某特来请死。"孔明故意开他玩笑，说："莫非曹操不曾投华容道上来？"知道他放走了曹操，欲按军法推出斩首。这时，刘备说话了："昔吾三人结义时，誓同生死，今云长虽犯法，不忍违却前盟。望权记过，容将功赎罪。"孔明方才饶了。华容道义释曹操，把关羽"全交重义"的特点发挥到极致，到了敌我不分的程度。

赤壁之战以后，刘备派关羽、张飞、赵云分别领兵南征，乘机攻占了武陵（今湖南常德）、长沙（今湖南长沙）、桂阳（今湖南郴州）、零陵（今湖南零陵）四郡。后来刘备又以"地少，不足以安民"为借口，从东吴掌控中借来了荆州（南郡所在地，今湖北江陵），从而在荆州站住了脚。刘备封关羽为荡寇将军、襄阳太守，让他率军驻守荆州。

建安十七年（212），曹操进攻割据汉中30余年的张鲁，益州（今四川成都）牧刘璋害怕曹操取得汉中后乘胜入蜀，派法正向刘备求助。刘备当然不会坐失良机。他留下诸葛亮、关羽守荆州，自己亲率步兵万余人入蜀。第二年，刘备在雒城（今四川广汉）受阻，写信给诸葛亮，让他带领张飞、赵云去增援，留关羽独镇荆州，全权管理荆州事务。刘备从葭萌还攻成都，刘璋投降，诸葛亮、张飞、赵云溯江而上，略定郡县，至建安十九年（214），刘备取得益州，正式任命关羽总督荆州事务。

关羽听说西凉马超来降，并被拜为平西将军，心中不服气，就写信给诸葛亮，询问马超可以与谁相比。诸葛亮知道关羽不甘屈居人下，就回信说，马超文武兼备，勇猛刚烈超过常人，是当代的杰出人物，与秦朝末年的英布、彭越相类，能与张翼德并驾齐驱、一争高下，但还赶不上美髯公您超群绝伦啊！看了诸葛亮的信，关羽大悦，把信拿给客人看。

关羽在过五关时，曾被荥阳太守韩福暗箭射中左臂，后来伤口虽然好了，但是每遇阴雨天气，骨头就常常疼痛。医生说，箭头上有毒，毒素已渗入骨头里，应割开左臂上的伤口，刮去骨头上的毒素，病痛才会消失。关羽便伸出左臂让医生把伤口割开。当时，关羽正和一些将领喝酒，胳膊上流的血将盘子都装满了，而关羽仍然割肉喝酒，像平常一样谈笑自若。

在刘备取得益州的第二年，孙权派诸葛亮之兄诸葛瑾为使者去向刘备索还荆州，刘备借口夺取凉州（今甘肃武威一带）后再还。孙权便派一批官吏去接收荆州南部的长沙、零陵、桂阳三郡。关羽坚决不让，带兵把孙权委派的官吏全部赶走。孙权大怒，马上派大将吕蒙率领两万兵马进攻三郡。吕蒙夺下长沙、桂阳两郡后，刘备急忙率五万大军南下公安（今湖北公安），派关羽带领三万兵马到益阳（今湖南益阳）去夺回那两个郡。孙权也亲自到陆口（今湖北嘉鱼西南陆水入长江处），派鲁肃带领一万兵马驻扎益阳，与关羽相拒。孙刘两军剑拔弩张，一触即发。

当初竭力促成孙刘两家联合的鲁肃，不愿看到两家失和，就邀请关羽谈判。

这次会谈，在《三国演义》第六十六回《关云长单刀赴会 伏皇向为国捐生》中有详细描述写：

"却说使者回报鲁肃，说云长慨然应允，来日准到。肃与吕蒙商议：'此来若何？'蒙曰：'彼带军马来，某与甘宁各人领一军伏于岸侧，放砲为号，准备厮杀；如无军来，只于庭后伏刀斧手五十人，就筵间杀之。'计会已定。

"次日，肃令人于岸口遥望。辰时后，见江面上一只船来，艄公水手只数人，一面红旗，风中招飐，显出一个大'关'字来。船渐近岸，见云长青巾绿袍，坐于船上；旁边周仓捧着大刀；八九个关西大汉，各挎腰刀一口。鲁肃惊疑，接入庭内。叙礼毕，入席饮酒，举杯相劝，不敢仰视。云长谈笑自若。

"酒至半酣，肃曰：'有一言诉于君侯，幸垂听焉：昔日令兄皇叔，使肃于吾主之前，保借荆州暂住，约于取川之后归还。今西川已得，而荆州未还，得毋失信乎？'云长曰：'此国家之事，筵间不必论之。'肃曰：'吾主只区区江东之地，而肯以荆州相借者，为念君侯等兵败远来，无以为资故也。今已得益州，则荆州自应见还；乃皇叔但肯先割三郡，而君侯又不从，恐于理上说不过去。'云长曰：'乌林之役，左将军亲冒矢石，戮力破敌，岂得徒劳而无尺土相资？今足下复来索地耶？'肃曰：'不然。君侯始与皇叔同败于长坂，计穷力竭，将欲远窜，吾主矜念皇叔身无处所，不爱土地，使有所托足，以图后功；而皇叔愆德隳好，已得西川，又占荆州，贪而背义，恐为天下所耻笑。惟君侯察之。'云长曰：'此皆吾兄之事，某非所宜与也。'肃曰：'某闻君侯与皇叔桃园结义，誓同生死。皇叔即君侯也，何得推托乎？'云长未及回答，周仓在阶下厉声言曰：'天下土地，惟有德者居之。岂独是汝东吴当有耶！'云长变色而起，夺周仓所捧大刀，立于庭中，目视周仓而叱曰：'此国家之事，汝何敢多言！可速去！'仓会意，先到岸口，把红旗一招。关平船如箭发，奔过江东来。云长右手提刀，左手挽住鲁肃，祥推醉曰：'公今请吾赴宴，莫提起荆州之事。吾今已醉，恐伤故旧之情。他日令人请公到荆州赴会，另作商议。'鲁肃魂不附体，被云长扯至江边。吕蒙、甘宁引本部军欲出，见云长手提大刀，亲握鲁肃，恐肃被伤，遂不敢动。云长到船边，却才放手，早立于船首，与鲁肃作别。肃如痴似呆，看关公船已乘风而去。后人有诗赞关公曰：

> 藐视吴臣若小儿，单刀赴会敢平欺。
> 当年一段英雄气，尤胜相如在渑池。

这段文字把关羽写得大义凛然、豪气冲天，为塑造关羽的英雄形象添上重重一笔。

但这件事，《关羽传》并不见录。相反，《鲁肃传》中却有这样的叙写："肃往益阳，与羽相拒，肃邀羽相见，各驻兵马百步上，但诸将军单刀俱会。"《鲁肃传》注引裴松之引《吴书》云："肃欲与羽会语，诸将疑恐有变，议不可往。肃曰：'今日之事，宜相开譬。刘备负国，是非未决，羽亦何敢重欲干命！'乃趋就羽。"似乎是鲁肃"单刀赴会"了！实则可能都只身赴会，不带兵马。罗贯中为了突出关羽的英雄形象而单写关羽。

孙权派使者诸葛瑾去和关羽联姻，要关羽把女儿关凤许配给自己的儿子孙登，以结秦晋之好，共同对抗曹操。关羽不仅不答应，反而把诸葛瑾辱骂一通，说："虎女安肯嫁犬子！不看汝弟（诸葛亮）之面，应斩汝首！再休多言。"诸葛瑾回去报告孙权，孙权因此对关羽怀恨在心。赤壁之战以后，据守荆州的关羽名为"襄阳太守"，而荆州的襄阳、樊城等重镇还控制在曹操手中。诸葛亮和刘备在《隆中对》中所筹划的跨据荆、益二州，待时机成熟时荆州军队直下宛（今河南南阳）、洛（今河南洛阳），完成统一大业的计策，因此关羽一直虎视襄、樊。

建安二十四年（219）五月，刘备在汉中大败曹兵，逼得曹操不得不退出汉中。于是，在手下文武官员拥戴下，刘备做了汉中王，并分封五虎将军，关羽为前将军，张飞为右将军，马超为左将军，赵云为右中将军，黄忠为后将军。（《华阳国志》）关羽看不起老将黄忠，刘备派费诗将敕令送给关羽，关羽看后火冒三丈，不肯接受印绶，怒气冲冲地说：张飞是我结拜兄弟，马超出自世代将门，赵云久随吾兄刘备，他们与我同列，还算说得过去。那黄忠是什么人？竟敢与我同列？我大丈夫决不与一个老兵同列！费诗只好劝关羽说：成就大业的人，所任用的不能只是一个方面的人才。过去萧何、曹参从一开始就辅佐汉高祖打天下，陈平、韩信是后来的，但韩信还是排在前边，没有听说萧何、曹参因此而埋怨。现在汉中王因一时之功，封黄忠为后将军。至于说到功劳大小，他哪能跟将军您比呢？况且汉中王与将军犹如一体，休戚与共，祸福同享，将军不应该计较官爵的高低，俸禄的多少。

同年六月，刘备取得汉中后，派孟达、刘封攻占汉中郡东部的房陵、上庸等地，势力又进一步扩张。曹操欲攻合肥，魏军大部调往淮南防守吴军。镇守荆州的关羽，抓住战机，留南郡，与襄阳、樊城隔汉水相对，互成掎角，是曹军抗拒刘备军队的战备要地。当时魏军将领曹仁常驻襄阳。曹操从汉中撤军到长安后，派平寇将军徐晃率军支援曹仁，屯于宛城（今河南南阳），又派左将军于禁、立义将军庞德，屯驻在樊城以后。

于禁在此次战役中犯下了致命错误，曹仁让他和庞德在樊城北驻扎，和城中互相呼应，他竟未考虑地势低洼的条件，便把所率的七支人马都带到这里驻扎。八月天气，连降十几天大雨，汉水暴涨，平地水深数丈，樊城被大水包围，成了一座孤城。关羽决定用水攻于禁，他下令赶制大小船只和木筏，并派人把水口处都堵住。雨越下越大，水越积越深，关羽下令扒开江堤，顿时洪水滔滔，汹涌而下，曹军军营被水淹没，于禁只得率少数将士避到高阜处。关羽乘战船猛攻，于禁欲退无路，被迫投降。庞德率一部兵士奋战，从早晨直到中午，箭尽矢绝，就短兵相接，白刃格斗。战士有的战死，有的投降。关羽加强了攻势，水继续上涨，土堤淹没。庞德想乘船撤回大营，但水势太大，船只颠覆，庞德落水，把着船木漂浮在水中，被关羽擒获。关羽爱惜庞德勇猛过人，原想劝降，但庞德宁死不降，遂被杀害。

关羽又乘胜猛攻樊城，城墙在洪水冲击下不断坍塌，随时可能被攻

关羽擒将图

陷。曹仁在城内与诸将歃血为盟，决心与城共存亡。关羽团团围住樊城，又派出一支兵马将曹操的将军吕常围困于襄阳。襄阳和樊城已成了两座孤城。这时曹操的荆州刺史胡修、南乡太守傅芳也投降了关羽，许都的豪强也纷纷投靠关羽。关羽声势一时"威震华夏"。

四、大意失荆州，败走麦城

襄、樊被围的消息传到许都，曹操大为震惊。最后，他采纳司马懿破坏孙、刘联盟，以坐收渔人之利的策略，一面下令叫镇守宛城的徐晃发兵去救樊城，一面派使者去见孙权，叫孙权进攻荆州。徐晃进至阳陵陂（樊城北），曹操派将军徐商、吕建传令，必须待后续援军会齐后方可再前进，徐晃佯筑长堑，表示要切断蜀军后路。蜀军害怕被围，烧营撤走，徐晃向蜀军逼近。

当初，诸葛亮在《隆中对》中指出："若跨有荆、益，保其岩阻，西和诸戎，南抚夷越，外结好孙权，内修政理；天下有变，则命一上将将荆州之军以向宛、洛。将军（刘备）身率益州之众出于秦川，百姓孰敢不箪食壶浆以迎将军者乎？诚如是，则霸业可成，汉室可兴矣。"（《三国志·蜀书·诸葛亮传》）意思是说，刘备在取得荆、益二州建立基业之后，一定要外结盟孙权，共抗曹操，然后才能北定中原，复兴汉室。可见，孙刘联盟是刘备北定中原的必备条件。然而，这联盟却因为几个原因产生了裂痕：

一、荆州所有权的问题。荆州位于长江中游，北据汉、沔，利尽南海，东连吴、会，西通巴、蜀，对孙、刘、曹三家都有重要意义。曹操曾想占据荆州，统一天下，但赤壁一战使他美梦成空。因为荆州据长江上游，对于居下游的孙氏集团非常重要，只要荆州在别人手里，自己则处于被动地位。赤壁之战后，迫不得已，暂借给刘备。刘备得益州后，却无归还荆州之意。

二、关羽自恃勇武，对孙氏集团始终倨傲不敬。鲁肃与他相会索要荆州时，他强词夺理，推三阻四，无归还之意，从孙、刘两家联合来看未必得当。孙权派诸葛瑾为自己的长子孙登求娶关羽的女儿关凤时，关羽不仅不允，反而辱骂使者，双方关系越闹越僵。

三、东吴内部对孙刘联盟的态度已发生变化。在东吴的臣子中，主张联刘抗曹的鲁肃已去世，而其他臣子，如代替鲁肃统兵的吕蒙平素骁勇善战，且有兼并蜀国的雄心，所以，他要求出兵对付关羽。他说："且羽君臣，矜其诈力，所在反复，不可以腹心待也。……不如取羽，全据长江，形势益张。"（《三国志·吴志·吕蒙传》）

所以，孙权欣然应允曹操的请求。他召回吕蒙共商夺取南郡的计划。吕蒙深知关羽无衅可击，就佯称病重，上书给孙权，要求回去养病。孙权公开发布命令，准许吕蒙回都城建业（今江苏南京）养病。吕蒙推荐陆逊接替自己。当时，陆逊年少还没有多大名气。关羽觉得陆逊不过是一介书生，便不把他放在眼里。于是下令从荆州抽调部分部队去增援襄、樊前线，打算趁徐晃的兵马还没有赶到，大水又未完全退去，先攻下樊城。关羽亲自督战，加紧攻城，而曹仁依旧坚守。关羽在襄樊前线的部队越来越多，粮草成了大问题。他责备麋芳和傅士仁的粮草运送跟不上，大怒说"还当治之"（《三国志·蜀书·关羽传》）。二人于是存有叛心。

陆逊把关羽人马的调动情况详细地报告给孙权，孙权觉得时机已成熟，便命吕蒙为大都督，发兵袭击关羽。这年十一月，吕蒙率军溯江而

上，迅速占领荆州。而骄傲轻敌的关羽，对吕蒙的袭击行动竟一无所知。

这时孙权送密信给曹操，表示即将派兵袭击关羽。曹操故意将此消息泄密出去，以坐收渔利。

僵持间曹操调来的徐晃军马已赶到，曹仁也从城中杀出，内外夹攻，关羽无法取胜。当关羽撤军而回时，孙权已到达江陵，派陆逊攻占夷陵（今湖北宜昌）、秭归（今湖北秭归）。在回军途中，关羽多次派人探听江陵情况。每次吕蒙都礼待来使，并让使者周游全城，访问蜀军家属，有病的给药治疗，饥寒者则赐给衣裳粮食。使者回到关羽军中，把这些情况一讲，蜀军军心涣散，斗志锐减，不少人还离营逃回江陵。关羽自知力孤，派人向驻守上庸的蜀军将领刘封、孟达求援，二人以上庸新定为由，拒绝支援。

不久，孙权亲自来到江陵，部署加紧对关羽的进攻。关羽不敢回夺江陵，只好带着残兵败将向西退守麦城（今湖北当阳东南），想在那里等候援兵。这时，陆逊乘胜西进，夺取了宜都。关羽看到麦城东、西、南三面全是吴兵，而援军又迟迟不到，难以回川。

十二月，孙权派人招降关羽。关羽假意表示愿降，暗中在麦城竖立旗帜、假人，欲乘机从北面逃往西川。关羽提出要吴兵退军十里，然后在南门相见。吕蒙果然退兵十里，等候关羽投降。吕蒙知道关羽兵少，料他要逃走必然走麦城北面的通西川小道，就事先派朱然带五千精兵埋伏在离麦城二十里的北边山坡上，吩咐他在关羽过来时不要交战，只在关羽兵马过去后再大喊追击。同时，还令潘璋带一千精兵埋伏在临沮（今湖北远安北）小路上。

关羽留周仓与王甫同守麦城，自己与关平、赵累带残兵二百余人突出北门，先后被朱然、潘璋截杀，一路且战且走，行至决石，两下是山，山边皆芦苇败草，树木丛杂。时已五更将尽，途中士卒大多失散，只剩下养子关平及贴身将士十余骑，顺着通向西川的小道，向临沮奔去。当他们走到漳乡（今湖北当阳东北），突然遭到东关偏将潘璋的截击。关羽的人马被四面包围。关羽寡不敌众，战马被吴兵埋伏的绊马索绊倒，自己也跌进

了陷坑之中，当即被潘璋部将马忠擒获。潘璋十分小心地将关羽和他的养子关平送到了吕蒙大营。吕蒙劝关羽投降，被关羽骂了一顿。孙权本想劝降关羽为自己效力，部下谋士认为不可，遂在临沮杀死关羽父子。关羽被杀后，孙权为了嫁祸于人，把关羽的头颅用木盒子装起来送给曹操，曹操将其礼葬于洛阳南，即今关林。后主刘禅景耀三年（260）追谥关羽为"壮缪侯"。

关羽的被杀本传语焉不详，本传裴松之注引《蜀记》曰："权遣将军击羽，获羽及子平。权欲活羽以敌刘、曹，左右曰：'狼子不可养，后必为害。曹公不即除之，自取大患，乃议徙郡。今岂可生！'乃斩之。"

裴松之认为这个材料不可信。其理由是："按《吴书》：孙权遣将潘璋逆断羽走路，羽至即斩，且临沮去江陵二三百里，岂容不时杀羽，方议其生死乎？又云'权欲活羽以敌曹、刘'，此之不然，可以绝智者之口。"

又引《吴历》曰："权欲送羽首于曹公，以诸侯礼葬其尸骸。"可见历史上实有其事。

明万历二十四年（1596）撰写的《重建关王冢庙记》云："洛阳县南门外离城十里，有关王大冢，内葬灵首，汉时有庙。及今，年久毁坏。"

关羽有三子一女，长子（一说为养子）关平与关羽一起被杀害；次子关兴，少有才名，深得诸葛亮器重，弱冠任侍中、中监军，数年后死去；三子关索，失落荆州后在鲍家庄养伤，诸葛亮南征孟获时才归军，做先锋；女儿关凤。

三国关云长这个将军，既看不起孙权，也看不起诸葛亮，直到麦城失败。（《江东兴回忆毛泽东与林彪反革命集团的斗争》，当代中国出版社2004年版，第160页）

关羽生前曾被曹操表封为"汉寿亭侯"。"汉寿"是地名，东汉设汉寿县，故城在今湖南常德市东六十里，今仍称汉寿县。所以"汉"不是汉朝的汉，"亭侯"是官爵名，汉代食禄于乡、亭的列侯。《后汉书·百官志五》："列侯……以赏有功，功大者食县，小者食乡、亭。"所以"亭侯"二字也不能拆开。

关羽作战骁勇异常，有"万人敌"之称。他与刘备、张飞桃园结义，终身恪守朋友义气，一生"随先主（刘备）周旋，不避艰险"，被曹操俘虏时"身在曹营心在汉"，被东吴俘虏后，慷慨就义。可以说他是我国古代"忠"、"义"、"勇"的化身。他死后不久，当地人便在其殉难处——玉泉山建庙奉祀。随着岁月的流逝，他的影响不断增长，从"人"变成了"神"，在民间被称为"关公"、"关爷"，甚至成了商人的保护神，旧时商会会馆都供奉关羽。他的忠勇仁义，更为后代统治者所称道。

北宋以后，历代统治者不断给关羽加封各种头衔，而且越捧越高。宋哲宗封他为"显烈王"，宋徽宗封其为"忠惠君"和"崇宁真君"，又加封"武安王"和"义勇武安王"；宋高宗封为"壮缪义勇王"；宋孝宗封为"英济王"；元文宗封为"显灵义勇武安英济王"；明神宗封为"三界伏魔大帝、神威远镇天尊关圣帝君"；清世祖封为"忠义神武关圣大帝"；清高宗封为"忠义神武灵佑关圣大帝"；清仁宗封为"忠义神武灵佑仁勇关圣大帝"；清宣宗封为"忠义神武灵佑仁勇威显关圣大帝"。

毛泽东对关羽的评价是一分为二的。1932年初，毛泽东在与程子华谈话时说："关羽出身下层社会，是刘备的心腹之臣，随其周旋，不避艰险，死后被尊为武圣人。到处修建有关帝庙。他的弱点是自负凌人，以及发展到上当受骗，大意失荆州。"

1941年1月，国民党反动派发动了围歼"新四军"的皖南事变。事变之后，在如何对待蒋介石和国民党反动派的问题上，党内产生了不同的意见。有的同志主张从政治上、军事上立即全面反击。毛泽东说："皖南新四军军部被歼——这是蒋介石杀我们的一刀，这一刀杀得很深。许多人看了这种情形，都非常气愤，就以为抗日没有希望了，国民党都是坏人，都

应该反对。我们必须指出，气愤是完全正当的，哪有看到这种严重情况而不气愤的呢？但是抗日仍然是有希望的，国民党里面也不都是坏人。对于各部分的国民党人，应该采取不同的政策。"

毛泽东又说："三国时期，荆州失守，蜀军进攻东吴，被东吴将领陆逊火烧连营七百里，打得大败，其原因就在于刘备没有区分与处理好主要矛盾与次要矛盾的关系，在谋略中没有抓住主要矛盾。诸葛亮在《隆中对》中所规定的战略方针是'东联孙吴，北拒曹操'。曹刘是主要矛盾，孙刘是次要矛盾，孙刘的矛盾是统一战线内部的矛盾。所以当孙权数次讨荆州时，诸葛亮总是一再推诿软磨，而不是硬抗，直到最后才让出荆州的部分地方。刘备不了解这一点，派了根本不执行'联吴为根本，争夺荆州要有理有节'方针的关羽去驻守荆州。关羽这个人虽然斩华雄，诛颜良、文丑，过五关斩六将，擒庞德，威震华夏，但孤傲自大。刘备封关、张、赵、马、黄五虎大将时，关羽怒曰：'翼德吾弟也；孟

关羽的弱点是自负凌人，以及发展到上当受骗，大意失荆州。

——1932年初，毛泽东在与程子华谈话

关羽这个人虽然斩华雄，诛颜良、文丑，过五关斩六将，擒庞德，威震华夏，但孤傲自大。

——1941年毛泽东评论皖南事变

洛阳关林

关帝庙

起世代名家；子龙久随吾兄，即吾弟也，位与吾相并，可也。黄忠何等人，敢与吾同列？大丈夫终不与老卒为伍！'当孙权派诸葛瑾为儿子向关羽女儿求婚，以结秦晋之好、共伐曹操时，关羽却勃然大怒，说：'吾虎女安肯嫁犬子乎！不看汝弟（诸葛亮）之面，立斩汝首！再休多言。'诸葛瑾抱头鼠窜而去。孙权攻占了荆州，孙刘联盟瓦解。刘备见关羽被杀，荆州丢失，遂起兵攻打东吴，众臣苦谏都不听，实是因小失大。正如赵云曰：'国贼是曹操非孙权也，且先灭魏，吴自宾服。'诸葛亮也上表谏止说：'臣亮等窃以吴贼逞奸诡之计，致荆州有覆亡之祸；陨将星于斗牛，折天柱于楚地，此情哀痛，诚不可忘。但念迁汉鼎者，罪由曹操；移汉祚者，过非孙权。窃谓魏贼若除，则吴自宾服。愿陛下纳秦宓金石之言，以养士卒之力，别作良图。则社稷幸甚！天下幸甚！'可是刘备看完后，把表掷于地上，说：'朕意已决，无得再谏。'决意起大军东征，最终导致兵败身亡。"

毛泽东由此总结刘备的失败："其原因在于刘备没有区分与处理好主要矛盾与次要矛盾的关系，在谋略中没有抓住主要矛盾。""曹刘是主要矛盾，孙刘是次要矛盾。孙刘的矛盾是统一战线内部的矛盾。"所以，毛泽东认为，只有

毛泽东看八·大·名·将

"抓住主要矛盾，分清主次与轻重缓急，先曹后孙是大局为重的上策"。毛泽东通过分析《三国演义》这段刘备兵败身亡的历史故事来给大家以启示，很快统一了全党同志对皖南事变的认识。

（《党史文汇》1994年第9期）

1948年5月，毛泽东在西柏坡有次和警卫员谈话，又谈到了关羽的缺点。他说：当初诸葛亮留守荆州，刘备调诸葛亮入川，诸葛亮不该留下关羽守荆州。让关羽守荆州一着错误呢！又说：关羽骄傲呢！关羽从思想上看不起东吴，不能认真贯彻执行诸葛亮"联吴抗曹"的战略方针，这就从根本上否定了诸葛亮的战略意图，结果失掉了根据地，丢了荆州，自己也被东吴杀了。

毛泽东经常以关羽为例，提醒干部，特别是高级干部要谦虚，不要骄傲。1950年2月，在中国军事顾问团赴越南前夕，毛泽东与团长韦国清说了一段话：我们的胜利，人家是知道的，不用自己去表示。对待人家的缺点错误，少讲"过五关斩六将"。

1971年9月，毛泽东和浙江省负责人南萍等就九届二中全会的问题，又谈起了关羽：不要带了几个兵就翘尾巴，就不得了啦。打掉一条军舰就翘尾巴，我不赞成，有什么了不起。三国关云长这个将军，既看不起孙权，也看不起诸葛亮，直到麦城失败。

关羽骄傲呢！
——1945年毛泽东与警卫员谈话

我们的胜利。人家是知道的，不用自己去表示。对待人家的缺点错误，少讲"过五关斩六将"。
——1950年，毛泽东以关羽为例教育高级干部要谦虚，不要骄傲

孙膑 司马懿

周瑜 吕蒙 韦睿

关羽 岳飞 张飞

『万人之敌』的猛将张飞

一、"张飞是涿郡富有家资的土地主"

毛泽东对张飞评价甚高，首先称赞他勇猛善战，武艺高强，"百万军中取上将首级，如探囊取物"。他对张飞的评论是根据正史《三国志·蜀书·张飞传》等和罗贯中的"七实三虚"的三国历史小说《三国演义》进行的。故本文论述中也兼采二者。

张飞（？—221），字翼德，涿郡（今河北涿州）人。其父、祖均不详，只知其妻夏侯氏，是夏侯霸从妹（本家妹妹，即堂妹）。建安五年（200），夏侯氏14岁，"在本郡出行樵采（打柴）时，为张飞所得。飞知其良家女，遂以为妻"。夏侯霸生平未详。后夏侯渊在定军山战死，夏侯氏请求安葬夏侯渊。

张　飞

夏侯渊（？—219），字妙才，沛国谯（今安徽亳州）人。曹操起兵，以别部司马、骑都尉从。为人有将略，常出敌之不意，故所向有功。其平氐羌，威望尤著，拜征西将军。与蜀相拒于阳平关，被蜀老将黄忠所杀。夏侯渊是夏侯惇之弟。夏侯惇（？—220），字元让。汉末随曹操起兵，领东郡太守。后从征吕布、袁绍，领陈留、济阴太守，曾下令断太寿水作陂救旱。转领河南尹。曹丕为魏王，任为太将军，数月病死。

《三国志·魏书·武帝纪》裴松之注：吴人作《曹瞒传》及郭颁《世语》并云："嵩，夏侯氏之子，夏侯惇之叔父。太祖（即曹操）于惇为从父兄弟。"曹操与夏侯惇、夏侯渊是从兄弟，是夏侯霸的堂叔，所以在夏侯渊战死后，曾经被夏侯渊收养过的夏侯氏才请求安葬他，以报养育之恩（史载夏侯渊饥年时曾为养活弟弟留下的孤女而放弃自己年幼的儿子，极有可能即是此女）。这样看来，夏侯氏与曹操同乡同族，是曹操的堂侄女。那么，张飞就是曹操的堂侄女婿。夏侯氏为张飞生二子（张苞、张绍）二女，二女皆为后主刘禅皇后（敬哀皇后、张皇后）。

张飞初识刘备、关羽，是在东汉末年黄巾起义军打到幽州，幽州太守刘焉听从校尉邹靖的建议，发榜招军时。《三国志》未载，《三国演义》第一回《宴桃园豪杰三结义　斩黄巾英雄首立功》是这样叙写的：

"（刘备）当日见了榜文，慨然长叹。随后一人厉声言曰：'大丈夫不与国家出力，何故长叹？'玄德回视其人：身长八尺，豹头环眼，燕颔虎须，声若巨雷，势如奔马。玄德见他形貌异常，问其姓名。其人曰：'某姓张，名飞，字翼德。世居涿郡，颇有庄田，卖酒屠猪，专好结交天下豪杰。恰才见公看榜而叹，故此相问。'玄德曰：'我本汉室宗亲，姓刘，名备。今闻黄巾倡乱，有志欲破贼安民；恨力不能，故长叹耳。'飞曰：'吾颇有资财，当招募乡勇，与公同举大事，如何？'玄德甚喜，遂与同入村店中饮酒。

"正饮间，见一大汉，推着一辆车子，到店门首歇了；入店坐下，便唤酒保：'快斟酒来吃，我待赶入城去投军。'玄德看其人：身长九尺，髯长二尺；面如重枣，唇若涂脂；丹凤眼，卧蚕眉；相貌堂堂，威风凛凛。玄德就邀他同坐，叩其姓名。其人曰：'吾姓关，名羽，字长生，后改云长，河东解良人也。因本处势豪，倚势凌人，被吾杀了；逃难江湖，五六年矣。今闻此处招军破贼，特来应募。'玄德遂以己志告之。云长大喜。同到张飞庄上，共议大事。

"飞曰：'吾庄后有一桃园，花开正盛；明日当于园中祭告天地，我三人结为兄弟，协力同心，然后可图大事。'玄德、云长齐声应曰：'如

毛泽东看八·大·名·将

此甚好。'次日，于桃园中，备下乌牛白马祭礼等项，三人焚香再拜而说誓曰：'念刘备、关羽、张飞，虽然异姓，既结为兄弟，则同心协力，救困扶危；上报国家，下安黎庶；不求同年同月同日生，只愿同年同月同日死。皇天后土，实鉴此心。背义忘恩，天人共戮！'誓毕，拜玄德为兄，关羽次之，张飞为弟。祭罢天地，复宰牛设酒，聚乡中勇士，得三百余人，就桃园中痛饮一醉。

"来日收拾军器，但恨无马匹可乘。正思虑间，人报有两个客人，引一伙伴，赶一群马，投庄上来。玄德曰：'此天佑我也！'三人出庄迎接。原来二客乃中山大商：一名张世平，一名苏双，每年往北贩马，近因寇发而回。玄德请二人进庄，置酒款待，诉说欲讨贼安民之意。二客大喜，愿将良马五十匹相送；又赠金银五百两，镔铁一千斤，以资器用。玄德谢别二客，便命良匠打造双股剑。云长造青龙偃月刀，又名'冷艳锯'，重八十二斤。张飞造丈八点钢矛。各置全身铠甲。共聚乡勇五百余人，来见邹靖。邹靖引见太守刘焉。三人参拜毕，各通姓名。玄德说起宗派，刘焉大喜，遂认玄德为侄。"

这就是在中国历史上传为美谈的"桃园三结义"：刘、关、张三人，杀牛宰马，祭告天地，"不求同年同月同日生，只愿同年同月同日死"，同心协力，誓同生死。后来在几十年的征战中，他们实践了自己的诺言。后遂为结拜兄弟，共同谋事的典范。太平天国《天地会诗歌选·桃园结义刘关张》之一："天下英雄居第一，桃园结义刘、关、张。"《水浒传》中的农民起义英雄，"路见不平，拔刀相助"，"该出手时就出手"；现代农民英雄朱老忠，"为朋友两肋插刀"（《红旗谱》），都是凭的这种"义"气。所谓"义"，是符合正义或道德的规范。《论语·述而》："不义而富且贵，于我如浮云。"义气是一种为情谊而甘愿替别人承担风险或作自我牺牲的气度。《水浒传》第五十一回《插翅虎枷打白秀英 美髯公误失小衙内》中，朱同对吴用说："雷横兄弟，他犯了该死的罪，我因义气放了他，他出头不得，上山入伙，我为他配在这里。"可见古人对义气的重视。

张飞不仅与刘备、关羽结为誓同生死的兄弟关系，而且倾家荡产，为刘备招兵买马，组织了一支五百人的武装队伍，使刘备争霸天下有了小小的本钱。张飞在刘备的事业起步之时作出了不可磨灭的贡献。1957年，毛泽东在中共八大二次会议上说："张飞是涿郡（今河北涿州）富有家资的土地主，好慕风雅。"

二、"张飞张翼德于百万军中取上将之首，如探囊取物"

按照《三国演义》的描写，张飞是个"燕额虎须，豹头环眼"的彪形大汉，戏曲中更是花脸扮装。但根据现在的最新调查，特别是四川一带出土的文物显示，张飞很可能是个面如美玉、神采飞扬的美男子。比如一些三国时期雕像中的张飞竟然连一根胡子都没有，而且面如满月，神态温柔，与戏曲、小说中张飞的形象迥然不同。而且历史上的张飞，也算是河北一个小小的名流，又是书画家，有很高的文化修养，生养的两个女儿均为蜀后主刘禅皇后，相貌一定出众。

张飞用的武器是丈八蛇矛。矛是我国古代的主要兵器，在长柄上装上矛头，用来刺杀。殷周时矛头用青铜制成，至汉代盛行铁矛。丈八蛇矛，又名丈八点钢矛，用镔铁点钢打造，杆如杖长一丈，矛尖长八寸，刃开双锋，作游蛇状，故名。刘熙《释名·释兵》："矛长丈八曰稍，马上所持，言其稍稍便杀也；又曰激矛，激截也，可以激截敌阵之矛也。"《晋书·刘

张飞故里

张飞是涿郡（今河北涿州）富有家资的土地主，好慕风雅。

——毛泽东1957年讲于中共八大二次会议

看
八·大·名·将

172

曜载记》："（陈）安左手奋七尺大刀，右手执丈八蛇矛，近交则刀矛俱发。"唐·李白《送外甥郑贯从军》之二："丈八蛇矛出陇西，弯弧拂箭白猿啼。"所以，丈八蛇矛是一种好生了得的武器。

张飞是一员猛将，《三国志》作者陈寿评价说："关羽、张飞皆称万人之敌，为世虎臣"；曹操的谋士郭嘉、程昱称赞关羽、张飞"勇冠三军"；东吴大都督周瑜也称关羽、张飞为"熊虎之将"。所以关羽、张飞在当时或后世都成了勇猛善战的代名词。例如《晋书·刘遐传》："晋刘遐每击贼，陷坚摧锋，冀方比之关羽、张飞。"又《魏书·崔延柏传》："崔公，古之关、张也。"但平心而论，无论是正史或小说中关羽的武艺远不如张飞，关羽列为五虎大将之首，多半因为他是刘、关、张三结义中的老二，张飞只是老三；再一个原因是关羽乘坐的马快，所以和人交战时，总是手起刀落，一刀挥为两段，战斗就取胜了。

汉灵帝刘宏中平元年（184），东汉末年席卷全国的黄巾起义爆发，刘备、关羽、张飞带着在张飞故乡组织起的那支义军，参与了扑灭黄巾军的战争。他们在黄巾军将领程远志统兵五万来犯涿郡时，奉命出击。"当下两军相对，玄德出马，左有云长，右有翼德，扬鞭大骂：'反国逆贼，何不早降！'程远志大怒，遣副将邓茂出战。张飞挺丈八蛇矛直出，手起处，刺中邓茂心窝，翻身落马。程远志见折了邓茂，拍马舞刀，直取张飞。云长舞动大刀，纵马飞迎。程远志见了，早吃一惊，措手不置，被云长刀起处，挥为两段。后人有诗赞二人曰：'英雄露颖在今朝，一试矛兮一试刀。初出便将威力展，三分好把姓名标'。"

这次初战，张飞已崭露头角。张飞是力战，关羽是巧取，二人战法不同。刘、关、张三人率领兵马，帮助刘焉、卢植、公孙瓒、皇甫嵩等抵抗黄巾军，屡立战功，却得不到升赏，只捞到一个定州中山府安喜县尉的小官，刘备只得遣散部队，只带亲随二十余人赴任。适逢督邮至县，刘备出城迎接。到县衙后，督邮南面高坐，刘备侍立阶下。督邮问刘备是何出身，刘备回答说："备乃中山靖王之后；自涿郡剿戮黄巾，大小三十余战，颇有微功，因得除今职。"督邮大喝道："汝诈称皇亲，虚报功绩！

目今朝廷降诏，正要沙汰这等滥官污吏！"刘备诺诺连声而退。

次日，督邮先提县吏去，勒令指称县尉刘备害人。得知这一消息后，"张飞大怒，圆睁环眼，咬碎钢牙，滚鞍下马，径入馆驿，把门人那里阻挡得住，直奔后堂，见督邮正坐厅上，将县吏绑倒在地。飞大喝：'害民贼！认得我么？'督邮未及开言，早被张飞揪住头发，扯出馆驿，直到县前马桩上缚住；攀下柳条，去督邮两腿上着力鞭打，一连打折柳条十数枝。"后刘备得知，放了督邮，挂印而去。

刘备径奔昔日同窗、北平太守公孙瓒，被封为平原相，关羽、张飞任别部司马，分别统率部队。当时董卓占据东都洛阳，挟持皇帝，专擅朝政，天下十八路诸侯公推渤海太守袁绍为盟主，共讨董卓。公孙瓒率刘、关、张参加了这一正义行动。

俗话说，棋逢对手，将遇良才。张飞遇到的第一个对手是吕布。

吕布（？—198），字奉先，东汉末五原郡九原（今内蒙古包头西南）人。"布便弓马，膂力过人，号为飞将"。吕布勇猛异常，但不讲信用，是个反复无常的家伙。初从并州刺史丁原，继杀丁原归董卓，又与王允合谋杀卓。后任奋威将军，封温侯。吕布先后为丁原、董卓、王允义子，所以张飞骂他"三姓家奴"。

吕布当时是董卓义子，随董卓率军抵抗十八路诸侯联军。董卓领兵15万，驻守虎牢关（今河南荥阳氾水镇西），吕布等率兵三万在关前驻扎。联军派王匡、乔瑁、包信等八路诸侯迎敌。吕布率先出阵："头戴三叉束发紫金冠，体挂西川红锦百花袍，身披兽面吞头连环铠，腰系勒甲玲珑狮蛮带；弓箭随身，手持画戟，坐下嘶风赤兔马。果然是'人中吕布，马中赤兔'！"河内名将方悦首战吕布，"两马相交，无五合，被吕布一戟刺于马下"，退兵三十里，吕布穷追不舍；第二个出战的是上党太守张扬部将穆衡，"被吕布手起一戟，刺于马下"；第三个出战的是北海太守孔融部将武安国，"战到十余合，一戟砍断安国手腕，弃锤于地而走"。众诸侯回寨商议应敌之策。

"正议间，吕布复引兵搦战。八路诸侯齐出。公孙瓒挥槊亲战吕布。

战不数合，瓒败走。吕布纵赤兔马赶来。那马日行千里，飞走如风。看看赶上，布举画戟望瓒后心便刺。旁边一将，圆睁环眼，倒竖虎须，挺丈八蛇矛，飞马大叫：'三姓家奴休走！燕人张飞在此！'吕布见了，弃了公孙瓒，便战张飞。飞抖擞精神，酣战吕布。连斗五十余合，不分胜负。云长见了，把马一拍，舞八十二斤青龙偃月刀，来夹攻吕布。三匹马丁字儿厮杀，战到三十合，战不倒吕布。刘玄德掣双股剑，骤黄骠马，斜刺里也来助战。这三个围住吕布，转灯儿般厮杀。八路人马，都看得呆了。吕布架隔遮拦不定，看着玄德面上，虚刺一戟，玄德急闪。吕布荡开阵角，倒抱画戟，飞马便回。三个哪里肯舍，拍马赶来。八路军兵，喊声大震，一齐掩杀。吕布军马望关上奔走；玄德、关、张随后赶来。"这便是"虎牢关三英战吕布"。说是三英，实则主要是张飞，他首先出手，和吕布大战八十个回合；关羽是助战，和张飞一起共战吕布三十回合；刘备只是添乱，让吕布找到弱点逃跑了。这是张飞与吕布的第一次交战。

张飞与吕布还有第二次交手。汉献帝刘协建安元年（196），刘备从徐州太守陶谦手中接管徐州，占据淮南的袁术与吕布结成儿女亲家，联合起来攻打刘备，争夺徐州。刘备派张飞守下邳（今江苏睢宁县西北古邳镇东），自己则驻兵盱眙（今江苏盱眙），准备抵抗袁术。双方相持了一个多月，互有胜负。下邳相曹豹是陶谦的旧部、吕布的岳父，与张飞不和，被张飞杀死，于是城中人人自危，十分混乱。当时袁术给吕布写信，劝他乘机袭取下邳，答应事成后，资助吕布粮草。吕布很高兴，率军而至。刘备中郎将许耽开门投降，张飞败走。吕布俘刘备妻小和诸将家属。由于形势所迫，刘备、张飞只好暂时依附吕布，驻军小沛。吕布归还刘备妻小和诸将家属。

此后，刘备在小沛招兵买马，扩大队伍。有一次，张飞诈装山贼，将吕布派人在山东买的300匹好马劫去一半。吕布听了大怒，随即点兵来小沛斗张飞。两军对阵处，"张飞挺枪出马曰：'是我夺了你好马，你今待怎么？'布骂曰：'环眼贼，你累次藐视我！'飞曰：'我夺你马你便恼，你夺我哥哥的徐州便不说了！'布挺戟出马来战张飞，飞亦挺枪来迎。

两个酣战一百余合，未见胜负。玄德恐有疏失，急鸣金收军入城。吕布分军四面围定。"这是张飞二战吕布，两人打了一百余回合，不分胜负。可见二人武艺之高强。之后，刘备只得携关羽、张飞投奔曹操，并与曹操联合，攻灭吕布。这是汉献帝刘协建安二年（197）六月的事。

刘备跟着曹操攻灭了吕布回到许都，曹操表荐张飞为中郎将。后来刘备摆脱曹操的控制，先后依附河北袁绍、荆州牧刘表。屯兵于新野（今河南新野）期间，刘备到南阳卧龙岗（一说湖北襄樊古隆中）三顾茅庐，请诸葛亮出山相助，制定了夺取荆、益二州，东联孙吴，北抗曹操的方略，形势大为改观。

曹操取得"官渡之战"的胜利，消灭了袁绍的势力，初步平定了北方之后，挥师南下荆州。此时刘表病死，幼子刘琮继位，投降了曹操。刘备弃新野携"军民十余万，大小车数千辆，挑担背包者不计其数"，"日行十余里"南逃，张飞带二三十骑兵拒后，发生了"张翼德大闹长坂桥"的故事：

"却说文聘引军追赵云至长坂桥，只见张飞倒竖虎须，圆睁环眼，手绰蛇矛，立马桥上；又见桥东树林之后，尘头大起，疑有伏兵，便勒住马，不敢近前。俄而，曹仁、李典、夏侯惇、夏侯渊、乐进、张辽、张郃、许褚等都至。见飞怒目横矛，立马于桥上，又恐是诸葛孔明之计，都不敢近前。扎住阵脚，一字儿摆在桥西，使人飞报曹操。操闻知，急上马，从阵后来。张飞睁圆环眼，隐隐见后军青罗伞盖、旄钺旌旗来到，料得是曹操心疑，亲自来看。飞乃厉声大喝曰：'我乃燕人张翼德也！谁敢与我决一死战？'声如巨雷。曹军闻之，尽皆股栗。曹操急令去其伞盖，回顾左右曰：'我向曾闻云长言：翼德于百万军中，取上将之首，如探囊取物。今日相逢，不可轻敌。'言未已，张飞睁目又喝曰：'燕人张翼德在此！谁敢来决一死战？'曹操见张飞如此气概，颇有退心。飞望见曹操后军阵脚移动，乃挺矛又喝曰：'战又不战，退又不退，却是何故！'喊声未绝，曹操身边夏侯杰惊得肝胆碎裂，倒撞于马下。操便回马而走。于是诸军众将一齐望西奔走。正是：黄口孺子，怎闻霹雳之声；病体樵夫，难听虎豹之吼。一时弃枪落盔者，不计其数，人如潮涌，马似山崩，自相践踏。后人有诗赞曰：长坂桥头杀气生，横枪立马眼圆睁。一声好似轰雷震，独退曹家百万兵。"

这是对张飞的勇猛浓墨重彩地刻画，成功塑造了张飞英勇善战的猛将形象。

在《关羽传》中，诸葛亮还将张飞与同列为五虎上将的马超相提并论。他说："孟起兼资文武，雄烈过人，一世之杰，黥、彭之徒，当与益德并驱争先。"

孟起，马超的字。马超（176—222），三国右扶风茂陵（今陕西兴平东北）人，出身于凉州豪强家庭。东汉末随其父马腾起兵，后领腾部属。建安十六年（211）攻曹操，在潼关被曹操打败，还据凉州。后为杨阜等驱逐，率兵赴汉中依附张鲁，继而归刘备。蜀汉建立后任骠骑将军。

诸葛亮说他是"黥、彭之徒"。黥，即黥布，又名英布（？—前195），六安（今安徽六安）人，汉初诸侯王。曾犯法被黥面（脸上刺字），流放到骊山，故称黥布。秦末率骊山刑徒起义，属项羽，作战常为先锋，封九江王。楚汉战争中归汉，封淮南王，从刘邦攻灭项羽于垓下（今安徽灵璧南）。汉初成为地方割据势力，后举兵发动叛乱，战败被杀。彭，即彭越（？—前196），字仲，昌邑（今山东金乡西北）人，汉初诸侯王。本为渔民，常在巨野泽中打鱼，秦末聚众起兵。楚汉战争中，将兵三万归附刘邦，略定梁地（今河南东南部），屡断项羽粮道。不久，率兵从刘邦，击灭项羽于垓下。汉朝建立，封梁王，成为地方割据势力。后因阴谋发动叛乱，被刘邦杀死。黥、彭都是楚汉战争中的猛将，特别是垓下之战中，与韩信一起是攻灭项羽的主要力量。所以诸葛亮说马超是他们一流人。

马超"生得面如傅粉，唇若抹朱，腰细膀宽，声雄力猛，白袍银甲，手执长枪"，但却勇猛异常。《三国演义》第五十九回《许褚裸衣斗马超曹操抹书间韩遂》中描写道：

"……超挺枪纵马，立于阵前，高叫：'虎痴快出！'曹操在门旗下回顾众将曰：'马超不减吕布之勇！'言未绝，许褚拍马舞刀而出。马超挺枪接战。斗了一百余合，胜负不分。马匹困乏，各回军中，换了马匹，又出阵前。又斗一百余合，不分胜负。许褚性起，飞回阵中，卸了盔甲，浑身筋突，赤体提刀，翻身上马，来与马超决战。两军大骇。两个又斗三十余合，褚奋威举刀便砍马超。超闪过，一枪望褚心窝刺来。褚弃刀将枪挟住。两个在马上夺枪。许褚力大，一声响，拗断枪杆，各拿半截在马上乱打。操恐褚有失，遂令夏侯渊、曹洪两将齐出夹攻。庞德、马岱见操将齐出，麾两翼铁骑，横冲直撞，混杀将来。操兵大乱。许褚臂中两箭。诸将慌退入寨。马超直杀到壕边，操兵折伤大半。操令坚闭休出。马超回至渭口，谓韩遂曰：'吾见恶战者莫如许褚，真"虎痴"也'！"

这场恶战，两人打了二百三十余回合，不分胜负，创造了战斗的纪录。从这个恶战片断，可见马超之勇猛，而诸葛亮认为"当与益德并驱争先"，意谓张飞、马超是不分高下的猛将。

毛泽东喜欢把自己手下的猛将比喻为张飞，以示对他们的赞许。1947年，在陕北战场围歼国民党军长刘勘时，彭德怀将军于战役打响前，曾打电报给毛泽东："刘勘这个龟儿子，主席要活的还是要死的？"毛泽东在电话里笑道："《三国演义》里说，张飞张翼德于百万军中取上将之首，如探囊取物。"彭德怀说："主席，我立军令状。"此战果然击毙了刘勘。所以，后来彭德怀说："张飞这个绰号是主席取的。"（李锐

"张飞张翼德于百万军中取上将之首，如探囊取物。"（李锐：《庐山会议实录》）

《庐山会议实录》)

1947年6月，毛泽东在陕北调陈（赓）谢（富治）兵团回师，摆在黄河两岸，东扼阎锡山，西拒胡宗南，他对陈赓说：你做个当阳桥上的猛张飞吧！

三、张飞"粗中有细"

如果一个人性格、行为等粗野鲁莽，那便是粗鲁。元·尚仲贤《单鞭夺槊》第一折："量尉迟恭只是一个粗鲁之夫，在美良川多有唐突，乞元帅勿罪。"《水浒传》第三回《史大郎夜走华阴县 鲁提辖拳打镇关西》经略寻思道："这鲁达虽好武艺，只是性格粗卤（鲁）。"张飞与尉迟恭、鲁智深（达）正是同一类型的猛将，性格粗鲁，但同时又都是"粗中有细"。即粗鲁之中包含有精细：表面似乎粗鲁，实际却很细致；平时比较粗鲁，有时却很精细。张飞胆略过人，英雄盖世，也是一个粗鲁型人物，但他又粗中有细，攻巴州义释严颜，便是其突出表现之一。

建安十三年（208），赤壁之战之后，曹操退回北方，孙权地位更加巩固，刘备据有荆州大部分地区，不久又攻取益州（治今四川成都），形成了魏、蜀、吴三足鼎立局面。张飞被任命为宜都（今湖北宜都）太守、征虏将军，封新亭侯，后调任南郡（治今湖北江陵）。

刘备进入益州北境，并回头攻打在成都的刘璋，包围雒城（今四川广汉北）。建安十八年（213），刘备围攻雒城一年未克，进军涪关（今四川涪陵），至落凤坡，副军师庞统被西川守将箭射身亡。刘备让法正写信劝刘璋投降，刘璋置之不理。十九年（214），刘备差关平携书急调诸葛亮、张飞、赵云入川增援，留下关羽等固守荆州。兵分两路：一路由张飞领兵一万，取大路杀奔巴州（今四川巴中）、雒城（今四川广汉北）之西；另一路由诸葛亮率领，以赵云为先锋，溯江而上，分别平定了各郡县。张飞在江州打败并活捉了刘璋的部将严颜。张飞斥责严颜说：我们大军已到，你为什么不投降而竟敢抵抗？严颜说：你们无礼侵夺我们的州郡，我们益州只有断头将军，没有投降将军。张飞非常生气，就下令要将他的头砍下，严颜面不改色地说：砍头就砍头，你发什么怒呢？张飞很钦佩他的勇敢，便放了他并引荐他做了宾客。在严颜的引领下，张飞率军所到之处，都取得了胜利，到成都与刘备会合。益州平定后，刘备赐给诸葛亮、法正、张飞和关羽黄金各500斤、白银1000斤、铜钱5000万、蜀锦1000匹，任命张飞兼任巴西太守。其余颁赐多少不等。

关于张飞擒严颜的故事在《三国志》与《三国演义》中均有记载。据《三国志·蜀志·张飞传》裴松之注引《华阳国志》曰："初，先主（刘备）入蜀，至巴郡，颜拊心叹曰：'此所谓独坐穷山，放虎自卫也！'"可见严颜对请刘备入川早有警惕，预做了准备。《三国演义》第六十三回《诸葛亮痛哭庞统　张翼德义释严颜》中记载道：严颜只是"深沟高垒，坚守不出"。张飞派一军士劝降，被严颜割下一只耳朵放回，更激怒了张飞。第一天，张飞率军到城下搦战，几次冲到吊桥，"被乱箭射回"；第二日，张飞又引军去搦战，"那严颜在城敌楼上，一箭射中张飞头盔"；第三日，张飞引军绕城"又骂了一日，依旧空回"。

"张飞在寨中，自思：终日叫骂，彼只不出，如之奈何？"猛然思得一计，教众军不要前去搦战，都结束了在寨中等候；却只教三五十个军士，直去城下叫骂，引严颜军出来，便与厮杀。张飞摩拳擦掌，只等敌军来。小军连骂了三日，全然不出。张飞眉头一纵，又生一计，传令教军士四散砍打柴草，寻觅路径，不来搦战。严颜在城中，连日不见张飞动静，心中疑惑，着十数个小军，扮作张飞砍柴的军士，潜地出城，杂在军内，入山中探听。

"当日诸军回寨。张飞坐在寨中，顿足大骂：'严颜老匹夫！枉气杀我！'只见帐前三四个人说道：'将军不须心焦：这几日打探得一条小路，可以偷过巴郡。'张飞故意大叫道：'既有这个去处，何不早来说？'众应曰：'这几日却才哨探得出。'张飞曰：'事不宜迟，只今二更造饭，趁三更月明，拔寨都起，人衔枚，马去铃，悄悄而行。我自前面开路，汝等依次而行。'传了令便满寨告报。

"探细的军听得这个消息，尽回城中来，报与严颜。颜大喜曰：'我

算定这匹夫忍耐不得！你偷小路过去，须是粮草辎重在后；我截住后路，你如何得过？好无谋匹夫，中我之计！’即时传令，教军士准备赴敌：‘今夜二更也造饭，三更出城，伏于树木丛杂去处。只等张飞过咽喉小路去了，车仗来了，只听鼓响，一齐杀出。’传了号令，看看近夜，严颜全军尽皆饱食，披挂停当，悄悄出城，四散伏住，只听鼓响；严颜自引十数裨将，下马伏于林中。

"约三更后，遥见张飞亲自在前，横矛纵马，悄悄引军前进。去不得三四里，背后车仗人马，陆续进发。严颜看得分晓，一齐擂鼓，四下伏兵尽起。正来抢夺车仗，背后一声锣响，一彪军掩到，大喝：‘老贼休走！我等的你恰好！’严颜回头看时，为首一员大将，豹头环眼，燕颔虎须，使丈八矛，骑深乌马：乃是张飞。四下里锣声大震，众军杀来。严颜见了张飞，举手无措，交马战不十合，张飞卖个破绽，严颜一刀砍来，张飞闪过，撞将入去，扯住严颜勒甲绦，生擒过来，掷于地下；众军向前，用索绑缚住了。原来先过去的是假张飞。料到严颜击鼓为号，张飞却教鸣金为号：金响诸军到齐。川兵大半弃甲倒戈而降。

"张飞杀到巴郡城下，后军已自入城。张飞叫休杀百姓，出榜安民。群刀手把严颜推至。飞坐于厅上，严颜不肯下跪。飞怒目咬牙大叱曰：‘大将到此，何为不降，而敢拒敌？’严颜全无惧色，回叱飞曰：‘汝等无义，侵我州郡！但

多想出智慧。
——毛泽东评价张飞

有断头将军，无降将军！'飞大怒，喝左右斩来。严颜喝曰：'贼匹夫，砍头便砍，何怒也？'张飞见严颜声音雄壮，面不改色，乃回嗔作喜，下阶喝退左右，亲解其缚，取衣衣之，扶在正中高坐，低头便拜曰：'适才言语冒渎，幸勿见责。吾素知老将军乃豪杰之士也。'严颜感其恩义，乃降。后人有诗赞张飞曰：

> 生获严颜勇绝伦，惟凭义气服军民。
> 至今庙貌留巴蜀，社酒鸡豚日日春。

"张飞请问入川之计。严颜曰：'败军之将，荷蒙厚恩，无可以报，愿施犬马之劳，不须张弓只箭，径取成都。'正是：只因一将倾心后，致使连城唾手降。"

这段叙写非常精彩，严颜深沟高垒，闭门不出，张飞搦战三日，又让"小军连骂了三日"，严颜"全然不出"，而张飞"眉头一纵，又生一计"：探听到小道，偷过巴郡，果然骗得严颜出城，中了张飞埋伏，大获全胜；而且"义释"严颜，颇有国士之风。张飞"眉头一纵，又生一计"，用毛泽东的话来说，就是"多想出智慧"，这是一个人足智多谋的表现。

此后兵分两路：赵云在左，连下江阳（今四川泸州）、犍为（今四川彭山东）；张飞在右，攻占巴西（今四川阆中）、德阳（今四川遂宁东南）。此时，刘备已攻克雒城，诸葛亮、张飞、赵云等与刘备军会合，包围成都（益州治所，今四川成都）。平定益州后，论功行赏，赐张飞黄金500斤、银千斤、钱5000万、锦千匹，兼任巴西太守。

如果说"义释严颜"突出地表现了张飞的"粗中有细"，那么，智取瓦口隘赚张郃，把他的粗中有细的性格发挥到了极致。

建安二十年（215）七月，曹操打败割据汉中三十余年的张鲁后，留下夏侯渊、张郃镇守汉川（今陕西汉中），自己则率兵退回。张郃率军南下攻掠巴西（今四川阆中）及巴东（今四川奉节）两郡，想把那里的老百姓迁徙到汉中，对益州形势构成严重威胁。偏将军黄权指出，魏军占领汉中又攻掠三巴（益州北部三郡：巴郡、巴西郡、巴东郡），犹如将割断蜀的股臂。于是刘备任命黄权为护军，率兵北上抵御曹军；派征虏将军张飞为巴西太守，抵御张郃。张郃进至宕渠（今四川渠县东北）、蒙头、荡石（今四川渠县八蒙山）一带，与张飞的部队相持了五十多天。张飞率一万多精兵从另一路拦击张郃的部队，由于山路狭窄，张郃的部队前后难以互援，张飞打败了张郃。张郃丢掉战马，和部下的十几个人从偏僻小路逃回南郑（治今陕西汉中东）。这是正史中的简要记载。

张郃，字儁乂，三国河间郑县（今河北任丘北）人，魏之名将。初应募从韩馥镇压黄巾起义军，馥败，他以兵依附袁绍，任宁国中郎将。官渡之战后归曹操，后任左将军。此次驻守瓦口隘，败在张飞手下。魏明帝时，率军西拒诸葛亮，在街亭（今甘肃秦安东北）大破蜀将马谡。诸葛亮再度攻魏，他率魏军在木门（今甘肃天水境）作战，中箭而死。可见张郃是一个能征惯战的将军，可是他怎么败在张飞手下了呢？请看《三国演义》第七十回《猛张飞智取瓦口隘　老黄忠计夺天荡山》的精彩叙写：

"却说张郃部兵三万，分为三寨，各傍山险：一名宕渠寨，一名蒙头寨，一名荡石寨。当日张郃于三寨中，各分军一半，去取巴西，留一半守寨。早有探马报到巴西，说张郃引兵来了。张飞急唤雷铜商议。铜曰：'阆中（今四川阆中）地恶山险，可以埋伏。将军引兵出战，我出奇兵相助，郃可擒矣。'张飞拨精兵五千与雷铜去讫。飞自引兵一万，离阆中三十里，与张郃兵相遇。两军摆开，张飞出马，单搦张郃。郃挺枪纵马而出。战到二十余合，郃后军忽然喊起：原来望见山背后有蜀兵旗幡，故此扰乱。张郃不敢恋战，拨马回走。张飞从后掩杀。前面雷铜又引兵杀出。两下夹攻，郃兵大败，张飞、雷铜连夜追袭，直赶到宕渠山。

"张郃仍旧分兵守住三寨，多置檑木砲石，坚守不战。张飞离宕渠十里下寨，次日引兵搦战。郃在山上大吹大擂饮酒，并不下山。张飞令军士大骂，郃只不出。飞只得还营。次日，雷铜又去山下搦战，郃又不出。雷铜驱军士上山，山上檑木砲石打将下来。雷铜急退。荡石、蒙头两寨兵出，杀败雷铜。次日，张飞又去搦战，张郃又不出。飞使军人百般秽骂，部在山上亦骂。张飞寻思，无计可施。相拒五十余日，飞就在山前扎住大寨，每日饮酒；饮至大醉，坐于山前辱骂。

"玄德差人犒军，见张飞终日饮酒，使者回报玄德。玄德大惊，忙来问孔明。……孔明笑曰：'……今与张郃相拒五十余日，酒醉之后，便坐山前辱骂，旁若无人：此非贪杯，乃败张郃之计也'。玄德曰：'虽然如此，未可托大。可使魏延助之。'孔明令魏延解酒赴军前，车上各插黄旗，大书'军前公用美酒'。魏延领命，解酒到寨中，见张飞，传说主公赐酒。飞拜受讫，吩咐魏延、雷铜各引一支人马，为左右翼；只看军中红旗起，便各进兵；教将酒摆列帐下，令军士大张旗鼓而饮。

"有细作报上山来，张郃自来山顶观望，见张飞坐于帐下饮酒，令二小卒于面前相扑为戏。郃曰：'张飞欺我太甚！'传令今夜下山劫飞寨，令蒙头、荡石二寨，皆出为左右援。当夜张郃乘着月色微明，引军从山侧而下，径到寨前。遥望张飞大明灯烛，正在帐中饮酒。张郃当先大喊一声，山头摇鼓为助，但见张飞端坐不动。张郃骤马到面前，一枪刺倒——却是一个草人。急勒马回时，帐后连珠炮起。一将当先，拦住去路，睁圆环眼，声如巨雷：乃张飞也。——挺枪跃马，直取张郃。两将在火光中，战到三五十合。张郃只盼两寨来救，谁知两寨救兵，已被魏延、雷铜两将杀退，就势夺了二寨。张郃不见救兵至，正没奈何，又见山上火起，已被张飞后军夺了寨栅。张郃三寨俱失，只得奔瓦口关去了。张飞大获胜捷，报入成都。玄德大喜，方知翼德饮酒是计，只要诱张郃下山。

"却说张郃退守瓦口关，三万军已折了二万，遣人向曹洪求救。洪大怒曰：'汝不听吾言，强要进兵，失了紧要隘口，却又要求救！'遂不肯发兵，使人催督张郃出战。郃心慌，只得定计，分两军去关口前山僻处埋伏，吩咐曰：'我诈败，张飞必然赶来，汝等就截其归路。'当日张郃引军前进，正遇雷铜。战不数合，张郃败走，雷铜赶来，两军齐出，截断回路。张郃复回，刺雷铜于马下。败军回报张飞。飞自来与张郃挑战。郃又诈败，张飞不赶。郃又回战，不数合，又败走。张飞知是计，收军回寨，与魏延商议曰：'张郃用埋伏计，杀了雷铜，又来赚吾，何不将计就计？'延问曰：'如何？'飞曰：'我明日先引一军前往，汝却引精兵于后，待伏兵出，汝可分兵击之。用车十余乘，各藏柴草，塞住小路，放火烧之。吾乘势擒张郃，与雷铜报仇。'魏延领计。

"头日，张飞引兵前进。张郃兵又至，与张飞交锋。战到十合，郃又诈败。张飞引马军赶来，郃且战且走。引张飞过山峪口，郃将后军为前，复扎住营，与飞又战，指望两彪伏兵出，要围困张飞。不想伏兵却被魏延精兵到，赶入峪口，将车辆截住山路，放火烧车，山谷草木皆着，烟迷其径，兵不得出。张飞只顾引军冲突，张郃大败，死命杀开条路，走上瓦口关，收聚败兵，坚守不出。

"张飞和魏延连日攻打关隘不下。飞见不济事，把军退二十里，却和魏延引数十骑，自来两边哨探小路。忽见男女数人，各背小包，于山僻路攀藤附葛而走。飞于马上用鞭指与魏延曰：'夺瓦口关，只在这几个百姓身上。'便唤军士吩咐：'休要惊恐他，好生唤那几个百姓来。'军士连忙唤到马前。飞用好言以安其心，问其何来。百姓告曰：'某等皆汉中居民，今欲还乡。听知大军厮杀，塞闭阆中张关道；今过苍溪，从梓潼山桧钎川入汉中，还家去。'飞曰：'这条路取瓦口关远近若何？'百姓曰：'从梓潼山小路，却是瓦口关背后。'飞大喜，带百姓入寨中，与了酒食；吩咐魏延：'引兵扣关攻打，我亲自引轻骑出梓潼山攻背后。'便令百姓引路，选轻骑五百，从小路而进。

"却说张郃为救军不到，心中正闷。人报魏延在山下攻打。张郃披挂上马，却待下山，忽报：'关后四五路火起，不知何处兵来。'郃自领兵来迎。旗开处，早见张飞。郃大惊，急往小路而走。马不堪行，后面张飞追赶甚急，郃弃马上山，寻径而逃，方得走脱。随行只有十余人，步行入南郑，见曹洪。……"

如果对手吕布只是个有武无谋之辈，张飞粗中有细，略施小计，便能取胜。那么，这次的对手张郃，"乃魏之名将"，智勇双全，但是在这次智取瓦口隘的战役中，张飞可谓应付裕如。

第一次交锋，张飞利用"地恶山险，可以埋伏的地势"，与雷铜"两下夹攻，郃兵大败"，赢了初战。之后，张郃"分兵守住三寨，多置檑木炮石，坚守不战"。一连三日，张飞搦战，张郃只是不出，"张飞寻思，无计可施"。两军相持五十余日，"飞就在山前扎住山寨，每日饮酒；饮至大醉，坐于山前辱骂"。正如诸葛亮所说："此非贪杯，乃败张郃之计也。"张郃后果中计，三寨俱失，逃回瓦口关，"三万兵已折了二万"。这是第二战。第三战，张郃用埋伏计，赚杀雷铜，获小胜。张飞识破其计，来个"将计就计"。张郃仍用埋伏计，自己去向张飞搦战，再叫伏兵杀出，"要围困张飞"；张飞令魏延把张郃的伏兵"赶入峪口，将车辆截住山路，放火烧车，山谷草木皆着，兵不得出，张郃大败，逃回瓦口关，坚守不出"。第四战张飞又胜了。最后一战，更见出张飞思路的宽阔，竟通过几个攀藤附葛的百姓，找到了通往瓦口关背后的小路。魏延在关前攻打，张飞从关背后进攻，前后夹击。张郃大惊，"急往小路而走。马不堪行，后面张飞追赶甚急，郃弃马上山，寻径而逃，方得走脱"。这最后一战，张飞大获全胜。在这一次与张郃的较量中，张飞随着战况的变化，不断改变战斗策略，占尽天时、地利、人和等有利条件，夺得胜利，是他"粗中有细"性格的一个杰作。

张飞这一仗，不仅扩大了刘备的领土，更保住了蜀地门户，使益州转危为安。此战过后，魏军再无力南侵，张飞对巩固刘备在益州的统治起了重要作用，并为刘备进攻汉中创造了条件。张飞随后又参加了攻打汉中的战争。建安二十四年（219），刘备据有汉中，称汉中王，拜张飞为右将军。

毛泽东在中共八大二次会议上说：要看到自己的缺点。十个指头九个好，一个指头有问题。华者花也，不要只开花不结果矣；不要粗而不细，要学张飞粗中有细。

四、张飞是有"高度原则性的"

明人作有《古城记》，写三国时刘备、关羽、张飞在徐州失散后，关羽投降曹操，后来得知刘备、张飞下落，又前往投奔，在古城聚会的故事。京剧和有些地方戏曲中的《赠袍赐马》、《挂印封金》（一名《灞桥

挑袍》）、《古城会》等折子戏即出于此。《古城会》不见于正史，《关羽传》、《张飞传》皆无载。罗贯中《三国演义》第二十八回《斩蔡阳兄弟释疑　会古城主臣聚义》有写此事，戏曲当是据此小说编写的。古城，又称古城山、古城岩等，在今安徽省休宁县东。

毛泽东非常喜欢看《古城会》之类的张飞戏。据赵超构回忆，1944年6月，他们访问延安时，与毛泽东一同观《古城会》，当剧中张飞自称"我老张是何等聪明之人"，露出那副得意神情时，毛泽东笑了起来。毛泽东认为《古城会》很有意义。同年10月，他在延安中央党校作报告，在谈到审干问题时就说：张飞在古城相会时，怀疑关云长，是有高度的原则性的。关羽形式上是投降了曹操，封了汉寿亭侯，帮曹操杀了颜良、文丑，你又回来究竟是干什么来了？我们一定要有严肃性、原则性。当然过火是要不得的。

1949年12月，毛泽东又谈到了《古城会》，很风趣幽默地说："当时在古城的三弟张飞，看见从敌人营垒回来的二哥关羽，对他提出种种疑问，是张飞有警惕性的表现，是完全正确的。但关羽一旦斩了蔡阳，用行动表示了与敌人划清界限，张飞是开门迎接关羽，又兄弟团结，共同对敌。"

刘备在徐州被曹操打败，投奔渤海太守袁绍，关羽保护刘备甘、糜二夫人无法走脱，只得暂时投降曹操，"身在曹营心在汉"。他一旦从张辽口中得知刘备消息，便千里走单骑，过五关

不要粗而不细，要学张飞粗中有细。
——毛泽东在中共八大二次会议的讲话中评张飞

张飞是有高度原则性的。
——毛泽东1944年10月在延安中央党校所作报告

斩六将，去寻找刘备。后又听说刘备已去汝南，便向汝南去，后得知张飞在古城，便去寻张飞，打算一起再去寻刘备。且看小说对关羽、张飞古城相会的叙写：

"却说张飞在芒砀山中，住了月余，因出外探听玄德消息，偶过古城，入县借粮；县官不肯，飞怒，因就逐去县官，夺了县印，占住城池，权且安身。当日孙乾领关公命，入城见飞。施礼毕，具言：'玄德离了袁绍处，投汝南去了。今云长直从许都送二位夫人至此，请将军出迎。'张飞听罢，更不回言，随即披挂持矛上马，引一千余人，径出北门。孙乾惊讶，又不敢问，只得随出城来。关公望见张飞到来，喜不自胜，付刀与周仓接了，拍马来迎。只见张飞圆睁环眼，倒竖虎须，吼声如雷，挥矛向关公便搠。关公大惊，连忙闪过，便叫：'贤弟何故如此？岂忘了桃园结义耶？'飞喝道：'你既无义，有何面目来与我相见！'关公曰：'我如何无义？'飞曰：'你背了兄长，降了曹操，封侯赐爵。今又来赚我！我今与你拼个死活。'关公曰：'你原来不知！——我也难说。现放着二位嫂嫂在此，贤弟请自问。'二夫人听得，揭帘而呼曰：'三叔何故如此？'飞曰：'嫂嫂住着。且看我杀了负义的人，然后请嫂嫂入城。'甘夫人曰：'二叔因不知你等下落，故暂且栖身曹氏。今知你哥哥在汝南，特不避险阻，送我们到此。三叔休错见了。'糜夫人曰：'二叔向在许都，原出于无奈。'飞曰：'嫂嫂休要被他瞒过了！忠臣宁死而不辱。大丈夫岂有事二主之理！'关公曰：'贤弟休屈了我。'孙乾曰：'云长特来寻将军。'飞喝曰：'如何你也胡说！他哪里有好心，必是来捉我！'关公曰：'我若捉你，须带军马来。'飞把手指曰：'兀的不是军马来也！'

"关公回顾，果见尘埃起处，一彪人马来到。风吹旗号，正是曹军。张飞大怒曰：'今还敢支吾么？'挺丈八蛇矛便搠将来。关云急止之曰：'贤弟且住。你看我斩此来将，以表我真心。'飞曰：'你果有真心，我这里三通鼓罢，便要你斩来将！'关公应诺。须臾，曹军至。为首一将，乃是蔡阳，挺刀纵马大喝曰：'你杀吾外甥秦琪，却原来逃在此！吾奉丞相命，特来拿你！'关公更不打话，举刀便砍。张飞亲自擂鼓。只见一通

鼓未尽，关公刀起处，蔡阳头已落地。众军士俱
走。关公活捉执认旗的小卒过来，问取来由。小
卒告说："蔡阳闻将军杀了他外甥，十分愤怒，
要来河北与将军交战。丞相不肯，因差他往汝南
攻刘辟。不想在这里遇着将军。关公闻言，教去
张飞前告说其事。飞将关公在许都时事细问小
卒；小卒从头至尾，说了一遍，飞方才信。"

在古城会中，由于刘、关、张在徐州之败
后，不通音信，关羽投降了曹操，现在又来找
张飞相会，张飞怀疑他是有理由的。张飞责备
关羽背弃了刘备，也就是违背了桃园三结义的
"义"，这就是他的原则性。一旦关羽斩了曹将
蔡阳，兄弟和好如初，又恢复了信任。

五、张飞的悲剧

刘备章武元年（221），张飞升任车骑将军
兼司隶校尉，被封为西乡侯，下策文说：我接续
帝王的世系，继承了上天给予的汉朝大业，铲除
凶暴，平定叛乱，还没能使天下大治。现在寇
贼、强盗危害作乱，人民遭到灾难和痛苦，思念
汉朝的人就像鹤那样伸着脖子盼望汉朝的复兴。

张飞遇害塑像

我因此而忧伤，坐在席子
上也不安稳，吃东西却不
知道其中的美味，要整顿
军队，发布誓词，秉承上
天之意讨罚贼寇。因为您
忠诚刚毅，比得上召虎
（即召穆公。召公奭的后

代。《诗经·大雅·韩奕》："江汉之浒，王命召虎。"），远近闻名，因此特地颁布命令，增高您的级别，晋封您的爵位，命您兼管京都及其附近的郡县。希望您大大地助长上天的威严，用德行来安抚百姓，使他们顺从，用刑杀来讨伐叛逆，以符合我的心意。《诗经》上不是说，"不要侵害百姓，不要急于求成，一切准则要效法周王朝。迅速建立大的功业，我会赐给你幸福和爵禄"。您能够不自勉吗？

当初，张飞勇猛、威风、雄壮，仅次于关羽，魏国的谋臣程昱等人都称赞关羽、张飞有万夫不挡之勇。关羽对待士兵很好，对士大夫却很傲慢。张飞尊敬、爱戴有声望、有地位的人，却不爱护部下官兵、百姓。刘备曾告诫张飞说：你刑罚过分，又经常鞭打官兵。却把他们留在身边，这可是招致祸患的做法啊！但张飞没有醒悟，更没有改过。

汉献帝刘协建安二十四年（219），孙权攻杀蜀将关羽于章乡（今湖北当阳东北），占领荆州。刘备章武元年（221），刘备率大军伐吴，替关羽报仇，下令张飞率一万军马从阆中出发，到江州（今重庆）会合东进。张飞被部将杀害，其情况本传语焉不详，《三国演义》第八十一回《急兄仇张飞遇害 雪弟恨先主兴兵》有具体叙写：

"却说张飞回到阆中，下令军中：限三日内制办白旗白甲，三军挂孝伐吴。次日，帐下两员末将范疆、张达，入帐告曰：'白旗白甲，一时无措，须宽限方可。'飞大怒曰：'吾急欲报仇，恨不明日便到逆贼之境，汝安敢违我将令！'叱武士缚于树上，各鞭背五十。鞭毕，以手指之曰：'来日俱要完备！若违了限，即杀汝二人示众！'打得二人满口出血。回到营中商议，范疆曰：'今日受了刑责，着我等如何办得？其人性暴如火，倘来日不完，你我皆被杀矣！'张达曰：'比如他杀我，不如我杀他。'疆曰：'怎奈不得近前。'达曰：'我两个若不当死，则他醉于床上；若是当死，则他不醉。'二人商议停当。

"却说张飞在帐中，神思昏乱，动止恍惚，乃问部将曰：'吾今心惊肉颤，坐卧不安，此何意也？'部将答曰：'此是君侯思念关公，以致如此。'飞令人将酒来，与部将同饮，不觉大醉，卧于帐中。范、张二贼，探知消息，初更时分，各藏短刀，密入帐中，诈言欲禀机密重事，直至床前。原来张飞每睡不合眼；当夜寝入帐中，二贼见他须竖目张，本不敢动手。因闻鼻息如雷，方敢近前，以短刀刺入飞腹。飞大叫一声而亡。时年五十五岁。后人有诗赞曰：安喜曾闻鞭都邮，黄巾扫尽佐炎刘。虎牢关上声先震，长坂桥边水逆流。义释严颜安蜀境，智欺张郃定中州。伐吴未克身先死，秋草长遗蜀地愁。

总之，张飞是个粗鲁型人物，虽然有时也粗中有细，但又暴躁无恩，"爱敬君子而不恤小人"，刘备曾多次劝诫，他却置若罔闻。后从刘备攻吴，临行时为心怀怨恨的部将所杀，死于非命，令人慨叹！这是性格缺陷造成的悲剧。后来后主刘禅追谥为桓侯。

宋人欧阳修撰《新五代史·张廷蕴传》："廷蕴武人，所识不过数字，而平生重文士。尝从明宗破梁郓州，获判官赵凤，廷蕴谓曰：'吾视汝貌，必儒人，可无隐也。'凤以实对，廷蕴亟荐于明宗。"毛泽东读了这段文字，在开头处批注道："张桓侯之流。"（《毛泽东读文史古籍批语集》，中央文献出版社1993年版，第272页）

"张桓侯"就是张飞，"桓侯"是张飞死后的谥号。原来张廷蕴也是张飞一类的人物，骁勇善战，粗中有细，自己识字不多，又很爱重文士。张廷蕴随后唐庄宗李存勖征战四方，屡立战功，在攻打潞州的战役中，他带领部队率先攻入城内，却为后到的李嗣源怀恨在心。他后来随明宗（李嗣源）攻破郓州，俘获判官赵凤。在得知赵凤就是他一向重视的文士后，就推荐给明宗。赵凤后贵为宰相，多次向明宗荐举提升张廷蕴，终因潞州之役的芥蒂，得不到明宗采纳。张廷蕴与张飞的性格颇为相似，所以毛泽东才用"张桓侯之流"来评价他。

张飞有二子二女。其长子张苞，早就去世了。次子张绍继承了爵位，官做到侍中、尚书仆射。长女，后主刘禅之妻，先被纳为刘禅之妃，后立为皇后，号敬哀皇后。后主延熙元年（238）卒，葬南陵。次女亦为刘禅之妻，其姐死后，于延熙元年正月立为皇后。蜀汉灭亡后，随刘禅到洛阳。张苞的儿子张遵做了尚书，跟随诸葛瞻驻守绵竹，在与魏将邓艾的军队作战时阵亡。

张飞在民间有深远的影响，是深得历代百姓喜爱的名将之一，有庙宇纪念他。张飞庙，或称张桓侯庙有两座，一座位于重庆市云阳县城外濒临长江南岸的盘石镇龙宝村狮子岩下的凤凰山麓，离重庆市区382公里，与云阳县城隔江相望。据史传记载，张飞遇害于阆中，此处为埋首处，故建庙祠之。相传张飞遇害之后，其头颅被抛于江中。有位渔人夜得张飞托梦，到江中打捞张飞头颅，意外捞到一罐金子，于是用这罐金子建造了张飞庙。

张飞庙

据史料记载，张飞庙始建于蜀汉末年，其有实物可考的历史可追溯到北宋宣和年间，后经宋、元、明、清历代扩建，至今已有一千多年历史。庙前临江石壁上有"江上清风"、"正气浩然"题字，雄劲秀逸。庙内塑有张飞像。主要建筑有正殿、旁殿、结义楼、望云轩、助风阁、杜鹃亭和得月亭七座。前五座建筑为纪念张飞而建，后两个建筑为纪念唐代诗人杜甫在此客居两年而建，是难得的文武合庙。

张飞庙中珍藏有汉唐以来的大量诗文、碑

毛泽东看八·大·名·将

刻、书画及其他文物数百件，多为稀世珍品。其中以木刻唐颜真卿书《争座位帖》，石刻宋苏轼作前、后《赤壁赋》大字长卷，石刻岳飞书诸葛亮前、后《出师表》，宋黄庭坚书《唐韩伯康幽兰赋》，清郑板桥书写的诗文及竹石、兰石绘画为最有名。此外还有清至近人刘墉、张船山、竹禅、彭聚星、龚晴碑，赵熙、张潮庸、郭尚元、刘贞安等人的木刻字画，琳琅满目，美不胜收。千百年来，它以独特的建筑造型、丰富的文化内涵，自然景观与人文景观的完美结合而闻名遐迩，蜚声中外，素有"三绝"（文章绝世、书法绝世、镌刻绝世）之盛誉，号称"文藻胜地"、"巴蜀胜境"。

如今，因为三峡大坝蓄水，张飞庙将被淹没，所以往上游整体西移了三十二公里，其自然环境与人文环境与原址极为相似。新张飞庙将原馆藏文物4500多件及庙内127株名木古树全安转移。共拆除各种建筑构件13.1万件，庙内木刻193件，石（碑）刻178件，迁入新庙。新庙立于长江南岸半山坡上，与云阳新城隔江相望，相互辉映。庙前"江上清风"、"正气浩然"题字依然如故。二楼是刘、关、张桃园三结义雕塑面江而立。三楼大殿正中是张飞铜像。原有泥塑无法搬迁，雕塑家仿照原样，雕塑成张飞青铜坐像。铜像上方，悬挂着"力扶汉鼎"的牌匾。新张飞庙仍不失为"巴蜀胜境"，是人们参观游览的一个好去处。

另外一座张飞庙，在四川阆中古城西街，又称桓侯祠。庙宇是一组四合庭院式明式古建筑群，占地约五千平方米。大殿后有廊道与后殿、墓亭相连，墓前两根浮雕云龙石柱，亭内起一石卷，内壁有张飞武官像，像后有神道碑与墓相连。这就是张飞两庙，云阳葬首，阆中埋身。

在一般人的心目中，张飞只是一员战将，但是根据有关资料，张飞还是一位著名的书法家。《涿县志》就记有这样两首诗：一首是元代书法家吴镇的：

关侯讽左氏，车骑更工书。文武趣虽别，古人尝有余。戈矛思腕力，路象恐难如。

另一首是清代著名学者纪昀的《涿州道中杂咏范阳旧事》：

慷慨横戈百战余，桓侯笔札定然琉。哪知拓本磨崖字，车骑将军手自书。

有关张飞善书法的记载，最早见于南北朝时期梁陶弘景的《刀剑录》："张飞初拜新亭侯，自命匠炼赤山铁，为一刀，铭曰：'新亭侯，蜀大将也'。后被范疆杀之，将此刀入于吴。"

有人认为，这个《新亭侯刀铭》便是张飞自己写的。但是此刀早已失传，无法对证。

此后似乎很少有人提出张飞的书法问题。到了明代，出现了一部著名学者杨慎的学生梁佐编的《丹铅总录》，其中有一条关于张飞书法的记载：

"涪陵有张飞刁斗铭，其文字甚工，飞所书也。张士环诗云：'天下英雄只豫州，阿瞒不共戴天仇。山河割据三分国，宇宙威名丈八矛。江山祠堂严剑佩，人间刁斗见银钩。空余诸葛秦川表，左袒何人复为刘。'"

从这一则记载看来，铭文似乎是张飞自撰自写的。

另外，大约也在明代，四川流江县又发现了一个摩崖石刻。这便是所谓《张飞立马铭》，又叫《八蒙摩崖》。明代陈继儒的《太平清话》等书早有记载。这个铭文是：

"汉将军飞，率精卒万人，大破贼首张郃于八蒙，立马勒铭。"

这个铭文现在只能找到清代光绪年间一个拓本。据清末胡升猷题识称："桓侯立马勒铭，

张飞立马铭

相传以矛镕石作字，在四川渠县石壁。今壁裂字毁。光绪七年六月，检家藏拓本，重钩上石。"但有人怀疑此铭不是汉代碑刻，可能是后人所造。又据《四川总志》所载，铭文中"军"字作"张"字，"铭"字作"名"字。这种差异，更值得怀疑。

关羽
岳飞 张飞
周瑜 吕蒙 韦睿
小宾 司马懿

『劳谦君子』韦睿

韦睿（442—520），字怀文，京兆杜陵人
（今陕西西安东南），南朝梁武帝时的名将。宋
时为右军将军，齐末为上庸太守，后随梁武帝萧
衍起兵，历任冠军将军、辅国将军等职。毛泽东
很爱读《韦睿传》，在文中密加圈点，批注有25
处之多，有人统计这是他读史书批注最多的一个
人物。

韦睿像

毛泽东在读李延寿著《南史》卷五十八《韦睿
传》的批语中说："（韦睿）敢以数万敌百万，
有刘秀、周瑜之风。"赞扬他会打仗，善于调查
研究；赞扬他豁达大度，能团结干部；赞扬他作
风好，谦虚朴素，廉洁克己等等，认为"我党干
部应学韦睿作风"，可见他对韦睿的确十分赏识。

一部《二十四史》，人物纷纭，论地位，韦
睿说不上显赫。但毛泽东如此情有独钟，不惜笔
墨地批注，原因何在？

首先，在韦睿的身上，体现着作为领导干部
的种种美德与素养，诸如谦逊朴实、率先垂范、
节俭廉洁、团结同事、勤奋工作，还有毛泽东素
来推崇的深入基层"调查研究"等等。直到今天
这些仍是涉及党风、政风的大问题，所以毛泽东
十分看重。

一、"有光武、周瑜之风"

（一）"敢以数万敌百万"

毛泽东十分推崇韦睿这位古代名将。他在读唐李延寿撰《南史·韦睿裴邃传》时，在这篇传记的天头上，用粗重的毛笔写着"梁将韦睿裴邃传"几个大字，并画了四个大圈，还在韦睿的名字旁画着双杠。传记中浓圈密点，有些地方写出批语，似乎意犹未尽，还在评点的文字另加有圈点。这在毛泽东评点的史籍中，是较为少见的。

韦睿的祖先韦贤做过汉朝的丞相，自此以后，韦氏累世为三辅地区名门望族。祖父韦玄，为逃避做官隐居在长安终南山。宋武帝刘裕入关中，曾授予他太尉的官职，但他没有应诏。伯父韦祖征，在宋末任光禄勋。父韦祖归，任宁远长史。韦睿一生气度非凡，在少时便已崭露头角。《南史》上说他"好学"，"事继母以孝闻"；助表兄杜幼文治梁州时，"梁土富饶，往者多以贿败；睿时虽幼，独以廉闻"等。

韦睿英勇善战的事情，传记中有多处记载。钟离之战是他的伟大功绩之一，对稳定淮南的形势起了极其重要的作用。

天监六年（507）九月，北魏宣武帝元恪打算灭掉南梁，命令中山王元英率军南下攻打，并攻克了马头（位钟离西，今安徽怀远南），将城中储备的粮草尽数运往北方。梁武帝萧衍为了抵御魏军，派徐州刺史昌义之领兵进驻钟离（今安徽凤阳东北）。

十月，元英与镇东将军萧宝寅率军队围攻钟离，号称"众兵百万"，连营四十余座。十一月，梁武帝诏右卫将军曹景宗率领军队二十万解救钟离，驻扎在道人洲（今安徽凤阳东北淮河中），等待众军集齐后一起进发。

天监七年（508）正月，昌义之统率梁军将士奋力抗击，多次打退魏军进攻。二月，曹景宗所率领的二十万军到达邵阳洲（今安徽凤阳东北），便停止前进修筑工事防守。梁武帝十分生气，派韦睿带兵与他们会合，并赐给韦睿龙环御刀，说如果有谁不听韦睿的，就杀死他。

韦睿星夜兼程赶赴凤阳前线，无论是途经沼泽还是山谷，都不减慢行军的速度。其时魏军拥兵百万，气势很盛。部将们皆怯战，多次劝说韦睿慢些行军，韦睿认为凤阳城中被围困的兄弟如此危急，怎能放慢行军速度呢？他还说：现在不能减速，如果慢一些，我们会被魏军的气势所打败。于是，军队十天便到达邵阳洲与曹景宗会合。

曹景宗为人心高气傲，喜欢争强好胜，他看书写字有不懂的地方，从不去问别人，全是自己望文生义，创造新字，即使是在公卿面前也从不谦虚恭让。武帝很担心他与韦睿能否团结一心共同抗敌，但曹景宗见到韦睿后，觉得他气度不凡，内心暗暗敬佩，结果对韦睿非常谦让。武帝听说这种情况后非常高兴，感慨地说：我的两员大将这么团结，我们的军队必定能取得胜利！

韦睿到来后，在夜里便率大军在曹景宗营地前二十里处，连夜掘长长的战壕，竖鹿角，截洲当做城池，离魏军城堡只有百余步的距离。早晨的时候，营已建成，元英见到后大吃一惊，用杖击地说："是何神也！"（《梁书·韦睿列传》）

曹景宗的武器非常精锐，魏军见到后，士气逐渐消减。曹景宗又派人潜水到城里送信，昌义之得知援军到达，士气倍增。

魏将杨大眼是一员猛将，率领上万骑兵来战，所向披靡。韦睿见到后，急忙布置阵势，杨大眼率领骑兵围攻，韦睿让两千强弩兵一起发射，杀死魏军很多人。杨大眼右臂中箭逃跑。第二天清晨，元英带着部将出战。韦睿坐着白色木车，手拿白角如意指挥军队，一天双方交锋无数回合，元英打不过便退走。

到了夜里，魏军又来攻城，箭像雨一样落下来。韦睿的儿子韦黯请求到城下去躲避一下，韦睿不同意。这时军中惊乱，韦睿到城上厉声呵斥，才稳住了军心。曹景宗召集勇士千余人，在杨大眼军营的南边几里处修建工事，并成功击退来攻的魏军。梁武帝命曹景宗装备好高舰，让它们与魏军浮桥同样高，准备火攻；并命令曹景宗和韦睿分别攻打邵阳洲的北桥和南桥。韦睿下令准备好大战船，然后让梁郡太守冯道根、庐江太守裴邃、秦郡太守李文钊等人为水军的这次进攻做好准备。

三月，淮水暴涨了六七尺高，韦睿派水军乘坐斗舰袭击洲上面的魏军。另派小船载了一些干草，浇上油，趁风点着火，目的是烧掉魏军的桥。同时，派出敢死军拔栅砍桥。这时大水湍急，转眼之间，桥栅都已经被冲坏。梁军奋勇冲杀，呼声惊动天地。魏军大败，元英看到桥已经断了，便脱身弃城逃跑。杨大眼也烧了军营

《杨大眼造像记》，刻于北魏景明正始之际（500—508）。楷书，刻在洛阳龙门古阳洞。与《始平公造像》、《孙秋生造像》、《魏灵藏造像》并称"龙门四品"。其书方峻雄强，恣肆多彩，康有为《广艺舟双楫》将其列峻健、丰伟之宗

看八·大·名·将

而去。各个防守之地都被击破，争先扔掉装备和武器跳到水中，溺死、被斩杀的魏军不计其数。曹景宗令手下大将马广追击杨大眼四十余里，杨大眼的军队死伤无数，非常凄惨。

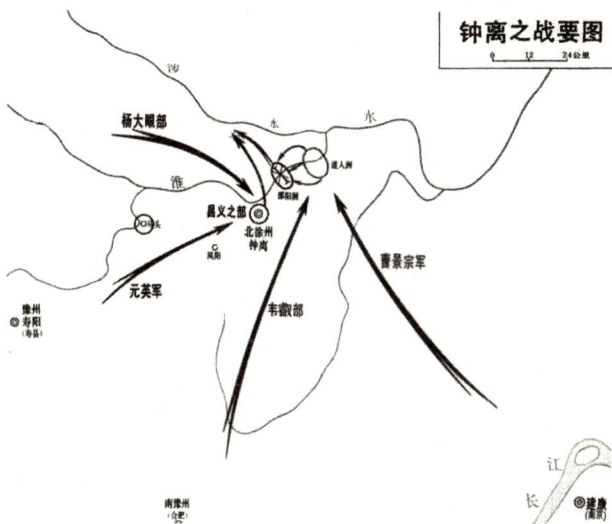

钟离之战要图

另一位梁国将领昌义之听到这个消息后，惊喜得不知说什么好，连声叫道："重生！重生！"随后，昌义之出兵追击元英至洛口。元英一个人骑马逃入梁城，他的兵士也全军覆灭。同时，梁军又俘虏五万人，收缴的军粮器械堆积如山，牛马驴骡多得数不过来。

纵观钟离之战，在韦睿的领导下，梁军配合密切，上下同心，并找到魏军不习水战的弱点，用防守拖累对方，适时进行反击，取得了自宋初以来对北魏作战的第一次大捷，杀伤敌人二十五万。

梁武帝让中书郎周舍在淮水慰劳军士，韦睿因这场战役的功劳晋爵为侯，升职为右卫将军。同一年，韦睿被提拔为左卫将军，不久又担任安西长史、南郡太守。

对于韦睿临危不惧、敢于以寡敌众的气概，毛泽东甚为赞赏，因此将他与刘秀、周瑜相提并论，批注道："敢以数万敌百万，有刘秀、周瑜之风。"

周瑜，三国时东吴一位著名的青年将领，文武兼备，风流倜傥。建安十三年（208），周瑜领精兵三万，用火攻之计，使曹操二十多万大军几乎全军覆没。著名的赤壁之战使周瑜名声大振，被封为偏将军，领南郡太守。

在周瑜短暂的一生中，为东吴政权建立了丰功伟绩。对于周瑜，毛泽东曾多次加以肯定和赞扬，他认为赤壁之战的头号功臣非周瑜莫属。

在评论韦睿时，毛泽东还谈到了另一位将军——刘秀，即东汉光武帝，东汉王朝的开国皇帝，南阳蔡阳（今湖北枣阳西南）人，生于西汉哀帝建平元年（前6）。汉高祖刘邦九世孙，父刘钦，母樊氏。刘秀排行第三，所以字文叔。刘秀28岁起兵加入绿林起义军，30岁称皇帝，在位33年，卒于建武中元二年（57），终年63岁，葬于原陵（今河南省孟津县西长道社），是中国封建社会历史上很有作为的一个帝王。

毛泽东为何拿韦睿与刘秀作比？因为刘秀也曾临大敌而勇，以劣势对优势并取得了最后的胜利，这个以少击众的典型战例便是堪称决定历史的一战——昆阳之战。

昆阳之战，发生在公元23年，是绿林农民起义军在昆阳（今河南叶县）一带粉碎"新"莽军队进攻的一次大战，是我国历史上著名的一次以劣势对优势、以少数对多数而获胜的战例。

西汉末年，外戚王莽窃夺政权，公元8年称帝，改国号为"新"。"新"朝政令苛虐，政

汉光武帝刘秀像

治腐朽，经济凋敝，民不聊生，于是在地皇四年（23）爆发了全国性的农民起义，以武力反抗新莽的统治。一时间起义烈火燃遍黄河南北和江汉地区，新莽王朝完全处于众叛亲离、风雨飘摇的境地。

在当时的众多农民起义军队伍中，尤以绿林、赤眉两支声势最为浩大。他们在军事上不断打击新莽势力，逐渐向王莽统治腹心地区推进。新莽王朝不甘心退出历史舞台，拼凑力量进行垂死挣扎，农民起义进入了最后进攻阶段。昆阳之战正是这一历史背景下的产物。

新莽地皇四年初，绿林军各部乘王莽主力东攻赤眉，中原空虚之际，挥兵北上，在沘水（今河南泌阳境）击灭王莽荆州兵甄阜、梁丘赐部。接着又在淯阳（今河南新野东北）击败严尤、陈茂部，势力迅速发展到十余万人。在胜利进军的形势下，农民军开始萌发了建立政权的要求，于是在二月间，推举汉室后裔（刘秀的族兄）刘玄为帝，恢复刘汉政权，绿林军改称汉军。

更始政权建立后，即以主力北上围攻战略要地宛城（今河南南阳），并开进到潢川一带。为了阻止王莽军的南下，保障主力展开行动，更始政权另派王凤、王常和刘秀等人统率部分兵力，乘敌严尤和陈茂军滞留于颍川郡一带之际，迅速攻下昆阳（今河南叶县）、定陵（今河南舞阳北）、郾县（今河南郾城南）等地，与围攻宛城的主力形成掎角之势。这样就可以为下一步进击洛阳，与赤眉军会师以及经武关西入长安，消灭王莽政权创造了有利的条件。

王莽政权对更始农民起义军的战略动向十分不安，于是慌忙改变军事部署，将主力由对付赤眉转而对付更始军。三月间，王莽派遣大司空王邑和司徒王寻奔赴洛阳，在那里征发各郡精兵四十二万，号称百万南进攻打更始军，企图以优势的兵力与农民军进行决战，一举而胜，以确保宛城，安定荆州，保障长安、洛阳的安全。

五月间，王邑、王寻率军西出洛阳，南下颍川，在那里与严尤、陈茂两部会合，并迫使先期进抵阳关（今河南禹县西北）的更始军刘秀部撤回昆阳。之后，继续推进，迫近昆阳。

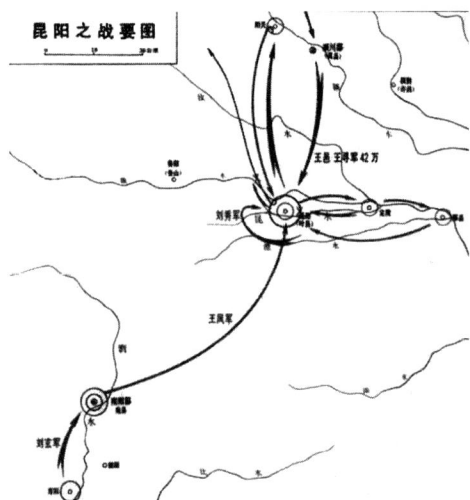

昆阳之战要图

当四十二万王莽军逼近昆阳之时，昆阳城中的更始军仅有八九千人。如何对付气势汹汹的强敌，更始农民军意见开始时并不统一。有的将领认为敌我兵力众寡悬殊，不易取胜，因而主张避免决战，化整为零，先回根据地，再图后举。但刘秀反对这种消极做法，主张集中兵力，坚守昆阳，迟滞、消耗王邑军的兵力，掩护主力攻取宛城，然后伺机破敌。这时王莽从弟王邑的先头部队已逼近昆阳城北，在这紧急关头，诸将同意了刘秀的建议。决定由王凤、王常等率众坚守城邑，另派刘秀、李轶等率十三骑乘夜出城，赶赴郾县、定陵一带调集援兵。

王邑、王寻等人统率新莽军蜂拥抵至昆阳城下，将城团团围困。这时曾与绿林军交过手，深知其厉害的严尤向王邑建议说：昆阳城易守难攻，而且更始农民军主力正在宛城一带，我军应当绕过昆阳，迅速赶往宛城，先击败更始军在那里的主力，届时昆阳城即可不战而下。然而王邑等人自恃兵力强大，根本听不进这一适宜的意见，坚持先攻下昆阳，再进击更始农民军主力。于是动用全部兵力列营百余座，猛攻昆阳不已，并傲慢地扬言："百万之师，所过当灭，今屠此城，喋血而进，前歌后舞，顾不快耶！"

四十余万王邑军轮番向昆阳城发起进攻，并

挖掘地道，制造云车，企图强攻取胜。昆阳守军别无退路，遂依靠城内人民的支持，合力抵抗，坚守危城，多次击退王邑军的进攻，给予敌人以很大的消耗和挫折。

严尤眼见昆阳城屡攻不下，已军日趋被动，遂再次向王邑建议："围城必须网开一面，使城中守军逃出一部分到宛阳城下，去散布恐怖情绪，以动摇敌军的军心，瓦解敌军的士气。"可是刚愎自用的王邑依然不采纳。

刘秀等人抵定陵、郾县后，说服不愿出兵的诸营守将，于六月初一率领步骑万余人驰援昆阳。此时王邑军久战疲惫，锐气已丧失殆尽，这就为更始军击破它提供了机遇。

刘秀亲率千余援军步骑为前锋，在距王邑军二三公里处列成阵势，准备接战。王邑、王寻等人自恃兵力雄厚，骄妄轻敌，只派出数千人迎战。刘秀率众奋勇进攻，反复猛冲，当场斩杀王邑军数百人，取得了初战的胜利，大大振奋了士气。

这时候，更始起义军主力已攻占宛城三日，但捷报还未传到昆阳。刘秀为了鼓舞全军士气，动摇敌人军心，便将攻克宛城的战报用箭射入昆阳城中，又故意将战报遗失，让王邑军拾去传播。这一消息一经散布，昆阳城中的守军士气更为高涨，守城更为坚决；而王邑军则由于屯兵昆阳坚城，久攻不下，且闻宛城失陷，士气更为沮丧。胜利的天平开始向起义军这边倾斜了。

刘秀在取得初战胜利后，即时捕捉战机，乘敌人士气沮丧和主帅狂妄轻敌的弱点，精选勇士三千人，出敌不意地迂回到敌军的侧后，偷偷地涉过昆水（今河南叶县辉河），向王邑大本营发起极其猛烈的攻击。此时王邑等人依旧轻视汉军，没有把刘秀放在眼里，同时又担心州郡兵失去控制，遂下令各营不准擅自出兵，而由自己和王寻率领万人迎战刘秀。然而，王邑这一做法造成了严重的后果：在刘秀所率精兵的猛烈进攻下，王邑手下的万余人马很快陷入被动挨打的困境、阵势大乱。而诸将却又因王邑有令在先，谁也未敢去救援，致使王邑军败溃，王寻也做了刀下之鬼。

图为叶县刘秀庙里的刘秀塑像

昆阳城内的守军见敌军主帅已脱离部队，敌军阵势已乱，也乘势从城内杀出，内外夹攻，杀声震天动地，打得王邑全军一败涂地。王邑军的将士们见大势已去，遂纷纷逃命，互相践踏，积尸遍野。这时又恰遇大风飞扬，暴雨如注，滍水暴涨，王邑军涉水逃跑而被淹死的不计其数，使得滍水为之不流，只有王邑、严尤等少数人狼狈逃脱，窜入洛阳。至此，昆阳之战在更始起义军歼灭王莽军主力，并尽获其全部装备和辎重的辉煌胜利中结束了。

昆阳之战，是绿林、赤眉起义中的决定性一战。它聚歼了王莽赖以维持统治的军队主力，为起义军胜利进军洛阳、长安，最终推翻新莽统治创造了有利的条件。

毛泽东在1936年《中国革命的战略问题》及1938年《论持久战》中两次提到发生在南阳历史上以少胜多、以弱胜强的新汉昆阳之战。此次战役双方兵力悬殊，刘秀兵力不足万人，而王莽军队号称百万。刘秀利用王莽的将军王邑、王寻轻敌懈怠，以精兵三千突破王莽军队的中坚，乘锐追击，大破敌军。对这次战役毛泽东在《论持久战》这部军事著作中指出："主观指导的正确与否影响到优势劣势和主动被动的变化，观于强大之军打败仗，弱小之军打胜仗的历史事实而益

毛泽东看八·大·名·将

信，中外历史上这类事情是多得很的。中国如晋楚城濮之战，楚汉成皋之战，韩信破赵之战，新汉昆阳之战，袁曹官渡之战，吴魏赤壁之战，吴蜀彝陵之战，秦晋淝水之战等等，外国如拿破仑的多数战役，十月革命后的苏联内战，都是以少击众、以劣势对优势而获胜。"（《毛泽东选集》第二卷，人民出版社1979年版，第491页）

（二）"以少击众"

"以少击众"，从而取胜，要有过人的胆略，抓住战机，敢于以寡敌众，以弱胜强，夺取胜利。

梁天监四年（505），韦睿与右军司马胡景略合兵，进围合肥（今安徽合肥市）。因久攻不克，韦睿在观察地形后说："吾闻'汾水可以灌平阳，绛水可以灌安邑'，即此是也。"（《梁书·韦睿列传》）于是令在淝水上游修筑堤坝，使水位上涨，疏通水路。不久，梁水军陆续抵达战区。面对梁军的进攻，魏军在合肥东西构筑两座小城抵御。韦睿又领兵先攻打这二城。不料魏将杨灵胤率五万人马攻来援。梁军很害怕，打算上奏朝廷请求增兵。韦睿笑着说：敌人已至城下，才想起援军，怎么能胜？于是便下令与魏军决一死战，终于击退了杨灵胤。

韦睿急派部队主将王怀静等部署在淝水两岸筑城，保护堤坝，以待魏军。魏军攻破梁军所筑新城，城中千余人皆被斩俘，并乘胜攻击梁军堤坝，兵势甚盛。军监潘灵祐劝韦睿退还巢

主观指导的正确与否影响到优势劣势和主动被动的变化，观于强大之军打败仗，弱小之军打胜仗的历史事实而益信，中外历史上这类事情是多得很的。中国如晋楚城濮之战，楚汉成皋之战，韩信破赵之战，新汉昆阳之战，袁曹官渡之战，吴魏赤壁之战，吴蜀彝陵之战，秦晋淝水之战等等，外国如拿破仑的多数战役，十月革命后的苏联内战，都是以少击众、以劣势对优势而获胜。"（《毛泽东选集》第二卷，人民出版社1979年版，第491页）

湖，各位将领也建议退保三叉，韦睿大怒，说："宁有此邪！将军死绥。有前无却。"（《梁书·韦睿传》）于是把令旗、仪仗竖立在堤下，表示无退兵之志。韦睿素来体弱，每次作战都不骑马，而是坐在板舆（古代一种用人抬的代步工具）上指挥，但这次北魏军来破河堤，韦睿亲自出来指挥与之争战。魏军稍有退却，他就在大堤上修筑营垒加强防御。韦睿起造高大战舰，从四面居高临下，围攻合肥。魏军毫无办法，相互面对痛哭起来。韦睿造好了进攻的武器，堰水又满，倾泻而出，魏军大溃，救兵已不起作用。魏守将杜元伦登上城头，督促战斗，中箭而死，于是合肥城被攻破。梁军入城，斩获俘虏魏军一万余人、牛马上万匹，满屋的绢共十间，所有这些都赏赐给了将士。韦睿白天接待客人，夜半研读兵书，从三更开始直至天明。他安抚部下，常恐不周，因而人们争先恐后来归附。所到之处，建立住所，其藩篱墙壁，都有一定标准。

合肥平定后，梁武帝命令军队进驻东陵。东陵距魏霸城二十里，将要开战时，有诏书下来要求回军。怕敌人从后面追击，韦睿把军用物资安排在最前面，自己坐轿在最后压阵，魏军畏惧韦睿的勇猛，远远地望着他退走，竟然不敢追击。齐将吕僧珍亦如此，魏军知其怯懦，遗巾帼以辱之，并歌之曰："不畏萧娘与吕姥，但畏合肥有韦虎。"（《资治通鉴·卷第一百四十六》）于是韦睿全军而还。至此，把豫州治所迁到了合肥。

合肥之战是中国历史上城邑攻坚战的著名战例，梁军在韦睿果断指挥下，奋勇攻击，一举攻占合肥，取得了此次北伐的最大胜利。可知韦睿实乃良将，既是智将，也是猛将，同时他风度翩翩，更是一员儒将。

在极为有限的物质条件下，只有凭借超群的智慧和胆识才能取得胜利，所以韦睿深得毛泽东的赞赏。毛泽东在史学家叙述韦睿的这两次作战文字旁加以旁圈，批注"以少击众"、"以少击众"，第二次还在"以少击众"四字边逐字加了旁圈。在读到韦睿指挥作战"以板舆自载，督励众军"时，毛泽东批道："将在前线。"合肥之战时，当魏兵来挖掘肥水堰坝的时候，韦睿"亲与争"，毛泽东又批道："将在前线。"在不到三十字的原文里逐字加了旁圈，并连续两次批注"将在前线"，表示对韦睿的

看
八·大·名·将

勇气和身先士卒的嘉许。

（三）"为将当有怯弱时"

韦睿是一员智将，眼光长远，善于权衡度势。

宋时，韦睿为雍州刺史袁抃的主簿。袁抃与邓琬作乱，韦睿便提议到义成郡做官，因而得以免祸，一直做到右军将军。

齐末，老将陈显达惧功高震主，与崔慧景共同作乱，频逼京师，民心惶骇不安。当时韦睿为上庸太守，属下问他上庸的归所，韦睿说："陈虽旧将，非命世才；崔颇更事，懦而不武。其取赤族也，宜哉！天下真人，殆兴于吾州矣。"于是派了两个儿子结好萧衍（后为梁武帝），为萧衍的左膀右臂，此后便被梁武帝引为心腹。当时萧衍为雍州刺史，故有"吾州"之说。当时萧衍并未有何突出之处，韦睿能一眼瞧出明主，可谓眼光独到。

天监七年（508），韦睿受梁武帝萧衍委派，督众军支援安陆（今湖北安陆县），以防魏军南袭。韦睿下令增筑城墙，开挖大堑，起造高楼。众人笑其胆怯，韦睿却说："不然，为将当有怯时，不可专勇。"毛泽东读至此批注说："此曹操语。夏侯渊不听曹公此语，故致军败身歼。"魏军闻韦睿来援，且有所准备，便退兵而回。韦睿不战而胜。

"为将当有怯弱时"，不是畏缩不前，也不是一筹莫展，而是应该具有不恃"专勇"而知己不足、智勇兼备的制胜之道。夏侯渊不听

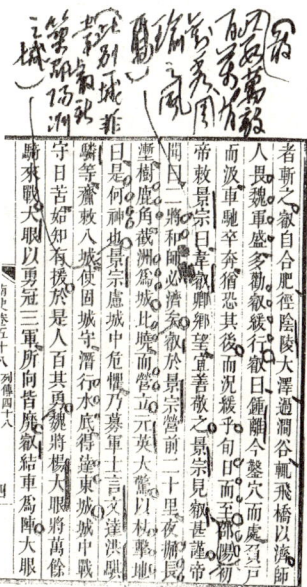

毛泽东读《南史》
批注之一

毛泽东读《南史·韦睿传》批注之二

曹操告诫、不懂"为将当有怯弱时"，为显赫战功所迷惑，恃勇轻敌，最终命丧黄忠刀下。

毛泽东提倡的积极防御的战略方针，也是对"为将当有怯弱时"思想运用的一种典范。坚持积极防御的战略方针，是毛泽东在人民军队"以小敌大"、"以弱敌强"的实践中提出来的。如何防御，成为关系中国革命成败的问题，成为党领导军队作战首先要解决的问题。在这个问题上，"常常发生两种偏向，一种是轻视敌人，又一种是为敌人所吓倒"。李德、博古等人在中央苏区第五次反"围剿"战争中实行的没有丝毫"怯弱"的单纯防御、在长征中实行的退却逃跑，即是这两种错误偏向的典型事例。

所谓"积极防御"，即攻势防御，又叫决战防御。消极防御，即专守防御，又叫单纯防御。只有积极防御才是真防御，才是为了反攻和进攻的防御。其要点就是寓"勇"于"怯"之中。"勇"与"怯"，是对立统一的。一个优秀的领导干部既要有敢想敢干的勇气，"临危不惧、有前无却"，勇于探索，勇于实践，也要有战战兢兢之心，"临事而惧、谦虚谨慎"，不妄自尊大，不逞匹夫之勇。总之，唯有"勇"、"怯"兼备，才能立于不败之地。

1971年10月26日，第26届联合国大会第1976次会议以压倒多数通过了"两阿提案"，恢复了

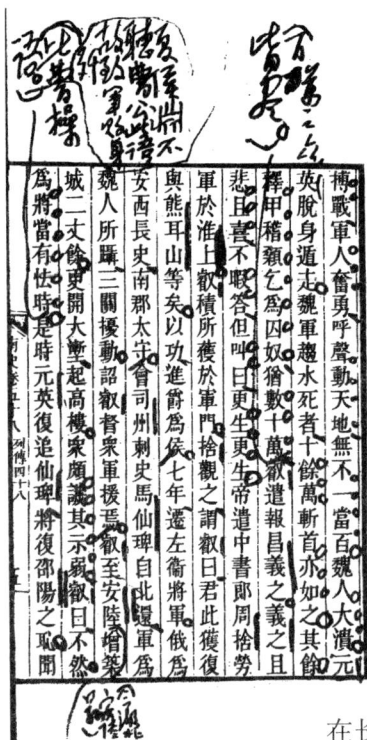

毛泽东看八·大·名·将

中国在联合国的合法席位。得知消息后,毛泽东高兴之余,对周恩来、乔冠华等人说:"有一出京剧就叫《定军山》,是谭鑫培、谭富英的拿手戏。你们看看《魏书》的《夏侯渊传》。当初夏侯渊打了几次胜仗,曹操写信提醒他:'为将当有怯弱时,不可但恃勇也。将当以勇为本,行之以智计;但知任勇,一匹夫敌耳。'""'当有怯弱时',就是要想到自己的弱点和不足,有打败仗的可能。夏侯渊把曹操的告诫不当一回事,结果全军覆没。你们去联合国,困难很多,要'以勇为本',更要注意'为将当有怯弱时'。"

毛泽东高兴之余,对周恩来、乔冠华等人说:"有一出京剧就叫《定军山》,是谭鑫培、谭富英的拿手戏。你们看看《魏书》的《夏侯渊传》。

二、"仁者必有勇"

(一)"决心"

天监四年(505),韦睿奉命督率梁军攻北魏,他派人攻打魏的小岘城(今安徽合肥东),久攻不破,"睿巡行围栅",到前线视察。此时,突然有魏兵数百人出城列阵,韦睿想攻击他们,而将领们都说:我们这次轻装而来,未做战斗的准备,让我们回去穿好铠甲,就可以向他们进攻了。韦睿不同意,他认为:北魏在城中驻有2000多士兵,关闭城门坚守,足以自保。现在无故让这些人出城,其中必然有骁勇的人,这些出来迎战的人肯定是勇敢的人,如果能打败这些人,攻下这座城毫无问题。众将们听后仍然犹豫不决,韦睿见状,便指着手中的符节厉声说:"朝廷授给我这些信物,不是为了装饰的,我的

毛泽东读《南史·韦睿传》批注之三

（《南史·韦睿传》竖排影印文字）

叡至乃退帝亦詔罷軍十三年爲丹陽尹以公事免十四年爲雍州刺史初叡起兵鄉中咨嶝雙光泣止叡叡遷爲州雙光道俗叡笑曰若從公言乞食於路矣齘耕牛十頭叡於故舊無所惜士大夫年七十以上多與假板縣令鄉里甚懷之十五年拜表致仕優詔不許徵拜護軍給鼓吹一部入直殿省居朝恂恂未嘗忤視武帝甚禮敬之性慈愛撫孤兄子過於己歷官所得祿賜皆散之親故家無餘財後爲護軍居家無事慕萬石陸賈之爲人因畫之於壁以自玩時雖老暇日猶課諸兒以學第三子稜尤明經史世稱其治閫叡每坐使稜

看八·大·名·将

命令，是不能违抗的！"说完，他便挥师向魏军发起攻击，将士们拼死作战，果然将魏军打得大败，并乘胜前进，下半夜就攻占了小岘城。

毛泽东对此处批注最多。他在"睿巡行围栅"几字旁加了圈，天头上画了三个大圈，地头上写上批语："躬自调查研究"，"躬自"二字是后加的，旁边画了两个圈，以加重"躬自"在调查研究中的重要意义。在"魏城中忽出数百人陈于门外，睿欲击之"句旁，画有圆圈，批语是："以少击众"。韦睿对他部下要求回去调兵的建议说："魏城中两千余人，闭门坚守，足以自保。今无故出入于外，必其骁勇，若能挫之，其城自拔。"毛泽东在"今无故出入于外"以下逐字加了旁圈，天头上画着三个圈。批语是："机不可失"。韦睿的部将仍很犹豫，他指着手里拿来的符节说："朝廷授此，非以为饰，韦睿之法，不可犯也。"毛泽东对韦睿的这句话逐字加旁圈，在天头上批道："决心"。

毛泽东在"七大"闭幕词中曾说过一句激励人克服困难的话："下定决心、不怕牺牲、排除万难、去争取胜利！"从此，这句话成为中国共产党人勇于奋斗，敢于牺牲斗争精神的写照。此后，在军民当中广为流传，成为人们战胜一切艰难险阻的精神动员令。

攻城的胜利结果是"魏军果败走，因急攻

之，中宿而城拔"。这充分说明，韦睿的分析和决断是正确的，这与他自身不可动摇的"决心"有很大关系。军队遇到困难的时候，决心始终是向困难冲锋的号角，并且能通过它使自己保持主动。尽管自己处于弱势，但韦睿并没有把自我一方摆在被动的局面里，反而把速度原则发挥到极致，并利用速度形成战略性机动。

保持主动，关乎着整个军队的存亡。在战场上一旦被敌人逼到被动位，自己离失败也就不远了。战争力量的优势或劣势固然是这种战场主动或被动与否的客观基础，然而只要有背水一战的决心，在它的鼓舞下，必能战胜无数的困难险阻。

毛泽东说过："被动总是不利的，必须力求脱离它。"（《毛泽东选集》第二卷，第457页）他在自己的军事生涯中认识到："战争力量的优劣本身，固然是决定主动或被动的客观基础，但还不是主动或被动的现实事物，必须经过斗争，经过主观能力的竞赛，方才出现事实上的主动或被动。"（《毛泽东选集》第二卷，第459页）因而，毛泽东十分重视主观指导的正确与否。毛泽东正是从韦睿这些以少胜多、以弱胜强的战例中发现了主观指导的正确与否，可以直接影响到这种优势与劣势、主动与被动之间的相对变化。因此，在"力争主动，力避被动"这个生死攸关的问题上，毛泽东除了主张先以自己局部的优势和主动向着敌人局部的劣势和被动，一战而胜，再及其余，各个击破之外，也十分看重

被动总是不利的，必须力求脱离它。"（《毛泽东选集》第二卷，第457页）

"被敌逼迫到被动
之位的事是常有的，
重要的是要迅速地恢
复主动地位。如果不
能恢复到这种地位，下
文就是失败。"（《毛
泽东选集》第一卷，第
223页）

"有计划地造成敌人的错觉，给以不意的攻击"
这种造成优势和夺取主动的方法。

在《中国革命战争的战略问题》一文中，毛
泽东曾用不少篇幅详细地阐述这种力争主动，
力避被动的问题，就是因为他在以弱对强的斗
争中认识到："被敌逼迫到被动之位的事是常
有的，重要的是要迅速地恢复主动地位。如果
不能恢复到这种地位，下文就是失败。"（《毛
泽东选集》第一卷，第223页）

（二）"曹景宗不如韦睿远矣"

毛泽东曾把韦睿与曹景宗相比，认为"曹景
宗不如韦睿远矣"。毛泽东为何这么说？

曹景宗（457—508），字子震，新野（今河
南新野）人，梁开国名将。《南史·曹景宗传》
载：曹景宗"性躁动，不能沉默。出行常欲褰
车帷幔，左右辄谏以位望隆重，人所具瞻，不宜
然"。于是他说了一番过去在乡里飞马拓弓，击
鸥逐獐，饮血茹毛，从而"不觉老之将至"的人
生作风。毛泽东对这段记载很感兴趣，在许多地
方密密地加了旁圈，由衷地赞赏和同情，因而禁
不住批道："景宗亦豪杰哉。"

本传载曹景宗幼善骑射，好打猎。有次随父
亲出门，中途突然遇到数百个强盗围攻，他身上带
有百余箭，百发百中射杀强盗，强盗吓得逃窜而
去，"因以胆勇闻"。曹景宗"颇爱史书，每读
《穰苴》、《乐毅传》，辄放卷叹息曰：'丈夫当
如是！'"穰苴即司马穰苴，春秋时齐国大夫，

"文能附众，武能威敌"，死后有《司马穰苴兵法》传世。乐毅是战国时燕国名将。对这两处反映曹景宗的勇敢和抱负的记载，毛泽东较重视，逐字画有旁圈。

毛泽东认为曹景宗不失为豪杰之人，特别是他追求金戈铁马、铿锵有力的人生风格。的确，曹景宗贵为公侯、刺史、将军，对标志权贵身份的繁文缛节和车马排场，不是刻意追求，而是十分蔑视，强烈向往叱咤风云、自由自在的生活。他引起了毛泽东的深深共鸣，也从一个侧面反映了毛泽东追求的人生方式，和他内在的豪迈狂放的性格。

正像人们所知道的那样，毛泽东是个不愿束缚自己个性的人。但是，新中国成立后，从某种意义上说，他"失去了行动的自由"，因为没有警卫部门的批准，他出不了中南海，不能像一般人那样逛街、游园等等，出门也是汽车、火车、飞机。这对一个在金戈铁马中打江山的领袖来说，不啻是一种违背个性的制约。这种感受，毛泽东在1965年1月9日会见他的外国老朋友斯诺时，便有过自白。他说："与其说我是写文章的，不如说我能同反对我的人打仗更合适。不打仗了，有时候病也来了，出门也不骑马，坐汽车、飞机、火车，每天走十里路，骑二十里马，非常舒服。"又说："简单一点的生活，对人反而好些。"以毛泽东这种性格和处境去理解曹景宗的上述自白，很自然会产生特有的思想感情上的沟通。

《南史》卷五十八《韦睿传》记载，天监五年（506），曹景宗率兵与韦睿合力攻魏，解救徐州刺史昌义之，打了胜仗。毛泽东批道："良将也，仅次于韦睿、裴邃。"毛泽东说景宗仅次于韦睿，可见对韦睿军事才能的评价之高。

《曹景宗传》载，徐州解围后，曹景宗班师回朝，梁武帝于华光殿开庆功宴会，众臣连句作诗，"令左仆射沈约赋韵。景宗不得韵，意色不平，启求赋诗"。在梁武帝和众臣看来，曹景宗不过一介武夫而已，没有答应，梁武帝还说：你技能甚多，人才英拔，何必在一首诗上争胜呢？曹景宗仍然请求。"时韵已尽"，只剩下"竞"、"病"二字了，便给了他。景宗便操笔，斯须而成，其辞曰："去时儿女悲，归来笳鼓竞。借问行路人，何如霍去病？""帝叹不已，约及朝贤惊嗟竟日。"毛泽东对这首诗，逐字加了旁圈，对其文采颇为赏识。

1959年庐山会议期间，毛泽东在一次讲话中说："公社一级干部不懂一点政治经济学是不行的。不识字的可以给他们讲课。……南北朝有个姓曹的将军，打了仗回来作诗：

去时儿女悲，归来笳鼓竞。

借问行路人，何如霍去病？"

（李锐：《庐山会议实录》（增订本），河南人民出版社1994年版，第131—132页）

这首出自没有多少文化修养的武将曹景宗之手的诗，其实并不算一首完整的诗，只是联句中很小的一部分。但却把作者胜利时的骄傲、高自期许的英雄气概、报国的豪情热望，表现得淋漓尽致。千载之后，仍能令人凛然而生敬意。所以，毛泽东在会上特意念了这首诗，称赞有加，用以说明文化不高的人也可以写出好诗。

毛泽东说曹景宗"亦豪杰"，是指其骁勇洒脱的个性和率兵破敌的战功。对本传里所述曹景宗的劣处，毛泽东也有批注。本传载，曹景宗随梁武帝起兵初，攻破一个县城，"景宗军士，皆桀黠无赖，御道左右莫非富室，抄掠财物，略夺子女，景宗不能禁。及武帝入顿西城，严中号令，然后稍息"。读至此，毛泽东批道："曹孟德、徐世勣、郭雀儿、赵玄郎亦用此等人。"曹孟德即曹操，陈琳在《为袁绍檄豫州》一文中，说曹操用了盗坟的无赖兵士，"所过隳突，无骸

去时儿女悲，归来笳鼓竞。

借问行路人，何如霍去病？"

（李锐：《庐山会议实录》（增订本），河南人民出版社1994年版，第131—132页）

看

八·大·名·将

不露"。徐世勣，即唐初大将李勣，《新唐书》本传说他纵人抢掠。郭雀儿即后周太祖郭威，新、旧《五代史》均说他起兵入汴京时，纵兵大掠。

本传又载："景宗在州，鬻货聚敛，于城南起宅，长堤以东，夏口以北，开街列门，东西数里。而部曲残横，人颇厌之。二年十月，魏攻司州，围刺史蔡道恭。城中负板而汲，景宗望关门不出，但耀军游猎而已。及司州城陷，为御史中丞任昉所奏。帝以功臣不问。征为右卫将军。"毛泽东读至此批道："使贪使诈，梁武有焉。"这就从曹景宗的贪、诈中，看出梁武帝对部下养痈遗患的失误。

曹景宗骁勇善战，立有战功，但在治军和个人品德上却又不为人称道，所以毛泽东更加偏爱韦睿。

纵观毛泽东对《南史·韦睿传》的圈读及批注，重在将领如何处事以保障战争的胜利，如何处理军政的大局，处理好军队官兵的关系，将领之间的关系等。他比较韦睿与曹景宗这二人，认为曹景宗只是一名勇将，好色贪财，这种人不是不能用，得防着点，所以批注"曹景宗不如韦睿远矣"。韦睿高尚的作风和品格，从根本上决定了他在指挥战争时能够取得胜利。对军事干部是如此，对行政干部，何尝不是如此。毛泽东始终关心的是干部的思想作风建设。

韦睿不仅有胆有识，且性情慈爱，最重要的是，他为人谦虚谨慎，从不居功自傲。史书上记载，每一次战争取得胜利后，曹景宗与其他将领都争先向梁武帝报捷，但韦睿总是在最后，从不像其他将领那样邀功取宠。

钟离之战后，昌义之十分感激韦睿，请曹景宗和韦睿玩樗蒲，设二十万钱作为赌注，让二人相赌，以报二人之恩。曹景宗掷得雉，韦睿掷得卢，他赶紧取一子反之，说"异事"，于是作塞。毛泽东读到此处批道："使曹景宗胜。"说明赌局的结果，表明韦睿不争胜，不贪财，甘为人后的谦虚精神和廉洁自律的品格。

樗蒲是我国古代的一种游戏，始于汉末魏初。汉代马融有《樗蒲赋》："昔有玄通先生，游于京都，道德既备，好此樗蒲。"晋代犹为盛行。《世说新语·方正》："王子敬（献之）数岁时，尝看诸门生樗蒲，见有胜负，因曰'南风不竞'。也作樗蒲。以击骰决胜负，得采有卢、雉、犊、白等称。后来泛称赌博为樗蒲。"

樗蒲的掷具有五枚，外形短小，长六分至一寸左右，两头锐圆，像压扁的杏仁，常用樗木制成，所以称樗蒲，又叫五木。樗蒲呈两面，以黑白区别，有的还刻上牛犊或野鸡的花样，小巧玲珑，掷出后极易产生"转跃不定"的效果，令赌徒乍惊乍喜，结局瞬息万变。

樗蒲五木中，其中两枚的黑面上画犊，在背面画雉，其互不重复的变化有十二种之多，其最高者为卢，三黑二犊；其次为雉，三黑二雉；再次为开，三白犊雉；再次为塞，三黑犊雉；以下依次为犊、白、塔、秃、撅。

曹景宗掷得雉，列二等，胜算很大。但韦睿掷出后，五木俱黑，四木已定，一木尚在转动，眼看就要成卢。韦睿知道曹景宗争强好胜，所以自己轻轻一碰，把最后的一木翻了过来，白面雉朝上，成了塞，这样曹景宗便赢了。但这是韦睿故意让的，所以毛泽东批注曰："使曹景宗胜。"肯定了韦睿谦虚的精神。

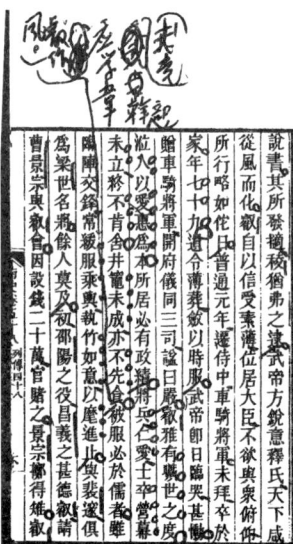

毛泽东读《南史·韦睿传》批注之四

（三）"韦放有父风"

《韦睿传》中说到了韦睿有四个儿子：韦放、韦正、韦棱、韦黯。

韦放是韦睿的长子，字元直。"身长七尺七寸，腰带八围，容貌甚伟"。大通元年（527），韦放奉命与陈庆之一起北伐，亦是一员沉勇的骁

将。当时领军曹仲宗、东宫直陈庆之攻打北魏涡阳，梁武帝诏令寻阳太守韦放率兵去与曹仲宗等会合。北魏散骑常侍费穆带兵突然来到，韦放的营垒还没有建好，麾下只有二百余人，"众皆失色，请放突去。放厉声斥之曰：'今日唯有死尔！'"于是脱掉盔甲而下马，坐在胡床上安排布置，兵士们都殊死奋战，人人以一当百，将魏军击退，追击到涡阳。毛泽东看了他的事迹后批道："韦放有父风。"

大通二年（528），韦放徙督北徐州诸军事、北徐州刺史，增封四百户，持节、将军如故。在镇三年而卒，时年59岁，谥曰宜侯。

韦睿的其他子孙也备极荣宠。下面略举一二。

韦正，做过中书侍郎、襄阳太守、给事黄门侍郎等。韦正长子韦载，跟随王僧辩讨伐侯景，后降陈武。晚年隐居江乘县之白山。韦载之弟韦鼎，擅观人，出使周时遇到杨坚，预言其"大贵"。到了陈后主至德初年，韦鼎为陈太府卿时，把自己的田地和住宅全部卖掉，大匠卿毛彪问他为什么这样做。韦鼎回答说：江南地区的王气已经完全丧失了，我和你都将会埋葬在长安。及至陈被平定后，隋文帝召韦鼎并授予他上仪同三司。做光州刺史时，"部内肃然，咸称其神，道无拾遗"。卒于长安，年79岁。

韦棱，性恬素，以书史为业，博闻强识，当世之士，咸就质疑。做过治书侍御史，太子仆，光禄卿等。著有《汉书续训》三卷。

韦黯，少习经史，有文词，位太府卿。侯景失败渡江后，只余八百余骑，南梁的马头（地名，在寿阳西北）戍主（官名）刘神茂一直对时任南豫州（今寿阳）监州事的韦黯不满，见侯景到来，献上了取寿阳的阴谋。侯景依计行事，来到寿阳城下，派人去见韦黯，说自己是朝廷的客人，如果不接他入城，魏兵追到，自己有失的话，朝廷必然会怪罪。黯信以为真，开门迎接，侯景一进城就夺了韦黯的权，占领了寿阳。韦黯逃走，后来在台城保卫战中病死。

韦粲，韦放长子，"有父风，好学仗气"。当时为衡州刺史的韦粲知道侯景反叛的消息后，立刻率本部五千人急行军东进赴援。在建康郊区，

韦粲因大雾而迷路，被侯景突击，力战不退，与儿子韦尼及三个弟弟韦助、韦警、韦构及从弟韦昂一起牺牲，追谥忠贞。

韦臧，韦粲长子，历官尚书三公郎、太子洗马、东宫领直。建康城陷后，奔江州，收旧部曲，据豫章，为其部下所害。

韦氏一门皆忠烈，文臣武将辈出。

三、"我党干部应学韦睿作风"

（一）"劳谦君子"

毛泽东倡导学"韦睿作风"，应该学习韦睿什么样的作风呢？首先就是他"劳谦君子"的勤勉率下之风。

"劳谦"，勤劳谦恭。语出《易・谦》："劳谦，君子有终，吉。"孔颖达注疏："上承下接，劳倦于谦也。"《后汉书・桓帝纪下》曰："往者孝文劳谦自约，行过乎俭。""君子"，泛指才德出众的人。《易・乾》载："九三，君子终日乾乾。"汉班固《白虎通・号》："或称君子何？道德之称也。居为言群也；子者丈夫之通称也。"宋王安石《君子斋记》："故天下之有德，通谓之君子。"

毛泽东读到"睿每昼接客旅，夜算军书。三更起，张灯达曙，抚循其众，常如不及，故投幕之士争归之"，逐字加了旁圈，并写了"劳谦君子"这个批语，称赞韦睿勤政爱兵，礼贤下士，具有儒将风度。

我国自古有"仁不统兵"的说法，是说治军一定要严格。但是，这种"严"，应该以对士兵的关心、爱护为基础和出发点，以军纪、军法为依据，要严而有据，严而有度，严中有情，决不能简单粗暴、滥施刑罚。而且，在严格要求官兵的同时，对他们的精神和生活一定要细心关怀、照料。战国时魏将吴起，主张领兵者必须"严刑明赏"，认为"若赏罚不明"，"虽有百万之军亦无益"。

有些带兵者认为，要带好兵，就必须让士兵怕自己，甚至不惜动用各种粗暴手法树立威严。其实，真正的威严并不能靠权力和压服得来。古人说，"公生明、廉生威"，"唯正足以服人"。只有处事公正、赏罚有信、身先士卒并切实关心、体贴部属，才能得到他们发自内心的钦佩和拥戴。

作为主将，韦睿的日常军务相当繁忙，甚至连屯驻地的营房修建标准等问题都在他的工作范围内。韦睿身体羸弱，作战不能骑马，却仍坚持乘坐用人抬的代步工具板舆，亲临阵前激励士兵。"魏军凿堤，睿亲与争"，毛泽东在此处又逐字旁圈，两次写下"将在前线"的批语，表示对他身先士卒的称赏。《南史》说他"将兵仁爱，士卒营幕未立，终不肯舍；井灶未成，亦不先食"。正是这些品质使得一个看似并不威严的将军，拥有巨大的威信，得以带领官兵为梁国立下了不朽功勋。

韦睿常常是在白天接待客人，夜晚钻研兵书，三更就起来掌灯工作，直到天亮。韦睿对于友人毫不慢待，大家都很尊敬他。他抚慰兵士，无微不至，所以当时有识之士都纷纷来投奔他，凡是所来之人，都受到他的热情接待。

韦睿不仅是体恤下属、关心士兵、勤于政事、廉洁自律的好将领，还是出了名的孝子，他对继母十分孝敬，因此受到乡里人的称赞。韦睿生性慈爱，抚养过世兄长的儿子比抚养自己的儿子还要周到。后来辞官回家，把历年所得俸禄均分送给亲朋故友，以致家中没有剩余财产。

（二）"躬自调查研究"

所谓作风，包括思想作风、工作作风和领导作风。是否善于调查研究，是毛泽东考查干部时最为关注的一个条件，无疑也是他称颂"韦睿作风"的一个组成部分。

毛泽东在《韦睿传》中两次批注："躬自调查研究。"一处是天监四年（505），梁攻小岘城时，"睿巡行围栅"；一处是次年韦睿领兵攻打合肥时，"睿案行山川，曰：'吾闻汾水可以灌平阳，即是此也。'"这一处，毛泽东在"睿巡行围栅"处加了旁圈，在天头上批道"躬自调查研究"。先画了三个大圈，意犹不足，又在自己批的"躬自"两字旁加了旁圈，以加重"亲自作调查研究"的重要意义。第二处，毛泽东在"睿案行围栅"旁加了旁圈，天头上画了三个大圈，在地脚处又批注道"躬自调查研究"，还在"躬自"旁加了套圈，在"调查研究"旁加了单圈。从这两个批注，可以看出毛泽东对调查研究从而掌握实际情况是多么重视，对韦睿的亲自调查研究是多么赏识。

没有调查研究，脱离实际，正是一些夜郎自大、一味逞强的领导工作者的病症所在。毛泽东一贯重视和强调调查研究。他在读《新唐书·裴度传》时，写到宰相武元衡被刺身死，裴度受伤，有人要求宪宗罢免裴度，受到宪宗斥责。"（裴）度亦以权纪未张，王室陵迟，常愤愧无死所。自行营归，知贼曲折，帝益信仗"。他也曾写下类似的批语："调查研究，出以亲身。"

裴度（765—839），字中立，河东闻喜（今山西闻喜）人，唐朝宪宗时期有名的大臣。贞元进士，由监察御史累迁御史中丞。力主削平藩镇，转升为宰相。《新唐书·裴度传》记载，裴度受宪宗之命巡视诸军，此番巡视，使裴度掌握了敌我双方大量的信息。毛泽东写的批语，赞赏裴度深入前线了解情况，由此提倡搞调查研究要"出以亲身"。

调查研究是建设、改革不断取得胜利的法宝。只有通过客观、全面、系统的调查研究，才能在把握真实情况、尊重群众实践的基础上，促进统一思想认识的形成，有效防止工作的偏差和失误，从而作出正确的决议、决定。

（三）"将在前线"

韦睿是一个标准的书生，体弱多病，看起来病恹恹的。所以每次上战场时，韦睿都是一身儒服，不着盔甲，坐在由人抬的一个木制坐具上，手握由一根竹子做的白角如意指挥作战。

在作战时，韦睿完全显现出了与他的文弱形象完全不相称的勇猛，每次他都躬自巡行，死守不退，军旗永远在前，故能激励将士。

韦睿每战"以板舆自载，督励众军"和"魏军凿堤，睿亲与争"，毛泽东分别在天头地脚两处批注："将在前线"。

毛泽东之所以如此赞赏"将在前线"，是对将军深入实际作风的赞赏，是对与士卒同甘共苦行为的推崇。

基层建设是一项群众性的经常工作，没有广大官兵积极性、创造性的发挥，很难有所突破、有所作为。在实际工作中，基层经常会遇到自身难以解决的困难，这些困难解决及时不及时将直接决定基层建设质量的高低与发展的快慢。因此，领导机关应该深入基层，身体力行，狠抓落实，一方面充分调动广大官兵的积极性，另一方面应为基层帮困解难，用"将在前线"的工作作风抓基层。

（四）"不贪财"

韦睿攻克合肥后，一切缴获都归公，"所获得军兵，无所私焉"，即对缴获的物资，韦睿自己丝毫不取。毛泽东对此批道："不贪财。"

毛泽东对干部"贪污"问题深恶痛绝，处理十分严厉。轻者教育或去职，重者坐牢，严重者杀头。因为毛泽东反贪污坚持走群众路线，所以那时干部只要敢多拿公家一张纸、一个信封，被群众揭发了，也是要挨处罚的，而干部也把贪污当成一种耻辱。毛泽东先后处死谢步升、唐达仁、左祥云、黄克功、肖玉壁、刘青山、张子善共七个贪官。

谢步升是我党反腐败历史上枪毙的第一个"贪官"。1932年5月9日下午3时，经中华苏维埃共和国临时最高法庭判决，叶坪村苏维埃政府主席谢步升在江西瑞金伏法。

谢步升利用职权贪污打土豪所得财物，偷用苏维埃临时中央政府管理科公章，伪造通行证私自贩运物资到白区出售，牟取私利。他为了谋妇夺妻掠取钱财，秘密杀害干部和红军军医。牟取后，查办案件遇到一定阻力。

毛泽东很关注谢步升案，他力主严惩，并指示说："腐败不清除，苏维埃旗帜就打不下去，共产党就会失去威望和民心！与贪污腐化作斗争，是我们共产党人的天职，谁也阻挡不了！"

1932年5月9日，以梁柏台为主审的中华苏维埃共和国临时最高法庭二审开庭，经审理判决："把谢步升处以枪决，在3点钟的时间内执行，并没收谢步升个人的一切财产。"这是红都瑞金打响的苏维埃临时中央政府惩治腐败分子的第一枪。

左祥云是我党历史上因贪污腐败问题而被判处死刑的较高级别的干部。中央苏区时期，为筹建中央政府大礼堂和修建红军烈士纪念塔、红军检阅台等纪念物，专门设立了"全苏大会工程处"。工程于1933年8月动工，当年11月就有人举报左祥云与总务厅事务股长管永才联手贪污工程款。中央人民委员会即令中央工农检察部、中央总务厅抓紧调查，结果发现左祥云在任职期间勾结反动分子，贪污公款246.7元。1934年2月13日，最高法院在中央大礼堂开庭公开审判左祥云及有关人员。审判历时近五个小时，判决左祥云死刑，执行枪决。同时，对其他有关人员作了相应判决。

被处以极刑的唐达仁是瑞金贪污腐败窝案的主犯。1933年夏的一天，中华苏维埃共和国中央政府工农检察部收到一封匿名举报信。部长何叔衡先后派出两个调查组进行调查，1933年12月28日，毛泽东同志主持中央政府人民委员会会议，听取中央工农检察部关于瑞金县苏维埃贪污案的汇报。会议决定，瑞金县财政部长蓝文勋撤职查办，会计科长唐达仁交法庭处理，并给予县苏维埃主席杨世珠以警告处分。

黄克功之死被喻为毛泽东"挥泪斩马谡"。黄克功少年时代参加红军，跟随毛泽东经历了井冈山的斗争和二万五千里长征，是"老井冈"中留下来为数不多的将领之一。

1937年10月，26岁的红军旅长黄克功，对陕北公学一个女学生刘茜逼婚未遂开枪将她打死在延河边。有人提出国难当头，人才难得，可让他戴罪杀敌。最后经陕甘宁边区高等法院审判，黄克功被处以死刑。黄克功给党中央、中央军委写信，要求从轻处理，戴罪立功。时任中央军委主席的毛泽东接信后给边区法院院长雷经天写信，支持法院判决，并要求在公审大会上，当着群众和黄克功的面公布这封信的内容。全文是：

雷经天同志：

你的及黄克功的信均收阅。黄克功过去斗争历史是光荣的，今天处以极刑，我及党中央的同志都是为之惋惜的。但他犯了不容赦免的大罪，以一个共产党员红军干部而有如此卑鄙的，残忍的，失掉党的立场的，失掉革命立场的，失掉人的立场的行为，如为赦免，便无以教育党，无以教育红军，无以教育革命者，便无以教育做一个普通人。因此，中央与军委便不得不根据他的罪恶行为，根据党与红军的纪律，处他以极刑。正因为黄克功不同于一个普通人，正因为他是一个多年的共产党员，是一个多年的红军，所以不能不这样办。共产党与红军，对于自己的党员与红军成员，不能不执行比较一般平民更加严格的纪律。当此国家危急、革命紧张之时，黄克功卑鄙无耻残忍自私至如此程度，他之处死，是他的自己行为决定的。一切共产党员，一切红军指导员，一切革命分子都要以黄克功为前车之鉴。

请你在公审会上，当着黄克功及到会群众，除宣布法庭判决外，并宣布我这封信。对刘茜同志之家属，应给以安慰与抚恤。

毛泽东

一九三七年十月十日

黄克功对此心服口服。临服刑前，当听说中央已安排对他的家人进行安抚时，黄克功感动得痛哭流涕。就这样，一个勇冠三军的红军将领被公审枪毙了。

1940年，是陕甘宁边区经济最困难的年头，上级安排老战士肖玉壁到清涧县张家畔税务所当主任。肖玉壁打过多次仗，仅身上留下的伤疤就有九十多处，可谓战功赫赫。

上任后，肖玉壁以功臣自居。不久，就贪污受贿，同时利用职权，私自做生意，甚至把根据地奇缺的食油、面粉卖给国民党破坏队，影响极坏。案发后，边区政府依法判处他死刑。他不服，向毛泽东求情。

毛泽东问："肖玉壁贪污了多少钱？"林伯渠答："3000元。他给您写了一封信，要求看在他过去作战有功的情分上，让他上前线，战死在战场上。"毛泽东没有看信，沉思了一阵，他想起了黄克功案件。毛泽东对林伯渠说："你还记得我怎样对待黄克功的吧？"林伯渠说："忘不了！"毛泽东接着说："那么，这次和那次一样，我完全拥护法院判决。"就这样，贪污犯肖玉壁被依法执行枪决。

刘青山、张子善事件更是震动了全国，教育了全党。1951年10月，中共中央召开政治局扩大会议决定：在全国各条战线开展一个精兵简政、增产节约运动。随着增产节约运动的深入发展，各地暴露和发现了大量的惊人浪费、贪污现象和官僚主义问题。

同年11月，有人揭发出了天津地委书记、石家庄市委副书记刘青山，原天津专区专员、天津地委书记张子善的巨大贪污案。

这两人居功自傲，贪图享受，革命意志消沉，腐化堕落。他们扬言："天下是老子打下来的，享受一点还不应当吗？"两人于1950年春至1951年11月，假借经营机关生产的名义，勾结私商进行非法经营。他们利用职权，先后盗窃国家救灾粮、治河专款、干部家属救济粮、地方粮，克扣民工粮、机场建筑款，骗取国家银行贷款等，总计达170余亿元（旧币）。

1951年11月29日，华北局向毛泽东、党中央报告了天津地委严重贪污浪费的情况。11月30日，毛泽东在为转发这一报告的批语中指出："……这件事给中央、中央局、分局、省市区党委提出了警告，必须严重地注意干部被资产阶级腐蚀发生严重贪污行为这一事实，注意发现、揭露和惩处，并须当做一场大斗争来处理。"

在公审大会召开之前，曾有高级干部考虑到刘、张两人在战争年代有过功劳，向毛泽东说情。毛泽东说，正因为他们两人的地位高，功劳大，影响大，所以才下决心处决他们；只有处决他们，才能挽救二十个、二百个、两千个、两万个犯有各种不同程度错误的干部。

毛泽东杀刘青山、张子善后有一段精彩的话，现在听来颇发人深省："我们杀了几个有功之臣，也是万般无奈。我们建议重读一下《资治通鉴》。治国就是治吏，礼、义、廉、耻，国之四维。四维不张，国将不国。如果臣下一个个都寡廉鲜耻，贪污无度，胡作非为，而我们国家还没

有办法治理他们，那么天下一定大乱，老百姓一定要当李自成。国民党是这样，共产党也是这样。杀张子善、刘青山时我讲过，杀他们两个，就是救了二百个、两千个、二万个啊。我说过的，杀人不是割韭菜，要慎之又慎。但是事出无奈，不得已啊。问题若是成了堆，就是积重难返了啊。崇祯皇帝是个好皇帝，可他面对那样一个烂摊子，只好哭天抹泪了哟。我们共产党不是明朝的崇祯，我们绝不会腐败到那种程度。不过，谁要是搞腐败那一套，我毛泽东就割谁的脑袋。我毛泽东若是腐败，人民就割我毛泽东的脑袋。"

治国就是治吏，礼、义、廉、耻，国之四维。四维不张，国将不国。如果臣下一个个都寡廉鲜耻，贪污无度，胡作非为，而我们国家还没有办法治理他们，那么天下一定大乱，老百姓一定要当李自成。国民党是这样，共产党也是这样。

（五）"干部需和"

韦睿十分注重部将的团结合作。在攻合肥前，胡景略与前军赵祖悦发生矛盾，两人互相忌恨。一次两人发生口角，胡景略一气之下竟然咬破了牙齿，鲜血直流。韦睿知道此事后，想到将帅不和，会导致患祸，于是便把胡景略请来，摆下宴席，亲自把盏，劝说胡景略道："且愿两虎勿复私斗。"（《南史·韦睿列传》）所以在这次作战中，两人没有互相斗气，战斗便进行得特别顺利。

"如果单单强调抗战而不强调团结和进步，那么所谓'抗战'是靠不住的，是不能持久的。缺乏团结和进步纲领的抗战，终究会有一天要改为投降，或者归于失败。"这是毛泽东为延安《新中华报》改版一周年纪念写的文章。正因为毛泽东深知团结下属的重要性，才会对韦睿的行为深有感触，重重批注"干部需和"，赞扬了韦睿的凝聚力及他发扬团结精神的做法。

毛泽东提出的十大关系是：重工业和轻工业、农业的关系，沿海工业和内地工业的关系，经济建设和国防建设的关系，国家、生产单位和生产者个人的关系，中央和地方的关系，汉族和少数民族的关系，党和非党的关系，革命和反革命的关系，是非关系，中国和外国的关系。毛泽东进一步指出："像我们常说的那样，道路总是曲折的，前途总是光明的。我们一定要努力把党内党外、国内国外的一切积极的因素，直接的、间接的积极因素，全部调动起来，把我国建设成为一个强大的社会主义国家。"

无论是在新民主主义革命时期，还是在社会主义建设时期，毛泽东都非常注重军队、人民的大团结的。毛泽东在《论十大关系》中指出："什么是国内外的积极因素？在国内，工人和农民是基本力量。中间势力是可以争取的力量。反动势力虽是一种消极因素，但是我们仍然要做好工作，尽量争取化消极因素为积极因素。在国际上，一切可以团结的力量都要团结，不中立的可以争取为中立，反动的也可以分化和利用。总之，我们要调动一切直接的和间接的力量，为把我国建设成为一个强大的社会主义国家而奋斗。"这就是说：毛泽东所要消灭的是不合理的经济剥削和政治压迫的反人民的社会制度，团结人而不是要消灭人。毛泽东提出的十大关系是：重工业和轻工业、农业的关系，沿海工业和内地工业的关系，经济建设和国防建设的关系，国家、生产单位和生产者个人的关系，中央和地方的关系，汉族和少数民族的关系，党和非党的关系，革命和反革命的关系，是非关系，中国和外国的关系。毛泽东进一步指出："像我们常说的那样，道路总是曲折的，前途总是光明的。我们一定要努力把党内党外、国内国外的一切积极的因素，直接的、间接的积极因素，全部调动起来，把我国建设成为一个强大的社会主义国家。"

毛泽东看八·大·名·将

1956年4月29日，毛泽东在同拉丁美洲一些国家党的代表谈话《要团结一切可以团结的力量》中指出：要团结一切可以团结的人，"为了这个目的，我们党必须充分利用一切可以利用的力量。对于党内犯过错误的同志要有正确的政策，帮助他们，而不是把他们整死。批评并不是一推了事。人总是要犯错误的。不同的是，有的犯得多一些，有的犯得少一些；有的改正得早一些，有的改正得晚一些。我们党内曾经有过对犯错误的同志实行'无情打击'的偏向。人总是有情的。何况是对同志呢？'无情打击'只会在党内造成对立，闹不团结，今天我打你，明天你打我，打来打去弄得大家不和气，党的事业不兴旺、不发达，同志们大家都不高兴。后来我们党纠正了这种偏向，帮助在改正错误的同志，能团结的力量越多越好"。他又说："犯过错误的同志有了经验教训，在这一点上可能比没有犯过错误的同志要强。没有犯过错误的同志，下一次有可能会犯错误。"他最后强调说："大敌当前，我们必须调动一切可以调动的力量，包括社会的、党内的一切可以团结的力量。"（《毛泽东文集》第七卷，人民出版社，1999年版，第62页）

"大敌当前，我们必须调动一切可以调动的力量，包括社会的、党内的一切可以团结的力量。"（《毛泽东文集》第七卷，人民出版社，1999年版，第62页）

1956年8月30日，毛泽东在中国共产党第八次全国代表大会预备会议第一次会议上的讲话《增强党的团结，继承党的传统》中指出："我们的各项具体工作，包括工业、农业、商业、文化教育等等工作，百分之九十不是党员做的。所以，我们要好好团结群众，团结一切可以团结的人

一道工作。"毛泽东指明了团结的目的和团结的对象:"我们团结党内外、国内外一切可以团结的力量,目的是为了什么呢?是为了建设一个伟大的社会主义国家。""所谓团结,就是团结跟自己意见分歧的,看不起自己的,不尊重自己的,跟自己闹过别扭的,跟自己作过斗争的,自己在他面前吃过亏的那一部分人。至于那个意见相同的,已经团结了,就不发生团结的问题了。"

早在1949年3月13日,毛泽东在《党委会的工作方法》一文中指出:"注意团结那些和自己意见不同的同志一道工作。不论在地方上或部队里,都应该注意这一条。对党外人士也是一样。我们都是从五湖四海汇集来的,我们不仅要善于团结和自己意见相同的同志,而且要善于团结和自己意见不同的同志一道工作。我们当中还有犯过很大错误的人,不要嫌这些人,要准备和他们一道工作。"

1957年2月27日,毛泽东在最高国务会议第十一次(扩大)会议上的讲话《关于正确处理人民内部矛盾的问题》中指出:"国家的统一,人民的团结,国内各民族的团结,这是我们的事业必定要胜利的基本保证。"1958年3月,毛泽东《在成都会议上的讲话》中指出了团结和斗争之间的辩证关系,他说:"团结中就包含着不团结,有意见分歧就转化为斗争,不能天天团结,年年团结。讲团结,就是因为有不团结。人总是参差不齐的,不平衡是绝对的、永久的、无条件的。不团结也是无条件的,讲团结时还有不团结,因此要做工作。只讲团结一致,不讲斗争,不是马列主义。从团结的愿望出发,经过斗争,才能达到新的团结。团结转化为斗争,斗争再转化为团结。不能光讲团结和一致,不讲矛盾和斗争。苏联就只强调一致,不讲矛盾,特别是不讲领导同被领导之间的矛盾。没有矛盾和斗争,就没有世界,就没有发展,就没有生命,就没有一切。老讲团结,就是'一潭死水',就会冷冷清清。一潭死水好?还是'不尽长江滚滚来',后浪逐前浪好?要打破旧的团结基础,经过斗争,在新的基础上达到新的团结。党是这样,阶级是这样,人也是这样。团结、斗争、团结,这就有工作了。"

　　1957年11月18日，毛泽东在莫斯科共产党和工人党代表会议上发表讲话。《党内团结的辩证方法》是其中的一部分，讲话提出对同志要采取辩证的方法。毛泽东指出，"对同志不管他是什么人，只要不是敌对分子、破坏分子，那就要采取团结的态度"。

　　1962年1月30日，毛泽东《在扩大的中央会议上的讲话》中讲到"要团结全党和全体人民"时指出："要把党内、党外的先进分子、积极分子团结起来，把中间分子团结起来，去带动落后分子，这样就可以使全党、全民团结起来。只有依靠这些团结，我们才能够做好工作，克服困难，把中国建设好。要团结全党、全民，这并不是说我们没有倾向性。有些人说共产党是'全民的党'，我们不这样看。我们的党是无产阶级政党，是无产阶级的先进部队，是用马克思列宁主义武装起来的战斗部队。"他进一步说："要使全党、全民团结起来，就必须发扬民主，让人讲话。在党内是这样，在党外也是这样。"（《毛泽东文集》第八卷，人民出版社1999年版，第306—307页）

"对同志不管他是什么人，只要不是敌对分子、破坏分子，那就要采取团结的态度。"

——1957年11月18日，毛泽东在莫斯科共产党和工人党代表会议上讲话

孙宾 司马懿

周瑜 吕蒙 韦睿

关羽 岳飞 张飞

『岳飞是个大好人』

岳飞（1103—1142），字鹏举，北宋相州（今河南汤阴）人。自幼家贫，但学习努力，特别爱读《左氏春秋》、吴起的兵法。他生来力气过人，能拉三百斤的强弓，弩弓可达一千斤。初向周前学箭，能左右开弓。岳飞年轻时，家乡经常受金人骚扰，后来沦陷。面对山河破碎、家乡被占领、民不聊生、生灵涂炭的悲惨景象，岳飞组织岳家军奋起抗敌，保境安民。为了鼓励他抗击金兵，保家卫国，其母曾在他的背上刺了"精忠报国"四个大字。

岳飞画像

　　早在家乡韶山冲读私塾时，少年时代的毛泽东，就看过根据明代熊大木的《岳飞评话》改编的《精忠说岳全传》。当时，毛泽东常去附近李家屋场李漱清处求教。李漱清出洋留过学，见多识广。毛泽东曾向他谈过读《说岳全传》的见解："牛皋比岳飞有气魄，岳飞比不上他。岳飞明明知道秦桧要加害他，却偏要跑到风波亭去送死；牛皋的胆子大得多，他敢于招集人马，上太行山落草，造皇帝老子的反。"显然，《说岳全传》给少年毛泽东留下了深刻印象。

　　毛泽东很爱看岳飞题材的戏，据毛泽东的警卫员陈昌奉回忆：1933年，毛泽东在瑞金观看过京剧《岳母刺字》后，说："岳飞是个民族英

雄，他精忠报国，全心为民，抵抗外军侵略……我们要向他学习。"

抗战时期在延安，毛泽东几次观赏由田汉编剧、延安评剧院巡回演出的全本《岳飞》。

1938年，毛泽东在延安抗日军政大学的一次演讲中说："李逵什么也没有学，仗打得很好；岳飞也不是什么地方毕业。"用李逵、岳飞的事迹勉励学员，要自学成材。

针对国民党顽固派的消极抗日，毛泽东在延安的一次讲话中指出，中国历朝以来的政治路线和组织路线有两条：一条是正当的，另一条是不正当的。如果朝廷里是贤明皇帝，所谓"明君"，那就会是忠臣当朝，这就是正当的，用人在贤；昏君，必有奸臣当朝，是不正当的，用人在亲，狐群狗党，弄得一塌糊涂。宋朝徽、钦二帝，秦桧当朝，害死岳飞，弄得山河破裂。

毛泽东还非常注意用中国历史上投降派和抵抗派的故事对人们进行思想教育。1939年1月17日，他在关于研究中华民族史复陕北公学何干之教授的信中说："如能在你的书中证明民族抵抗与民族投降两条路线的谁对谁错，而把南北朝、南宋、明末、清末一班民族投降主义者痛斥一番，把那些民族抵抗主义者赞扬一番，对于当前的抗日战争是有帮助的。"就这个问题，他同年4月8日在延安抗日军政大学的一次演讲中，特别提倡若干历史人物干到底的英雄气节，他说："多少共产党员被杀头，还是威武不能屈。但尚有一部分叛徒起先信仰马克思主义，而且做工作，但一旦威武来了，就屈服，带路杀人，什么都做。一种人被捉了，要杀就杀，这种英雄的人，中国历史上很多，有文天祥、项羽、岳飞，决不投降，他们就有这种骨气。那些叛徒就没有这种骨头，所以平素讲得天花乱坠，是没有用的。"（陈晋：《毛泽东的文化性格》，中国青年出版社1991年版，第240页）

1958年，毛泽东在几次中央会议上提到破除迷信时，讲到岳飞，说："岳飞建立岳家军时只20几岁。"又说："宋朝的名将岳飞，死的时候才38岁。"

雕像：岳母刺字

1960年3月19日，毛泽东在上海请工人代表和市委领导人一起在锦江小礼堂看戏，其中就有折子戏《岳母刺字》。当舞台上岳母在儿子脊背上刺了"精忠报国"四个大字时，毛泽东情不自禁地从大沙发上站起身来，热烈鼓掌。重新入座后，他又侧身问上海联华钢厂厂长孔令熙："这个戏你看过吗？中国像这样的母亲有千千万万呢！"

一、"岳飞是中国历史上一个伟大的爱国英雄"

（一）廉洁奉公

说起岳飞的"廉洁奉公"，让人不由得想起他的至理名言："文官不爱钱，武官不惜死，不患天下不太平。"这名言是他一生的真实写照。

1122年，十九岁的岳飞怀着保家卫国的满腔热血奔赴抗金前线。在此后近二十年的戎马生涯中，岳飞南征北战，参加和指挥了数百次战斗，他总是身先士卒，屡立奇功，为保卫和巩固南宋的江山社稷立下了汗马功劳，很快便成为一名高级将领。当时，与他同朝的其他将领在杭州都有豪华府第，唯独岳飞没有。高宗表示也要在杭州为岳飞修建一座上等宅院。岳飞知道后，立即上书辞谢说："北虏未灭，臣何以家为？"

岳飞立身廉洁，为官清正，这是众所周知的。至于他廉洁到什么程度，史书《金陀粹编》中是这样记述的："岳飞生活俭朴，不经商，不置私产，虽然身居显位，却不纳妾，甚至连一个使女丫环也没有。每次朝廷给他的犒赏，他总是如数分配给部下，从不私藏一分一毫。一次，部队给养匮乏，岳飞就将朝廷赏赐给他个人的物品全部变卖，来解决军中急需。"

在封建社会，做官的有几个不想光宗耀祖，封妻荫子，享受荣华富贵？像岳飞这样廉洁奉公，不谋私利，严于律己，不贪功名的又能有几人呢？南宋诸大将无不豪富。张俊为防盗，铸一千两一个的大银球，称为"没奈何"，堆满大屋，退休后尚有每年六万担租米的收入。而三十二岁就任节度使的岳飞，每月的俸禄超过宰相，可在他被害后，全部家产被没收，却没有一件真正值钱的东西，只有一些书画、字卷和赏赐品，与那些有着豪华住宅，妻妾成群，家私万贯，而且还享受着种种特权的其他将领相比，真是天壤之别！岳飞的总家产只有三千贯（约合两千多两银），且其中含有数千匹麻布和数千石粮米，显然也是准备用于军队的，大奸臣秦桧对此也感到难以置信。二十年后，岳飞冤案昭雪的时候，宋孝宗了解到实情，为岳飞的清贫而感叹不已。

岳飞与士卒同甘共苦，部队补给艰难时，则"与士卒最下者同食"。有一次岳飞受地方官招待，吃到"酸馅"（一种类似包子的面食）这种在官员富商们看来很普通的食物时，不禁惊叹道："竟然还有这么美味的食物！"

南宋诸将中，唯有岳飞坚持一妻，且从不去青楼。大将吴阶曾花两千贯买了一名士人家（读书人家）的女儿送给岳飞，岳飞以屏风遮挡问道：我家的人都穿布衣，吃粗食，娘子若能同甘共苦，便请留下，否则，我不敢留你。女子听了窃笑不已，显然不愿意。岳飞便遣人送回。部将谏阻说不要伤了吴阶的情面，岳飞说，而今国耻未雪，岂是大将安逸取乐之时？吴阶得知后更加敬重岳飞。

岳飞于重兵在握、威震四方的腾达之时，一直保持廉洁奉公的美德。全家均穿粗布衣衫，妻子李氏有次穿了件绸衣，岳飞便道：皇后与众王妃在北方（靖康之难时被金兵俘虏）过着艰苦的生活，你既然与我同甘共苦，就不要穿绸布衣了。自此李氏终生不着绫罗。

战时，南宋对军队犒赏极厚，岳飞从来不取一文，全部分给将士。有次一名部将贪污赏银，立即被斩。

岳飞提出的"文臣不爱钱，武臣不惜死，天下太平矣"，堪称封建社会官吏的行为典范，他廉洁自律的高尚品德也受到后人的景仰。

（二）严以律子

岳飞对子女教育很严，要求他们每天做完功课后，必须下地劳作。除非节日，否则不得饮酒。宋时有"任子恩例"，官员品级越高，子女可享受的官阶越高，次数越多。岳飞勉励儿子们"自立勋劳"，仅用了一次"恩例"，还是为被秦桧迫害致死的老上级张所之子张宗本而用。岳云屡立殊勋（多次战斗中"功第一"），岳飞却多次隐瞒不报。

岳云，岳飞长子，字应祥，号会卿，宋宣和元年（1119）六月初五日生于河南汤阴县，是中

多少共产党人被杀头，还是威武不能屈。但尚有一部分叛徒起先信仰马克思主义，而且做工作，但一旦威武来了，就屈服，带路杀人，什么都做。一种人被捉了，要杀就杀，这种英雄的人，中国历史上很多，有文天祥、项羽、岳飞，决不投降，他们就有这种骨气。那些叛徒就没有这种骨气，所以平素讲得天花乱坠，是没有用的。

——毛泽东在延安抗日军政大学的演讲。

国历史上有名的少年将军。因为金兵的侵略烧杀，岳云从小与父母分离，颠沛流离中目睹了金兵的恶行和宋人的困苦，在祖母教育下，立下保家卫国的大志。十二岁时岳云从军，被父亲岳飞编入其部将张宪的队伍中，当一名小卒。他旦夕勤学苦练，可谓文武双全，有乃父之风。

有一次，小岳云与将士一起骑马进行爬山练习，不小心因马失前蹄而摔倒在地。岳飞见了大怒，并指责岳云说，这全是平日练习不认真造成的，如果是在战场上，岂不误了国家大事？当即下令将他推出去斩首。众将士急忙求情，念其年幼，岳飞最后还是下令将岳云打了一百军棍。从此岳云更加刻苦练习，练就了一副钢筋铁骨。

绍兴四年（1134），十六岁的岳云随父出征，去收复被金人占领的随州、邓州等地。在这次战斗中，岳云手持两个铁椎，冲锋在前，勇不可挡，第一个登上久攻不克的随州城。后又随军北征，收复了邓州。从此，军中皆称他为"赢官人"。

此后岳云成为背嵬军最重要将领之一（背嵬军：岳飞亲兵，岳家军精锐，以八千余名骑兵为主，战斗力极其强悍），并任机宜文字（主要负责机密文字记录，是一支军队的重要文职），在历次对金对伪齐作战，以及剿灭杨幺、安定后方等战斗中屡立大功，却多次被父亲隐瞒不报，岳云毫无怨言。为此张俊说："岳侯避宠荣一至此，廉则廉也，然未得为公也！"岳飞答道："父之教子，怎可责以近功？"又说："正己而后可以正物，自治而后可以治人，若使臣男受无功之赏，则是臣已不能正己而自治，何以率人乎？"

绍兴七年（1137），金兀术率军南侵，以本族精锐在郾城（今属河南省漯河市）与岳家军大战。岳云身先士卒，率背嵬军骑兵冲撞敌阵，挫敌锐气，又反复冲杀，为这场重要的主力决战获胜立下大功（此战是中国历史上少有的大规模骑兵"遭遇"战，更是少有的平原野战中，农耕民族步骑混同击败数量优势的游牧民族骑兵精锐的战例）。

郾城大败后不久，金兵获得增援，以十万众改攻颍昌（今河南许昌），岳家军守军约三万。岳飞预先令岳云率部分背嵬军赴援，当日，岳云率军在金兵阵中来回冲杀数十次，杀得人成血人，马成血马。因金兵数量远胜，主将王贵一度怯战欲退，为岳云坚拒。鏖战半日后，金兵士气低迷，岳家军留守部队五千人趁势开城杀出，一举击溃金兵。此战诛杀了金兀术女婿夏金吾，还生擒金军大小首领七十八人，杀死敌军、缴获军器等不计其数。

郾城等战后，金兀术大为震惊，仰天长叹道，"岳少保以五百骑破吾五十万众！撼山易，撼岳家军难！"

绍兴十一年（1141），岳云被奸臣秦桧诬陷，与其父和张宪同时被害于杭州西湖风波亭，年仅二十三岁。

绍兴三十年（1161），宋孝宗为岳飞父子平反昭雪后，岳云附葬在杭州西霞岭下。其后宋孝宗追授岳云为安远军承宣使、武康军节度使及安边将军等职，并追封为继忠侯。

1952年，毛泽东在山东、河南视察黄河，从郑州返京途中，特地在岳飞故里汤阴车站下车，在月台上仔细观看矗立在那里的《岳武穆故里碑》，并在碑前留影。碑文大致是据《宋史·岳飞传》改写的，字数很多，但他仍从头到尾耐心地念完，以表示对岳飞的敬仰。汤阴县县长王庭文汇报说："据我们所查，岳飞后代没有一个当过汉奸的。"毛泽东听后高兴地说："很好，很好，岳飞是个大好人，岳家没有一个当汉奸的，都保持了岳飞的爱国主义气节。"

（三）文才横溢

岳飞的文才自不必说，数十首（篇）诗文足以说明。除此之外，他爱好读书，书法颇佳，时人称"室有邺架"，"字尚苏体"（邺架，形容藏书极多；苏体，苏东坡书法甚好，岳飞学的便是苏体）。他还爱与士子、文人交往，"往来皆高士"。

在毛泽东眼中，岳飞还是一位优秀的诗人。他对岳飞流传下来的为数不多的几首诗词，口诵手书，十分喜爱。从他让王芳背诵的岳飞名作《满江红·怒发冲冠》，已看出他的熟悉和喜爱。《满江红》是这样写的：

毛泽东《清平乐·会昌》手迹

怒发冲冠，凭阑处，潇潇雨歇。抬望眼，仰天长啸，壮怀激烈。三十功名尘与土，八千里路云和月。莫等闲，白了少年头，空悲切。　靖康耻，犹未雪；臣子恨，何时灭？驾长车，踏破贺兰山缺。壮志饥餐胡虏肉，笑谈渴饮匈奴血。待从头，收拾旧山河，朝天阙。

《满江红》是一首洋溢着爱国豪情的战歌。上阕抒情，抒写作者艰苦卓绝的战斗历程；下阕言志，抒写作者洗刷国耻、重整河山的雄心壮志，表现了一种大无畏的英雄气概。千百年来，激励着中华民族的爱国热情，对后世产生了深远的影响。毛泽东还手书过这首词，而且在1966年6月写的《七律·有所思》诗中"凭阑静听潇潇雨"，显然是由岳飞《满江红·怒发冲冠》词中"凭阑处，潇潇雨歇"点化而来。

毛泽东对岳飞的另一首词《小重山·昨夜寒蛩不住鸣》也非常看重，在阅读时密密地加了圈点。这首词是这样写的：

昨夜寒蛩不住鸣，惊回千里梦，已三更。起来独自绕阶行，人悄悄，帘外月胧明。　白首为功名，旧山松竹老，阻归程。欲将心事付瑶琴，知音少，弦断有谁听？

《小重山》和慷慨激昂的《满江红》风格截然不同，上阕寓情于景，写作者思念中原、忧心国事的心情；下阕直抒胸臆，写收复失地受阻、心事无人理解的苦闷。全词多用比喻和典故，曲折地道出心事，笔调沉郁蕴藉，意象清冷，极尽变幻，抒发了抑郁难伸的爱国情怀。当代词学家缪钺教授《灵溪词说》中评岳飞词绝句云："将军佳作世争传，三十功名路八千。一种壮怀能蕴藉，请君细读《小重山》。"可谓一语中的。

岳飞的《池州翠微亭》、《送紫岩张先生北伐》两首表现抗金内容的小诗，毛泽东也十分喜爱，也都手书过。池州，今安徽贵池县。翠微亭，在南齐山顶，建于唐朝。岳飞北伐时曾至此，因有是作。全诗是：

经年尘土满征衣，特特寻芳上翠微。
好水好山看不足，马蹄催趁月明归。

另一首《送紫岩张先生北伐》原文如下：

号令风霆迅，天声动北陬。
长驱渡河洛，直捣向燕幽。
马蹀阏氏血，旗枭可汗头。
归来报名主，恢复旧神州。

紫岩，紫色岩石，多指隐者所居。据此，张先生当是一位从军的隐士。诗中借送张先生北伐，抒发收复中原的壮志豪情，可与《满江红·怒发冲冠》对看。

毛泽东十分推崇岳飞，从他的立身行事，我们可以看到岳飞的影子。岳飞为了实现抗金、收复中原的志向，甘愿献出自己的生命，而毛泽东一家为革命献出了六位亲人，这种献身祖国的精神是一脉相承的；岳飞"运用之妙，存乎一心"的观点，成了毛泽东军事理论中"灵活性"的注脚；

岳飞视死如归的大无畏英雄气概，"文官不要钱，武将不怕死，天下太平矣"的名言，岳家军"撼山易，撼岳家军难"的战斗力，以及"饿死不抢掠，冻死不拆屋"的严明军纪，毛泽东都予以肯定，批判地加以继承和发展。甚至在自己的诗词中化用岳飞诗词中句意，都是毛泽东受岳飞影响的明证。

当然，对于岳飞，毛泽东也没有求全责备。其缺点和历史局限性，毛泽东也毫不客气地指出，至少有这么几点：第一，岳飞只反对投降派秦桧等人，不反对宋高宗，对投降派的总后台宋高宗认识不清，是一种愚忠思想作怪；第二，作为封建官僚，他率军镇压了江西、湖北两支农民起义军，是镇压农民起义军的刽子手，这是要否定的；第三，他的名言"文官不要钱，武官不怕死"，有片面性，应该是文官、武官都不要钱，又不怕死，才全面。

（四）勇冠三军

毛泽东对岳飞的军事才能评价甚高。他在《论持久战》中讲到战争的灵活性时曾说："古人所谓'运用之妙，存乎一心'，这个'妙'，我们叫做灵活性，这是聪明的指挥员的出产品。灵活不是妄动，妄动是应该拒绝的。灵活，是聪明的指挥员，基于客观情况，'审时度势'（这个势，包括敌势、我势、地势等项）而采取及时的和恰当的处置方法的一种才能，即是所谓'运用之妙'。"（《毛泽东选集》第二卷，人民出版

社1991年版，第494页）

毛泽东所说的古人就是岳飞。"运用之妙，存乎一心"，是岳飞对宗泽说的一句话，概括了他对兵法精髓的把握。当时，岳飞随宗泽在黄河南岸作战，战开德，攻曹州，屡立战功。宗泽见他作战不拘常法，既佩服又担心，便对他说："尔勇智才艺，古良将不能过，然好野战，非万全策。"说罢，就把阵图交给岳飞看。岳飞看了以后说："阵而后战，兵法之常，运用之妙，存乎一心。"意思是说，先布好阵再出战，这是兵法的常规，但用兵的奥妙在于以变制变，而这又全靠军事家的运筹谋划。

那么，什么是常规呢？原来按照宋军作战成例，凡将帅出征，皇帝亲授阵图，作战时需要严格遵守，不得变更。岳飞的这一主张，一反宋军作战的惯例，切中当时宋军作战的弊端，说明了战略战术的灵活性和指挥员审时度势、机断处置的作用。这种"运用之妙"，表现在作战计划的制定、战机的捕捉和战略战术的灵活运用等各个方面，其关键在于军事家的运筹谋划。前面所述岳飞收复荆襄六郡和大战郾城、朱仙镇两次大的胜利，都是从战略全局出发，利用天时、地利、人和等条件，及时抓住战机获得的。至于战术的运用，更是因地制宜、因时制宜，千变万化。例如，岳飞大破"拐子马"时，更是独出心裁，令步兵低头弯腰，手持大刀、长斧上阵，专砍"拐子马"的腿。这是因为"拐子马"身有铁甲防护，刀枪不入，为了便于奔跑，只有马腿外露；而且"拐子马"三匹连在一起，冲杀过来，就像现代战争中的坦克一样，很难抵挡。岳飞根据"拐子马"的这个特点，制订了专砍马腿的策略，果然奏效。因为一马被砍倒，其他两匹便不能奔跑，金兵便乱了阵脚，金兀术几十年来制胜宋兵的战术顷刻被破。

岳飞精擅各种兵器，年少时枪术就"一县无敌"，还达到了宋朝的最高射箭纪录——三石，可谓"勇冠三军"。作为统帅，岳飞的战略、战术更是高明。这里举几个岳飞大败金军的著名战役。

1. 郾城之战

绍兴九年（1139），金朝统治集团内完颜宗弼一派得势，主张再次以武力迫使南宋屈服，夺回河南、陕西。次年，金朝兵分四路，东起两淮，西至陕西，向宋发动大规模的军事进攻。宋廷被迫命令各路宋军进行抵抗。

由岳飞率领的岳家军数万人，自湖北出发，很快进入河南中部，连败金军，占领军事重镇颍昌府、淮宁府，并乘胜收复了郑州、西京河南府（今河南洛阳东）等地。岳飞还派梁兴等人渡过黄河，联合河东、河北义军，在金人的后方痛击金军，收复了不少州县。

完颜宗弼见岳家军兵力分散，又探知岳飞只带有少量军队驻于郾城，决定亲率精锐骑兵一万五千人，直插郾城，企图一举消灭岳家军的指挥中心。

七月初八，完颜宗弼与龙虎大王、盖天大王等，在郾城北与岳家军对阵。岳飞令其子岳云率轻骑攻入敌阵，往来冲杀。金军出动重甲骑兵"铁浮图"（铁浮图：穿上重铠，戴着铁帽子的兵，三个人一组，用皮带连起来，每进一步，便用拦马的木头环卫，只进不退）作正面进攻，另以骑兵为左右翼，号称"拐子马"（拐子马：布置在左右两翼的骑兵，全由能骑善射的女真人组成），配合作战。岳飞遭背嵬亲军和游奕军迎战，并派步兵持麻扎刀、大斧等，上砍敌兵，下砍马足，杀伤大量金兵，使其重骑兵不能发挥所长。岳家军中的勇将杨再兴单骑突入敌阵，打算活捉完颜宗弼，杀金兵数百人。双方从下午激战到天黑，金军大败。

十日，金兵再犯郾城，岳飞在城北之五里店再败金兵，杀死金将阿李朵孛堇。完颜宗弼集兵十二万屯于临颍（今属河南）。十三日，杨再兴以三百骑兵出巡，在小商桥与金兵遭遇，杀死金兵两千多人以及万户撒八孛堇等一百多名将领，但宋军也全部壮烈牺牲，杨再兴所中箭镞有两升之多。十四日，张宪率岳家军再战，逐金兵出临颍县界。同日，岳家军又大破进犯颍昌的金军主力。

郾城之战是宋金双方精锐部队之间的一次决战，宋军以少胜多，给金军以沉重打击。宋军如能乘胜前进，收复故疆大有希望。但宋高宗赵构和秦桧只图利用胜利，作为对金乞和的资本，遂下令班师，断送了这次战争的胜利成果。

2．颍昌之战

颍昌之战也是岳飞北伐最大战绩之一。

完颜宗弼得到增援，投入剩余全部主力攻颍昌府城，其中有六个万夫长，号称骑兵三万多骑、步兵十万名，绵延十多里，锣鼓喧天。

在颍昌府的岳家军共有五个军，然而除踏白军是全军外，中军统领苏坚在西京河南府，选锋军统制李道在外地，背嵬军和游奕军主力又在郾城县和临颍县，都只是一部分甚至一小部分，主帅岳飞也不在此地。颍昌府岳家军统帅王贵自己和姚政、岳云等率八百名背嵬军和一部分中军、游奕军出城决战，令统制董先率踏白军，副统制胡清率选锋军守城。

２２岁的岳云率领八百名背嵬军，和金军主力左、右"拐子马"苦战几十回合，前后十多次出入敌阵，身受百余处创伤。王贵甚至有些气馁怯战，想要逃走，被岳云劝回。到了正午，守城的董先和胡清分别亲率踏白军和选锋军差不

郾城、颍昌之战示意图

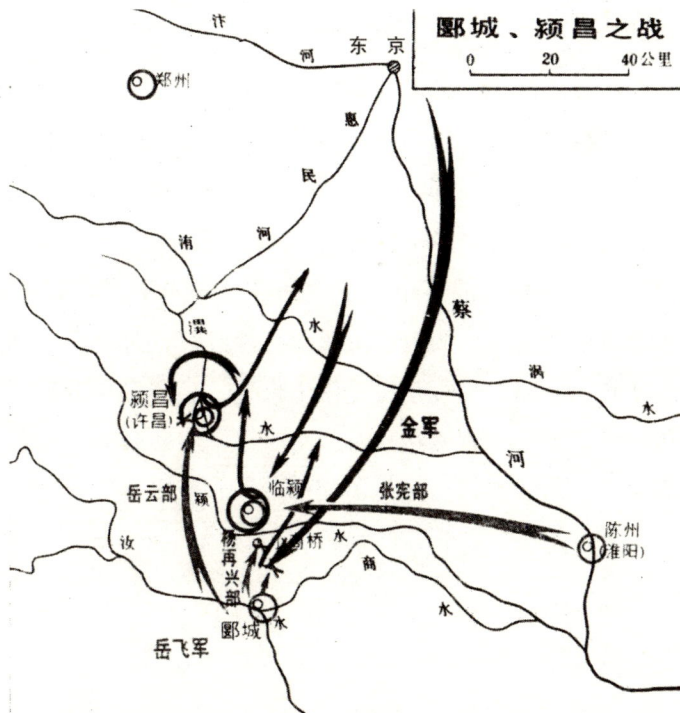

多五千人出城增援，完颜宗弼全军溃败逃走。

颍昌之战中和岳云的八百名背嵬军交手的金国骑兵中高级军官很多：完颜宗弼的女婿万夫长夏金吾阵亡；副统军粘汗孛堇身受重伤，抬到开封府后死去；金军千夫长被格毙五人。岳家军活捉汉人千夫长王松寿、张来孙，千夫长阿黎不、左班祗候承制田瓘等七十八名敌将，金兵横尸五百余（估计共被杀五千多人），被俘两千多人，马三千多匹。

之后岳家军全线进击，包围东京开封。七月十八日，张宪同徐庆、李山、傅选、寇成等诸统制从临颍县率主力往东北方向进发，将路上遭遇的金骑数千击溃，"横尸满野"，缴获战马一百多匹。同时，王贵自颍昌府发兵，牛皋也率领左军进军。

至此，在刘豫的伪齐垮台后，南宋主力岳飞的岳家军和金国主力完颜宗弼的女真军第一次抛开这个垫在中间的缓冲进行了一场真正的较量。郾城之战中，完颜宗弼的女真"铁浮图"军覆没，女真左、右"拐子马"军受重创，小商河之战和颍昌之战中，完颜宗弼的残余"拐子马"军很反常地损失了很多百夫长以上的女真高级军官（此前吴玠在和尚原之战和刘锜在顺昌之战虽然大胜，却没有格毙金军万夫长或者俘虏金军千夫长的报告和证据），当时因出使金国被拘留在燕京的洪皓在家书中说："顺昌之败，岳帅之来，此间震恐。"岳飞也为捷报频传而高兴，很乐观地向部下说自己要破酒戒："今次杀金人，直捣黄龙府，当与诸君痛饮耳！"

无论在哪场战斗中，岳飞都是身先士卒。官职不高时自不必说，升任通泰镇抚使后，为掩护大队和百姓过江，亲率后卫死拒南灞桥头，挡住金兵唯一去路，此役岳飞受伤十余处，岳家军后卫战死无数。直到死前最后一场恶战——郾城之战时，岳飞还亲率铁骑突出阵前，都训练霍坚怕有闪失，上前劝阻："相公为国重臣，安危所系，奈何轻敌！"岳飞回答："非尔所知！"见主帅亲自冲阵，岳家军士气大振，一举击破金兵。

二、"岳飞治军是有他的一套的"

（一）"撼山易，撼岳家军难"

女真族政权——金国，于靖康二年（1127）攻破北宋都城东京（今河南开封），掳去徽、钦二帝，灭亡北宋之后，继续向新建立的南宋境内进军，中原广大地区沦陷，但抗金战争并没有停止。

宋徽宗宣和四年（1122），19岁的岳飞投军，在相州带一百多骑兵剿灭一股强盗，小试牛刀。他接着到相州大元帅府去见康王（即后来的宋高宗）。康王命令岳飞去招降强盗吉清，结果吉清带着三百多人投降，补授岳飞为承信郎。岳飞跟随刘浩解除金人对东京的包围，与金兵在滑台城（今河南滑县东）作战，打得金兵大败，岳飞升为秉义郎，隶属于东京留守宗泽部。

宗泽死后，杜充继任开封府尹兼东京留守，岳飞仍任原职。

宋高宗建炎二年（1128），岳飞率部战胙城（今河南卫辉市东南），又战黑龙潭，连战皆捷。其间曾去巩县（今河南巩义）保护宋代皇陵和宗庙，大战汜水关（今河南荥阳西北

岳飞雕像

宋高宗像

氾水镇），射杀金将，大破金兵。

建炎三年（1129），金大将兀术渡江南进，岳飞移军广德、宜兴。

绍兴元年（1131），与张俊同讨叛将李成。江淮平定后，加神武右军副统制，留镇洪州（今江西南昌），镇压这一地区的起义军，授亲卫大夫、建州观察使。

绍兴二年（1132）秋，岳飞到京城临安（今浙江杭州）拜见高宗，高宗亲书"精忠岳飞"四字，制成旗赐给他。

绍兴四年（1134），大破金傀儡伪齐军，收复襄阳等六郡，移驻鄂州（今湖北武昌），任清远军节度使，湖北路、荆、襄、潭州制置使。

绍兴五年（1135），从张俊镇压洞庭湖区杨幺起义，诏命岳飞兼蕲、黄制置使，岳飞以眼病请辞军事，朝廷不许，加检校少保。岳飞还军鄂州，授湖南北、襄阳路招讨使。

绍兴六年（1136），太行山忠义社抗金武装梁兴等百余人南来归附岳飞。岳飞自鄂州移军襄阳（今湖北襄阳），收复河南、陕西许多州县，并出兵淮西，再败伪齐军，官拜太尉。

绍兴七年（1137），岳飞奉诏入京，数见高宗，论收复中原的策略。高宗对他说：有大臣如此，我还有何可忧？进退之时机，朕不从中制约。又把岳飞召到内室，说：中兴的事，全都委托给你了。遂诏令岳飞节制光州（今河南潢川）。

绍兴八年（1138），岳飞还军鄂州。

绍兴九年（1139），岳飞上表，其中包含和议不便的意思，有"唾手可得燕云，复仇报国"的话。授岳飞开府仪同三司，岳飞坚辞不受。高宗三次下诏，且婉言奖谕，岳飞才接受。

绍兴十年（1140），金人进攻拱州（今河南睢县）、亳州（今安徽亳县），守将告急，诏令岳飞驰援。岳飞遂派牛皋、王贵、杨再兴等人，分别控制西京、汝、郑、颍昌、陈、曹、光、蔡等地；又派梁兴渡过黄河，联络太行山忠义社抗金武装，攻取河东、河北各州县。又派兵东援刘锜，西援郭浩。他亲自率大军长驱直入，收复中原。诏授少保，委其为河南府路、陕西、河东北路招讨使，不久，改任河南、北诸路招讨使。很快，岳飞派出兵马纷纷报捷。大军在颍昌向金军发起攻击，岳飞亲率精锐骑兵到郾城，发起了十分凌厉的攻势。岳飞率部与金兵激战数十个回合，大破金军"拐子马"。金兀术懊丧地说，自从瀚海起兵，都是用拐子马取胜，现在算完了！岳飞部大将杨再兴也在这次大战中壮烈牺牲。

在郾城连战皆捷的时候，岳飞派长子岳云驰援攻打颍昌的王贵。金兀术来攻时，王贵带领"游奕"、岳云带领"背嵬"等岳飞的亲随军，在颍昌城西大败金兀术。

与此同时，梁兴会合太行忠义军及河北、河东抗金武装，也是连战皆捷，中原为之大震。这时洛阳、郑州、中牟也为岳飞部将占领。岳飞率大军进抵朱仙镇（今河南开封县朱仙镇），距离北宋都城东京只有四十五里，与金兀术列阵相对，他派猛将带领五百岳家军奋勇冲杀，金兀术逃入东京城内固守。

在岳飞正准备收复东京，北渡黄河，收复失地之时，金人加紧诱降活动，奸相秦桧却要丢掉淮北之地，暗示谏官要前线诸将班师回朝。秦桧请朝廷下令让张俊、杨沂中等人先撤兵，然后又说岳飞孤军深入，不可久留，请高宗下令让他班师。于是，朝廷一天连下了十二道金牌，命岳飞撤军。岳飞义愤填膺，潜然泪下，面向东方（京都所在方位）再拜说："十年之功，毁于一旦。"岳飞班师，百姓拦住马头痛哭。岳飞停留五天，等待百姓南迁。岳飞撤兵后，收复的州县，遂即又被金人占领。

从上述岳飞的抗金事迹来看，在残酷的战争实践中，岳飞已经从一个尚武青年，锻炼成了一位卓越的军事家。

作为一个卓越的军事家，岳飞那种视死如归的大无畏的英雄气概，备受毛泽东称赞。

1949年12月至1950年1月，毛泽东率中国党政代表团访问苏联期间，一次在和斯大林会谈时，他回忆起自己过去和国民党军队的战斗中，有一次极其危险，多次冲锋，未能冲破敌人的封锁。于是，指挥员号召战士："不畏艰险，视死如归。"苏联翻译费德林不明白"归"的含义，请求予以解释。毛泽东说："中国字'归'，在这里不是通常的'回来'、'再来'的意思。在历史上，'归'的意思是'回到原本状态'。因此，这个成语应当这样理解：'藐视一切困难和痛苦，像看待自己回到原本状态一样看待死亡。'"并且进一步解释说："这是12世纪古代中国的一位著名统帅岳飞使用过的一种说法。岳飞以抗击女真人入侵的远征而出名。"

斯大林耐心地听完毛泽东解释和费德林的翻译，略加思索后，轻轻地说道："看来这是一个天才的统帅……表现出大无畏的精神和雄才大略。"

1963年2月15日，毛泽东会见柬埔寨西哈努克亲王时，陪同的总参谋长罗瑞卿，向他汇报了西藏军区司令员张国华讲的在中印边界自卫反击作战的主要经验是"一不怕苦，二不怕死"。他听了非常高兴地说："是呀，过去岳飞讲'文官不要钱，武将不怕死，天下太平矣'这句话有片面性，因为他缺了一面，好像文官不要钱，但是可以怕死；武官不怕死，却可以要钱。我们解放军，则是文官既不要钱，也不怕死；武官既不怕死，也不要钱。这样岂不更好，天下岂不更太平！岳飞还有两句话，'饿死不抢掠，冻死不拆屋。'就是饿死也不能抢劫，冻死也不能拆房子烤火。看起来，岳飞治军是有他的一套。所以，那时金兀术不怕别的，只怕岳家军。他说过：'撼山易，撼岳家军难。'"说到这里，毛泽东加强了语气说，"谁要撼我们解放军，就更加困难了，撼山易，撼解放军难。"

（二）"守死无去"

岳飞一心想收复被金朝占领的中原大地，对自己要求十分严格，又关

心、爱护士兵。他领导的岳家军作战十分勇猛，从来没有打过败仗。岳家军将士具有"守死无去"的战斗作风，敌人以排山倒海般的力量，也不能摇动岳家军的阵容。

岳家军神勇杀敌、名满天下，部下有几位主要的将领。

杨再兴，江西吉水县人，祖居河南相州，生于宋崇宁三年（1104），死时为绍兴十年（1140），36岁。自小习武，弓法神奇，幼年家境贫寒，跟随父亲打鱼为生。其祖先乃北宋世代忠良杨家将之杨继业。高宗绍兴元年（1131），曹成拥众十余万，占道州、贺州，杨再兴为曹成部将，随曹成南下，劫掠岭南。绍兴二年（1132），岳飞权知潭州兼权荆湖南中安抚使，进讨曹成。曹成令杨再兴集三万之众以相拒，再兴阵斩岳飞将部韩顺夫及飞胞弟岳翻。后兵败，再兴匹马跃入深涧，陷于绝境。追兵张弩欲发，杨再兴急呼，愿执我见岳飞！乃出山涧，由张宪领见岳飞。岳飞以抗金为重，将才难得，不计个人恩怨，慨然为之松绑，劝其"以忠义报国"。杨再兴大为感动，从此追随岳飞南征北战，遂成抗金名将。

郾城之战时，杨再兴单枪匹马杀入敌阵，想活捉金兀术，虽然没找到，却一杆银枪连挑数百人，负伤几十处才冲回来，往来敌阵如入无人之境，气势逼人，杀得以彪悍著称的女真人闻风丧胆。最后，金兵受阻退兵。五日后，杨再兴率三百骑兵的小分队巡逻到临颍县北小商桥时遭遇

"岳飞还有两句话，'饿死不抢掠，冻死不拆屋。'就是饿死也不能抢劫，冻死也不能拆房子烤火。看来岳飞治军是有他的一套的。"

——毛泽东1963年2月15日听取总参谋长罗瑞卿汇报了西藏军区司令员张国华在中印边界自卫反击战中的作战经验与讲话

『岳飞是个大好人』

金兀术的大军。双方展开了激烈的战斗。

和杨再兴三百骑交手的金国骑兵中高级军官很多，最后被杀的包括万夫长（忒母孛堇）、千夫长（猛安孛堇）、百夫长（谋克孛堇）、五十夫长（蒲辇孛堇）等共百余人。其他金兵射箭如飞蝗，杨再兴身上每中一箭，就随手折断箭杆，铁箭头留在肉中继续冲杀，最后马陷泥中，终于被射死，三百将士也全部阵亡，而金军则付出更大的代价，死伤千人。杨再兴的遗体被发现后，大家发现身体上已是千疮百孔，火化以后竟烧出铁箭头二升有余。

张宪，南宋抗金名将，今四川省阆中市江南镇阆南桥村张家花园人。随岳飞征战，是岳飞最心爱和倚重的将领，任岳家军同提举一行事务，前军统制。张宪从小受其父张所的影响，习文练武，六艺精熟。少怀报国之志，弱冠从军在岳飞麾下，被岳飞倚为左右臂。每有攻战，张宪总是率部先行，骁勇绝伦，冠于三军。曾大破曹成、郝政，平定湖北荆、襄一带的叛乱。又从金人手中收复了河南随县、邓州，以功授副都统制。

绍兴十年（1140），金人背盟入侵。同年六月，岳飞在京西大败金兵，派张宪率领所部，在颍昌进击金将韩常。官兵们勇气百倍，猛打猛冲，收复了淮宁府，然后荡平陈州之敌，连战皆捷。

七月，岳飞大军驻扎颍昌，命令各路统兵将官，抓住有利时机，整饬营伍，分路出击，攻势无比锐利。金兀术非常恐慌，急忙收集余众十三万余人，进犯临颍，妄想孤注一掷，以求一逞。不期，杨再兴以三百余骑与金兀术猝然相遇在小商桥地区，宋军以一当十，拼死与战，终因寡不敌众而全部阵亡。

正当金兀术趾高气扬、庆幸胜利之时，张宪率军赶到。金兵见张宪增援，闻风丧胆，八千精锐之师被张宪一鼓破之。同时，张宪的部将徐庆、李山又在临颍东北部歼敌六千，获马百匹，追击十五里。金兀术在茫茫夜色的掩护下，仓皇逃走。岳飞大军乘胜挺进朱仙镇，离故都开封只有四十多里，中原人民为之大振，纷纷响应。就在这关键时刻，好利诬罔之徒、卖国贼秦桧，为了迎合宋高宗赵构深恐丧失权位不愿二帝返国的私心，又屈从于金兀术"必杀飞，始可和"的要挟，竟与张俊相勾结，密谋陷害岳飞，连发十二道金牌，诏岳飞班师，饬岳飞还朝，罢岳飞兵权，并逮捕岳飞父子与张宪入大理寺监狱。

河南汤阴，岳飞故里

岳家军高级将领中，张宪以忠义著称，最早从岳飞征战，深得岳飞信任，是岳家军的中坚，自然会成为朝廷猜忌的主要对象。秦桧、张俊秘密收买岳飞部将中曾因过失受过岳飞惩处的王俊等人，利诱、威逼其诬告岳飞谋反，诡称岳云写信与张宪，叫张宪向朝廷假报金人入寇，请朝廷仍派岳飞统兵，以夺回兵权。这些罪状没有任何根据，他们便对张宪严刑拷打，妄想迫使张宪根据他们编造的谎言自诬，作为杀害岳飞父子的证据。张宪备受酷刑，体无完肤，始终不屈。张俊最后只好自己动手，编造供词，以告岳飞。最后张宪与岳云一同斩首弃市。忠心耿耿为宋王朝奋斗一生的张宪，就这样含冤而死。

绍兴三十二年（1162），金人又毁约南侵，宋高宗只好禅位。宋孝宗即位后，为了抗击金人，始追复张宪为龙神卫四厢都指挥使、阆州观察使，赠宁远军承宣使。至此，张宪冤狱得以昭雪。到了明代，为了缅怀张宪抗击外敌的功劳和昭雪他的冤死，朝廷追谥他为烈文侯。

岳飞纪念馆

徐庆，相州汤阴人，跟随岳飞起兵，是岳家军重要将领。绍兴元年（1131）平定白波寨叛兵姚达、饶青。绍兴二年（1132）与张宪、王贵讨曹成，降其众两万人。绍兴三年（1133）从岳飞平虔、吉盗贼，率本部讨彭友，又赴袁州击高聚。绍兴四年（1134）参加收复襄阳六郡战役，与牛皋等攻克随州，斩守将王嵩，又与牛皋战庐州，击败金伪联军。绍兴十年（1140）随岳飞北伐，克淮宁府，与张宪取得临颍大捷。累官防御使、岳家军统制。

王贵，相州汤阴人，从岳飞起兵。建炎四年（1130）战宜兴，败郭吉；绍兴元年（1131）随岳飞平定虔州盗贼；绍兴二年（1132）随岳飞进军郴州、桂阳监讨曹成；绍兴三年（1133）在袁州击败高聚、张成，杀获甚众。绍兴四年（1134）从岳飞战汉上，收复襄阳、邓州；绍兴六年（1136）率兵收复伪齐卢氏县、唐州，直逼蔡州。绍兴十年（1140）从岳飞北伐，克复郑州、西京洛阳，在顺昌大败金兀术。累官承宣使，提举岳家军一行事务，中军统制。绍兴十一年（1141）岳家军归隶枢密院，任鄂州御前诸军都统制。绍兴十二年（1142）引疾辞职，改侍卫步军副都指挥使、福建路副总管等闲职。

秦桧、张俊密诱因犯军律险些被岳飞斩首的主要将领王贵背叛岳家军，遭到王贵抵制，后张俊以王贵隐私相威胁，王贵才对秦桧等打击岳家军保持沉默。

南渡

看
八·大·名·将

（三）"饿死不掳掠，冻死不拆屋"

1935年3月2日，毛泽东到达四川古蔺县马蹄滩宿营，朱德向他讲了两件红军遵守纪律的事，一件是路过永营盘山的橘林，饥饿的红军秋毫无犯，在没有找到萝卜地主人时，每挖一块萝卜，就塞进一个铜元。

毛泽东听了很高兴地对朱德说："玉阶呀！《宋史》言：岳飞军，饿死不掳掠，冻死不拆屋。我们朱毛红军的纪律在井冈山是这样，到了总司令的四川家乡也是这样。"（《毛泽东长征在四川》，第49页）

"饿死不掳掠，冻死不拆屋"，是岳家军的口号，也是其真实的写照。"损坏庄稼，妨碍农作，买卖不公……斩！"岳家军所到之处，民众无不欢欣围观，"举手加额，感慕至泣"。

三、"岳飞是个民族英雄"

（一）首次北伐

绍兴三年（1133），宋神武左副军统制、襄阳府、邓州（今河南邓州市）、随州（今湖北随州市）、郢州（今湖北钟祥市）、镇抚使、兼襄阳知府李横和随州知州李道联合伊阳县凤牛山寨的翟琮北伐伪齐刘豫。伪齐部队纷纷倒戈，牛皋、彭玘、赵起、朱全、牛宝、朱万成等军归附于李横，董先、张玘、董震等军归附于翟琮，伪齐唐州（今河南唐河县）知州胡安中由李道招

> "《宋史》言：岳飞军，饿死不掳掠，冻死不拆屋。我们朱毛红军的纪律在井冈山是这样，到了总司令的四川家乡也是这样。"（《毛泽东长征在四川》，第49页）

毛泽东手迹《卜算子·咏梅》

降。李横和牛皋、彭玘等克复了汝州（今河南汝州市）、颍昌府、信阳军（今河南信阳市）等地。翟琮和董震、张玘、董贵、赵通等攻入西京河南府，处决了盗掘宋朝皇陵的伪齐河南尹孟邦雄。刘豫马上向金军求援。

三月间，金元帅左都监完颜宗弼会合李成所率两万伪齐军，在东京（开封）西北牟施冈同宋军会战。李横、牛皋等军被金方重铠铁浮图骑兵击溃。到十月为止，翟琮的伊阳县凤牛山寨大本营、邓州（今河南邓州市）、随州（今湖北随州市）、唐州（今河南唐河县）、襄阳府、郢州（今湖北钟祥市）等地相继被金军攻占，李横、翟琮、牛皋、董先、李道、张玘等全部退到江南西路，彭玘战死。

伪齐的李成、许约等联络割据洞庭湖的杨幺、黄诚叛军，约定来年六月南北夹攻。伪齐军和杨幺军水陆并进，顺江东下，"前去浙中会合"，消灭南宋政权，双方"建国通和"。

败逃到长江一带的宋军中，李道、牛皋等屡次申状岳飞和江南西路安抚制置大使赵鼎，"乞听岳飞节制"。宋廷于是将牛皋、董先共一千余人以及李道等部并入岳家军，张玘也拨归岳飞统

辖；翟琮改任江南东路兵马钤辖，独立成军；李横和岳飞基本同级别，不愿隶属岳飞，其一万五千万人马改隶官职更高的张俊。

绍兴四年（1134），为击败伪齐军和杨幺军的合兵计划，岳飞决定先打李成，后打杨幺，宋廷正式任命岳飞为荆湖北路前沿统帅，在他的制置使官职上添"兼制置荆南、鄂、岳"的加衔，岳家军里增加荆湖北路安抚使司颜孝恭部约一千九百人，崔邦弼部三千人，以及荆南镇抚使司的兵马。岳家军当时用于进攻襄汉六郡的总兵力，大致在三万五千人左右。

如果再战败对战局有重大影响，所以南宋朝廷非常看重这次岳飞的出征。赵鼎生怕岳飞有失，上奏高宗："陛下渡江以来，每遣兵将，止是讨荡盗贼，未尝与敌国交锋。（岳）飞之此举，利害甚重，或少有蹉跌，则使伪境益有轻慢朝廷之意。"为了使岳飞之"将佐竭力奋死"，"以济事功"，宋高宗亲自手诏，称岳飞曾保奏王贵、张宪和徐庆三将"数立战效，深可倚办"，"理宜先有以旌赏之"，给王贵等三人颁赐捻金线战袍各一领，金束带各一条。宰相朱胜非遣使告知岳飞，只要得胜即授予他节度使的头衔。宋高宗又特令张俊的神武右军和杨沂中的神武中军分别甄选战马各一百匹拨给岳家军，并在岳飞的制置使官衔上又增加"兼黄州、复州、汉阳军、德安府"的加衔。岳家军自鄂州渡江攻郢州，岳飞在江心对幕僚们发誓："飞不擒贼帅，复旧境，不涉此江！"

绍兴四年（1134）五月五日，岳家军开到郢州城下。伪齐郢州知州荆超和长寿知县刘楫率一万多人马守城，拒绝投降。由于后勤供应有困难，岳家军的军粮不过两顿饭，但岳飞却说："可矣，吾以翌日巳时破贼！"六日黎明，岳家军开始总攻。荆超跳崖自杀，刘楫被活捉后斩首，伪齐守军被杀达七千人。

然后岳家军分兵两路，张宪和徐庆率军往东北去进攻随州，岳飞率主力往西北主攻伪齐大将李成驻守的襄阳府。李成不战而逃，五月十七日，岳飞占领襄阳。而伪齐随州知州王嵩坚守不出，张宪和徐庆连攻数日不果，牛皋自告奋勇，只带三日口粮领兵支援张宪和徐庆。五月十八日，三日粮食尚未吃完，牛皋便与张宪、徐庆合军攻下随州城，其中16岁的岳云使两杆数十斤重的铁锥枪，第一个攻上城头。五千伪齐军被歼灭，王嵩被俘并被押赴襄阳府处斩。

和上一年对付李横北伐一样，刘豫急忙调度兵力并请来一部分金兵，集结在邓州东南的新野市、龙陂、胡阳、随州的枣阳县（今湖北枣阳市）以及唐州、邓州，加上李成逃到新野的部队，号称三十万大军。岳飞命统制王万和荆南府镇抚使司统制辛太守住清水河，引诱伪齐军进攻。辛太怯战，竟私自逃往峡州宜都县（今湖北枝城市）。六月五日，王万军与伪齐军交战后，岳飞亲率主力夹攻，击败了李成军。

第二天，李成又列阵求战，却犯了刘邦在彭城之战中犯的战术错误，被岳飞看出破绽。对于王贵、牛皋等将的请战，岳飞说："且止，此贼屡败吾手，吾意其更事颇多，必差练习，今其疏暗如故。夫步卒之利在阻险，骑兵之利在平旷；成乃左列骑兵于江岸，右列步卒于平地，虽言有众十万，何能为！"岳飞举鞭对王贵说："尔以长枪步卒，由成之右击骑兵。"又对牛皋说："尔以骑兵，由成之左击步卒。"和刘邦在彭城之战的败局相似，李成的前列骑兵溃散之后，将后列骑兵挤入水中淹死，军队崩溃一败涂地。李成一军元气大伤，后来再也没能反攻襄阳府。

刘豫不断向金国求援，但是完颜宗弼刚刚在三月被吴玠一军在仙人关大败，金军主力损失很大，元气未复。又恰逢盛夏，女真人不耐酷热，正在北方避暑。于是，只派了一员史书上未记录姓的、名叫刘合孛堇的二等战将，会合李成，拼凑了陕西和河北签军数万，在邓州西北扎了三十多个营寨防守。

在准备了一个多月以后，王贵和张宪分别率军从光化路和横林路向邓州挺进。七月十五日，王贵和张宪两军在邓州城外三十几里，同数万伪齐军和金军激战；王万和董先两部突然出现夹击，击败了对手。金将刘合孛堇只身逃窜。岳家军俘降签军将领杨德胜等二百余人，夺取战马二百多匹，兵仗数以万计。伪齐军高仲退守邓州城。七月十七日，岳家军攻城，岳云又是第一个登城的勇士，攻下邓州活捉了高仲。岳飞为避嫌，只报了岳云随州之功，未将邓州之功申报。事隔一年，宋廷查清此事，方才将岳云升迁武翼郎。

七月二十三日，选锋军统制李道攻占唐州。王贵和张宪同时在唐州以北三十里，再次击败伪齐军和金军。同一天，信阳军也被攻下。伪齐唐州知州、信阳军知军、通判等官员被俘共五十名。第二年，宋高宗为此特奖赏李道和崔邦弼金束带各一条。

岳飞祠堂

七月二十六日，刘光世部将郦琼率五千援军赶到，但已经无仗可打。岳飞特别上奏，恳求给这五千人"先次推赏"，"卒使不沾寸赏，恐咈人情"。

克复襄汉是岳飞的第一次北伐，由于两三个月前吴玠仙人关之战大破金军主力，帮助岳家军完成了自南宋开国八年以来第一次收复了大片失地的目标。收复的地方包括前一年丢失的原先李横的辖区，以及原由伪齐控制的唐州和信阳军。

（二）镇守襄汉

克复襄汉后，岳飞面临的是新恢复的中原地区的后勤防务问题，这是直到金哀宗完颜守绪时金国被灭、中原被克复后都一直困扰宋军的问题。这些地方因为"久罹兵火"，原来的居民"或被驱虏，或遭杀戮，甚为荒残"，以至于

岳飞庙碑林一角

"百里绝人，荆榛塞路，虎狼交迹"，"野无耕农，市无贩商，城郭隳废，邑屋荡尽，而粮饷难于运漕"。凡是这样克复的失地，都有一个两难的防务问题："若少留将兵，恐复为贼有"；"若多留将兵，唯俟朝廷千里馈粮，徒成自困，终莫能守"。

因为后勤供应的问题，岳飞只能将主力撤回，留少量兵力戍守。伪齐刘豫、李成的军队虽然不时骚扰，却始终不能夺回襄汉六郡的控制权。

襄汉六郡原来分属京西南路和京西北路，这次收复之后，宋廷为统一管理，单设襄阳府路。除在襄阳府设安抚使司外，不按制度设置"差监司"、即转运使司等文人监军系统，"止委制置使岳飞措置"。这是战时对宋朝历来的文人控制武将军队的反拨，对提高军队的战斗力有一定的影响。

此时岳飞作为武将不敢居功，上奏说自己"人微望轻，难任斯职"，要辞去制置使并请求宋廷另"委任重臣，经画荆、襄"。宰相赵鼎认为："湖北鄂、岳，最为沿江上流控扼要害之所，乞令（岳）飞鄂、岳州屯驻。不惟淮西借其声援，可保无虞，而湖南、二广、江、浙亦获安妥。"宋高宗同意赵鼎的主张，确定岳飞改驻荆

湖北路的首府鄂州（今湖北武昌），自此岳家军的大本营就定在了鄂州。

绍兴五年（1135），岳家军的规模从三万多人增加到十万人左右，岳家军也从原先十将的编制扩充至三十将的编制，每将的平均兵力是三千多人。到绍兴九年（1139）岳家军增至八十四将，每将的平均兵力减至一千二百余人。

据绍兴九年（1139）统计，这十二军共有二十二名统制、五名统领和二百五十二名将官分别率领，其中有正将、副将和准备将各八十四名。王贵任中军统制，张宪任前军统制，这二人是岳飞的副手，岳飞不在时可代替岳飞指挥其他统制，主持岳家军全军的事务。徐庆、牛皋和董先三人最为善战。此五人是岳家军的中坚人物。

（三）二次北伐

绍兴六年（1136）岳飞第二次北伐前，有两件事影响了他的布置。

一是目疾：自1130年着手建立岳家军后，岳飞连续六年在夏天剿匪、在冬天抗金和伪齐。尤其是夏天在南方湿热的气候中用兵，岳飞这个北方人很不适应。绍兴五年（1135）夏六月，平定杨幺后，岳飞病势加重，"两目赤昏，饭食不进"，"四肢堕废"，以至于不得不上奏恳请解除军务养病。宋高宗当时倾向主战，回绝了岳飞的申请，反而说岳飞"措置上流事务，责任繁重"，"卿当厉忠愤之素心，雪国家之积耻，勉副朕志，助成大勋"。经过治疗，到了秋冬季，岳飞的目疾有所好转。

二是岳母姚氏于绍兴六年三月二十六日去世。岳飞是有名的孝子，和老母在一起时总是全天侍候，亲自调药换衣，无微不至。姚氏死后，岳飞和岳云等人扶着其灵柩，光着脚徒步走到江州的庐山。丧葬完毕，岳飞就留在东林寺中为母守孝。按古代礼法，岳飞必须"丁忧"三年，如有特殊情况方可"起复"，即居官守丧。岳飞要坚持礼法，但满朝上下一致反对。宋高宗命宦官邓琮到东林寺请岳飞起复，岳飞"欲以衰服谢恩"，邓琮坚持不允，但岳飞"三诏不起"。最后，宋高宗对岳飞及其部下下达了严厉的警告，说岳飞"至今尚未祗受起复恩命，显是属官等并不体国敦请"，"如依前迁延，致再有辞免，其属官等并当远窜"。主战派李纲也单独给岳飞写信说，"宣抚少保以天性过人，孝思罔极，衔哀抱恤"，恳切希望他不要"以私恩而废公义"，"幡然而起，总戎就道，建不世之勋，助成中兴之业"。岳飞最后下决心放弃礼法，重返鄂州后带兵镇守襄汉，同时将姚氏"刻木为像，行温清定省之礼如生时"。

主战派宰相张浚从绍兴六年（1136）正月起到前线视师。中兴四将岳飞、韩世忠、刘光世、张浚都被召到镇江府的都督行府商议军事。张浚向宋高宗称赞韩世忠忠勇、岳飞沉鸷，可以倚办大事。三月，宋廷任命韩世忠为京东、淮东路宣抚处置使，岳飞为荆湖北路、京西南路宣抚副使，并且移镇为武胜、定国军节度使。此次都督行府军事会议决定由韩世忠自承州、楚州出兵攻京东东路的淮阳军（今江苏邳州市西南），由岳飞自鄂州出发到襄阳府，然后北伐，由张浚自建康府出发到泗州，由刘光世由太平州出发到庐州，由杨沂中的殿前司军作为其旧上司张浚一军的后援。韩世忠和岳飞主攻，张浚和刘光世主守。

二月中旬，韩世忠发动了攻势，岳飞还在临安府觐见宋高宗，无法配合。韩世忠在淮阳军宿迁县（今江苏宿迁市）击败伪齐守军，围困了淮阳军城池。但六天后，伪齐援兵赶到，韩世忠被迫撤退。

当时都统制王彦患重病，其"八字军"（行营前护副军）驻荆南府，和岳家军的防区相邻。二月，左相赵鼎和右相张浚决定将"八字军"移屯襄阳府，由王彦出任襄阳府知府兼京西南路安抚使，归岳飞节制，以便一旦王彦病故，就把"八字军"并入岳家军。但王彦因旧事不接受这项任命，并且健康又有好转，宋廷遂将"八字军"调驻临安府。这样一来，岳家军没有增强军力，反而要接管"八字军"的荆南府防区分散兵力。

七八月间，岳飞再次出兵，以春季刚刚投降的原伪齐虢州栾川县知县李通为向导进行第二次北伐。先锋左军统制牛皋迅速打败自己故乡汝州鲁山县附近的伪齐镇汝军，活捉守将薛亨。薛亨在十一月时，由岳家军参议官李若虚押送至临安府，宋高宗命他在岳家军中戴罪立功，结果二十多年后，他仍在鄂州军中服役。牛皋又继续攻下颍昌府大部和蔡州附近进行佯攻。岳飞率主力则往西北方向进攻。

八月初，王贵、董先、郝晸等攻占虢州州治卢氏县，缴获粮食十五万石。岳家军旋即攻占了虢略县（今河南灵宝市）、朱阳县（今河南灵宝市西南朱阳镇）和李通原来当官的栾川县。王贵继续西向攻克了商州全境，包括上洛县（今陕西商州市）、商洛县（今陕西商州市东南商洛镇）、洛南县（今陕西洛南）、丰阳县（今陕西山阳县）和上津县（今湖北郧西县西北）。

商州、虢州都属陕西路，是吴玠的战区。吴玠部将邵隆（原名邵兴，为避宋高宗绍兴年号之讳而改名）早已上奏要收复这两地，并已被宋廷任命为商州知州。岳飞攻克商州后，便催促邵隆尽快赴任，以便腾出岳家军的人马继续征战。

岳家军继续攻取伪齐顺州、州治伊阳县。八月十三日，伪齐顺州安抚司都统制孙某与后军统制满在，在长水县（今河南洛宁西）的业阳迎战岳家军悍将杨再兴，被击溃。孙某等五百余人被阵斩，满在等一百多人被生擒。十四日，杨再兴又击溃伪齐顺州安抚使张某的两千多人。十五日夜间，岳家军夺取长水县城，缴获粮食两万石，并夺取了一个伪齐马监，得马万匹。接着，顺州另外两县永宁县（今河南洛宁东）和福昌县（今河南宜阳）也被攻克。李纲在接到岳飞的捷报后写信说："屡承移文，垂示捷音，十余年来所未

毛泽东手迹《七绝·五云山》

曾有，良用欣快。"

但由于在陕西附近的山区作战，后勤供应线过长造成粮草不足，岳飞只得班师，留王贵等戍守。但商州的全境和虢州的部分地区从此为南宋所控制，邵隆在年底赴商州就任知州，"披荆棘，立官府，招徕离散，各得其心"，逐渐将商州建设为要塞和下一次进攻的后勤基地。

九月下旬，岳飞回到鄂州后目疾再次剧烈发作，白天的时候，连卧室的窗户都必须全挡住才行。宋廷闻讯后，特派眼科医官皇甫知常与和尚中印两人急驰鄂州为岳飞治疗，方得好转。

岳飞在这次北伐中壮志未酬，于武昌写下《满江红》。

二次北伐后，秦桧派刺客杀岳飞，未果，之后向皇帝进谗言，害死岳飞！

四、"以身殉志，不亦伟乎"

（一）"秦桧不过是执行皇帝的旨意"

提起岳飞，人人都会自然地想到秦桧。正是他以"莫须有"的罪名谋害了抗金英雄岳飞，成为人人唾骂的千古罪人。

秦桧（1090—1155），字会之，江宁（今江苏南京）人，宋徽宗政和五年（1115）进士，补密州教授，曾任太学学正。北宋末年任御史中丞。南归后，任礼部尚书，两任宰相，前后在位十九年。

秦桧是南北宋期间的一个传奇人物，长期以来也一直被视为汉奸或卖国贼。他本来是一位知名的抗金义士，后来随同徽、钦二宗被掳到金国，与金廷议和。建炎四年（1130），逃往南宋。此后，辅佐宋高宗，官至宰相。他在南宋朝廷内属于主和派，反对国内主战派的势力。当中最为世人所知的，是"十二金牌召岳飞"的故事。

这里的金牌并不是指用黄金做的牌子，而是一种木制的漆牌，长约一尺有余，朱漆黄金字，上刻"御前文字，不得入铺"八个字，是宋代多种通信檄牌中的一种，是以最快的速度传递紧急文字的标志。

　　张宪从临颍杀向东京之时，第一道班师诏送达。岳飞鉴于当时完胜的战局，写了一封奏章反对班师："契勘金虏重兵尽聚东京，屡经败衄，锐气沮丧，内外震骇。闻之谍者，虏欲弃其辎重，疾走渡河。况今豪杰向风，士卒用命，天时人事，强弱已见，功及垂成，时不再来，机难轻失。臣日夜料之熟矣，惟陛下图之。"

　　隔了两三日，朱仙镇已克，完颜宗弼（即金兀术）已逃出东京之时，岳飞在一天之内接连收到12道用金字牌递发的班师诏。其中全是措辞严峻、不容反驳的急令，命令岳家军必须班师回鄂州，岳飞本人则去"行在"临安府朝见皇帝。宋高宗发12道金牌的时间，大约是在七月十日左右，即他得到七月二日克复西京河南府捷报不久。

　　岳飞收到如此荒唐的命令，愤惋泣下，叹曰："十年之功，废于一旦。"然而友军已经撤退，岳家军孤军难支，不得不下令班师，百姓闻讯拦阻在岳飞的马前，哭诉说担心金兵反攻倒算："我等戴香盆、运粮草以迎官军，金人悉知之。相公去，我辈无噍类（活着的人)矣。"岳飞无奈，含泪取诏书出示众人，说："吾不得擅留。"于是，哭声震野。岳飞决定留军五日，以便当地百姓南迁，"从而南者如市，亟奏以汉上六郡闲田处之"。

　　岳飞前往"行在"临安府的路途已走了大半，期间不断接到宋高宗的手诏，以及秦桧以三省、枢密院名义递发的省札。尽管内容自相矛盾颠来倒去（特别注意，现在能看到的史料是经过秦桧一党销毁篡改的，这次北伐中断的关键细节的直接证据怕是不可能保存下来了），最后仍是令岳飞"疾驰入觐"，"赴行在奏事"。当岳飞听到中原传来的宋军败讯，只能长叹："所得州郡，一朝全休！社稷江山，难以中兴！乾坤世界，无由再复！"结果岳飞的第四次北伐因为政治原因而失败。

　　岳飞奉诏回到临安以后，被解除了兵权。岳飞以收复中原为己任，反对秦桧和金国议和。金兀术给秦桧写信说：你日夜来请和，而岳飞却要收复河北，一定要杀掉他，才可议和。秦桧也认为岳飞不死，肯定要阻碍议和，自己也必定招祸，所以千方百计谋害岳飞。

之后，岳飞父子被秦桧以谋反罪名予以逮捕审讯。使者至，岳飞笑道："皇天后土，可表此心。"岳飞、岳云父子下大理寺狱。开始，让何铸审讯岳飞，岳飞扯破衣裳背对何铸，有"精忠报国"四个大字，深入肉里。何铸看罢罪状，知道岳飞是无辜的。

秦桧又让和岳飞素有积怨的谏议大夫万俟卨罗织罪名，指使人做伪证，置岳飞父子于死地。审了两个多月，直到年终，案件仍没有完。

由于找不到证据，秦桧创造发明了"莫须有"的罪名。岳飞案开始时，名将韩世忠愤愤不平，找秦桧问其实情，秦桧说，岳飞儿子岳云与张宪的书信（让张宪筹划岳飞回军中），"其事莫须有（或许有）。"韩世忠质问道："'莫须有'三字，何以能服天下？""莫须有"后来便成了凭空诬陷、故意捏造罪名的专用词语。

绍兴十一年农历十二月廿九（1142年1月27日）除夕之夜，一代名将岳飞及其儿子岳云、部将张宪在杭州大理寺风波亭内被杀害。岳飞被害前，在风波亭中写下八个绝笔字："天日昭昭，天日昭昭。"

岳飞被害后，狱卒隗顺冒着生命危险，将岳飞遗体背出杭州城，埋在钱塘门外九曲丛祠旁。隗顺死前，又将此事告诉其子，并说，岳元帅精忠报国，今后必有给他昭雪冤案的一天！

绍兴二十五年（1155），秦桧病死。他的儿子秦熺力图继承相位，被宋高宗拒绝。秦家失势，使长期被压抑的抗战派感到为岳飞平反昭

秦桧像

毛泽东看 八·大·名·将

雪有了希望，开始要求给岳飞恢复名誉。绍兴三十二年（1153），宋孝宗即位，准备北伐，便下诏给岳飞平反，追封鄂王，谥武穆，忠武，改葬在西湖栖霞岭，即杭州西湖畔"宋岳鄂王墓"，并立庙祀于湖北武昌，额名忠烈，修宋史列志传记。后来为了鼓励抗金斗志，把秦桧列为致使岳飞之死的罪魁祸首。至宁宗开禧二年（1206）被追夺王爵，改谥缪丑。

相传平民为解秦桧之恨，用面团做成他的形象丢入油锅里炸，并称之为"油炸桧"，并演变成今时今日的"油条"（香港地区仍称作"油炸鬼"，闽南语也有将油条称为"油炸桧"之发音）。位于浙江杭州西湖西北角的岳王庙，有与岳飞被杀有关的秦桧、王氏、万俟卨、张浚等四人跪像，铸造于明代。后世有秦姓人（一说为乾隆年间进士抚台秦涧泉）在此作诗："人从宋后少名桧，我到坟前愧姓秦。"

显然，岳飞父子被杀是个天大的冤案。由于秦桧、万俟卨长期执政，很长时间得不到平反。直到宋孝宗时才下诏恢复岳飞官爵，以礼改葬，后又谥武穆。宁宗嘉定四年（1211），追封鄂王。

杭州岳王庙里的万俟卨像（左）

（二）"高宗不想打，要先'安内'"

对于杀害岳飞的元凶和岳飞掉头的价值，毛泽东颇有见地。1957年6月，毛泽东在中南海住所接见著名词学家冒广生（鹤亭）、舒湮父子，当冒广生介绍舒湮抗战初期在上海写的话剧《精忠报国》，用秦桧影射汪精卫时，毛泽东注视着舒湮说："主和的责任不全在秦桧，幕后是宋高宗。秦桧不过执行皇帝的旨意。高宗不想打，要先'安内'，不能不投降金，文征明有首词，可以读一读……"

毛泽东这里说的"文征明有首词"，指的是明朝的衡山居士文征明的《满江红》，刻有这首词的石碑，陈列在西湖岳飞陵园前院廊下。毛泽东博洽多闻，熟读史书，而且出语寓庄于谐，说来娓娓动听。是赵构自己承认："'讲和之策，断自朕意，秦桧但能赞朕而已。'后来的史家是'为圣君讳耳'，并非文征明独排众议，他的《满江红》：'慨当初，倚飞何重，后来何酷！果是功成身合死，可怜事去言难赎'，一似丘浚的《沁园春》所说：'何须把、长城自坏，柱石潜摧。'"（舒湮《一九五七年夏季，我又见到了毛泽东主席》，《文汇月刊》1986年第9期）

毛泽东一语中的，中国旧史书历来为尊者讳，皇帝做坏事责任却要由臣子来承担。

毛泽东在谈话中引用了明代两位词人的两首作品来说明这个问题。我们先看文征明。

文征明（1470—1559），初名璧，字征明，长洲（今江苏苏州）人，明代书画家、文学家。其《满江红》词全文如下：

拂拭残碑，敕飞字，依稀堪读。慨当初、倚飞何重，后来何酷！岂是功成身合死，可怜事去言难赎。最无辜、堪恨又堪悲，风波狱。　　岂不念，封疆蹙！岂不念，徽钦辱！念徽钦既返，此身何属？千载休谈南渡错，当时自怕中原复。笑区区，一桧亦何能，逢其狱。

《词苑丛谈》引《词统》卷十二云："夏侯桥沈润卿掘地，得宋高宗赐岳侯手敕刻石，文征明待诏题《满江红》词云。"岳飞抗金有功，却惨遭杀害，人们普遍恨奸相秦桧，秦桧固然可恨，但更可恨的是宋高宗。《宋史·岳飞传论》："高宗忍自弃其中原，故忍杀岳飞。"

文征明这首词从残碑字迹发端，上阕写岳飞的冤狱，下阕剖析岳飞被杀的原因。全词抒写对岳飞冤狱的怨愤，批判锋芒直指宋高宗赵构，揭露赵构的卑鄙自私的龌龊心理，实是诛心之至论。

我们再看丘浚。丘浚字仲深，琼山（今广东琼山）人，明代著名的词人，其《沁园春·寄题岳王庙》原文是：

为国锄患，为敌报仇，可堪恨哀。当时乾坤是谁境界？君亲何处？几许人才，万死间关，十年血战，端的孜孜为甚来？何须把、长城自坏，柱石潜摧！　虽然天道恢恢，奈人众将天拗转回。叹黄龙府里，未行贺酒。朱仙镇上，先奉追牌。共戴仇天，甘投死地，天理人心安在哉！英雄恨，向万年千载，永不沉埋。

这首词题作《寄题岳王庙》。岳王庙，在今浙江杭州栖霞岭岳飞墓侧，祀宋代抗金名将岳飞。岳飞在宋宁宗四年（1211），被追封为鄂王，故称岳王庙。

这也是一首为岳飞翻案的词。词的上阕，谴责宋高宗自坏长城，下阕歌颂民族英雄岳飞千古流芳。它无情地揭露了宋高宗害死岳飞、自毁长城的罪恶，热情

岳飞死后21年终被平反昭雪，追封鄂王，葬在西湖，世世代代受人景仰

赞扬岳飞的爱国主义精神。

岳飞被冤杀一事，《宋史》有关纪、传，只罪秦桧。毛泽东摒弃传统的史说，指出杀害岳飞的主使者是高宗赵构。

对于岳飞的被冤杀，毛泽东十分愤懑，他曾说过岳飞"以身殉志，不亦伟乎"！这个评价出自他读《新唐书·徐有功传》时写的一个批语："'命系庖厨'，何足惜哉，此言不当。岳飞、文天祥、曾静、戴名世、瞿秋白、方志敏、邓演达、杨虎城、闻一多诸辈，以身殉志，不亦伟乎！"（《毛泽东读文史古籍批语集》，中央文献出版社1993年版，第237页）

徐有功是唐朝武则天时期的大臣。他秉公执法，不徇私情，屡遭权贵忌恨和诬陷，曾三次被判死刑，却守法不阿。他在一次被弹劾罢官又被起用时，给武则天写了一封奏折，其中有"命系庖厨"的话，意思是说，生活在山林里的小鹿，很难逃脱被猎杀，成为人们厨房里案板上的肉的命运。徐有功以鹿自喻，说出了作为正直不阿的执法大臣的共同命运。

在毛泽东看来，为公正执法而死，以身殉志，是很伟大的。毛泽东从徐有功谈死，联想到许多古今志士仁人，其中第一个想到的便是岳飞，可见岳飞在他心目中的地位。

1959年4月，毛泽东在中共八届七中全会上说："舍不得砍掉头，就下不了最后的决心。岳飞不是砍了头，比干不是挖了心吗！"又说："我跟陈伯达讲过，你不尖锐，无非怕丢选票，连封建时代的人物都不如，无非是开除党籍、撤职、记过、老婆离婚。砍头也只是一分钟的痛苦。《风波亭》的戏还要唱，岳飞砍了头，有什么不好？"

其实，早在1939年4月29日，毛泽东在延安活动分子会议上的报告中就指出："文天祥、岳武穆就是为国家尽忠，为民族行孝的圣人。"（《毛泽东著作专题摘编》，中央文献出版社2003年版，第2288页）

毛泽东认为，岳飞被砍头，能激励后人。大概在此期前后的一天，几位中央领导人闲谈。贺龙说："都说看《三国》掉眼泪，替古人担忧，我就见不得英雄落难，尤其见不得岳飞遭难，一见就担忧，就掉泪。"毛泽东这时颇有感触："我也是看《三国》掉眼泪的人。听见《风波亭》，心里就难受。可是后来我还发现，人这一生经多大难，办多大事。英雄一死就出了名。岳飞被杀，就家喻户晓并且流芳千古了。他流了血，这血就渗透到我们民族体内，世世代代传下来，他要是没流血，就不会有这么大的作用。"

毛泽东还圈阅并手书过诗人明代高启的《吊岳王墓》：

大树无枝向北风，千年遗恨泣英雄。
班师诏已来三殿，射虏书犹说两宫。
每忆上方谁请剑，空嗟高庙自藏弓。
栖霞岭上今回首，不见诸陵白露中。

高启（1336—1374），字季迪，自号青丘

1939年4月29日，毛泽东在延安活动分子会议上的报告中指出："文天祥、岳武穆就是为国家尽忠，为民族行孝的圣人。"（《毛泽东著作专题摘编》，中央文献出版社2003年版，第2288页）

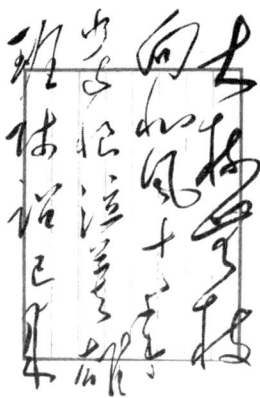

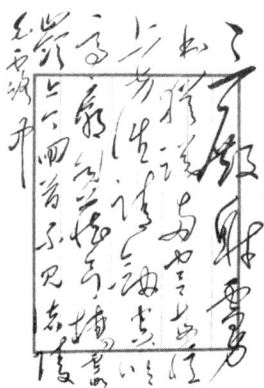

毛泽东手书明高启
《吊岳王墓》

子，长洲人，明代著名诗人。高启的《吊岳王墓》，是诗人瞻仰杭州栖霞岭岳王墓时所作。诗人对岳飞精忠报国、誓死抗金的爱国行动进行了热情歌颂，对南宋君臣苟且偷安的投降政策表示了强烈的愤恨。

（三）"请你替我给岳王坟献个花圈"

20世纪60年代的一个春天，在杭州刘庄毛泽东的办公室里，毛泽东按了一下电铃，负责保卫工作的浙江省公安厅厅长王芳走了进来。

"快到清明节了，是吗？"毛泽东若有所思地轻声问。

王芳连忙回答："主席，后天就是清明节了。"

"你知道'以身许国，何事不敢为'是谁的话吗？"毛泽东的声音还是很轻。

"这是宋朝民族英雄岳飞的名言。"王芳说。

毛泽东这时满脸不高兴地问："王芳，你知道西湖边有多少座坟墓吗？"

"具体数字，我说不清楚，反正到处是坟墓。"

"是啊，我们这是与鬼为邻，成天与死人打交道。这些达官贵人们活着时住深宅大院，过着花天酒地、挥金如土的生活，死了，还要在西湖边上占一块宝地，这怎么能行？"

"主席，您说怎么办？"

"除了岳王墓等少数几个有代表性的人物的坟墓外，其他的应该统统迁到别处去。西湖风景区应该成为劳动人民休息和游览的地方，不能让人们看到这里到处是坟堆、墓碑，这些真是大煞

风景啊！"

说到这里，王芳猜测，莫非毛泽东想去祭奠岳飞？

"岳飞是中国历史上一个伟大的爱国英雄。公元12世纪，女真族在北方建立了金国。金人不安心偏居于北方，随着国力的增强，他们吞并宋朝的野心日益膨胀起来，并不断肆无忌惮地侵袭和骚扰中原地区。面对国家山河破碎，民不聊生，甚至生灵涂炭的悲惨景象，岳飞再也按捺不住心中的怒火，他主动请缨提旅，率领英勇善战的'岳家军'，驰骋抗金前线，杀得金人弃盔丢甲，闻风丧胆，真是英勇无比啊！"毛泽东郑重其事地说。

之后，他舒缓了一口气，又接着讲道："1140年，当岳飞正乘胜追击，即将打过黄河，'直捣黄龙府'时，被苟且偷安的南宋小朝廷一纸命令召回临安，就是这个大名鼎鼎的杭州哟。岳飞回来后，就被宋高宗和奸佞秦桧等人以'莫须有'的罪名残害致死。岳飞精忠报国，心昭天日的爱国壮志，千百年来，在民间广为传颂，他，可以说是个家喻户晓、妇孺皆知的大英雄。……当然，他受朝廷差遣去湖南镇压农民起义的行为我们应该批判，他那愚昧的忠君思想，我们应该摒弃。但就其短暂的一生而言，他为国家和民族立的功劳，还是远远大于过错的。他是个值得我们称颂的民族英雄……"

毛泽东讲得深入浅出，通俗易懂。

片刻沉默之后，王芳开了口："主席，人们用生铁铸成的秦桧夫妇的跪像至今仍跪在岳飞坟前。当年出卖民族利益，认贼作父，残害忠良的奸臣及其走狗，将永远被世人所不齿、所唾骂。"

"'青山有幸埋忠骨，白铁无辜铸佞臣。'这诗写得真是入木三分。"毛泽东毫不掩饰心中的爱和恨。

"王芳，岳飞的《满江红》你会背吗？"

毛泽东1952年在汤阴也曾问过当时的县长。

"背不好。"王芳的山东口音较重，他怕毛泽东听不清楚，想推辞。

"你背背，试试看。"毛泽东热情鼓励王芳。

"怒发冲冠，凭栏处，潇潇雨歇。抬望眼，仰天长啸，壮怀激烈。"王芳尽力用山东腔的普通话背诵着。

　　"三十功名尘与土，八千里路云和月。莫等闲，白了少年头，空悲切。"毛泽东也情不自禁地随着王芳的声音低吟着。

　　"靖康耻，犹未雪，臣子恨，何时灭？驾长车，踏破贺兰山缺。壮志饥餐胡虏肉，笑谈渴饮匈奴血，待从头收拾旧山河，朝天阙。"

　　岳飞的词背结束了，但他们两人都还沉浸在《满江红》所创造的意境之中。

　　毛泽东对王芳说："快到清明节了，按我们民族的习惯，清明节是祭奠先人的日子，请你替我给岳王坟献个花圈。"（李约翰等著：《和省委书记们》，中央文献出版社1994年3月版，第82—86页。）

　　于是，当天下午，在岳王坟前的花圈丛中，又添了一个制作精美但没有标明敬挽人姓名的花圈。

　　毛泽东给古人敬献花圈这恐怕是唯一的一次，表明了他对岳飞这位卓越军事家和民族英雄的敬意。

看

八·大·名·将

后　　记

我们编完本书之后，尚有两个问题需要向读者交代：

一、关于编写凡例方面的两个问题：

1．关于古代纪年。本书采取古代纪年括注公元纪年的方法，而省去"公元"和"年"字，如果是公元前则只加一个"前"字。例如唐太宗贞观五年（631），汉武帝元光三年（前132）。

2．关于古书的地名。本书采取古地名括注今地名的方法，例如大梁（今河南开封）。

二、关于本书的编写情况：

在编写帝王篇的过程中，我们参考了目前公开出版的毛泽东著作及有关的研究成果，以及相关的历史研究著作。对于借鉴别人的劳动成果，我们大都在书稿中一一注明，在此再次致谢。

由于作者受理论水平和历史知识所限，错误和不当之处，在所难免。企盼广大读者、专家不吝赐教。

本书是一部集体著作，除主编兼主笔毕桂发教授外，参加本书编写工作的还有毕国民、毕晓莹、毕英男、东民、刘磊、孙谨、赵玉玲、赵善修、赵庆华、赵悦、朱东方、许娜、王汇涓、范闫青、范冬冬、张涛、张豫东、李会平、韩明英。

毕桂发于河南大学

2009.5.19